新时代中国教育的
100条建议

朱永新 著

新 华 出 版 社

图书在版编目（CIP）数据

新时代中国教育的100条建议 / 朱永新著.
-- 北京 : 新华出版社, 2023.2
ISBN 978-7-5166-6159-8

Ⅰ. ①新… Ⅱ. ①朱… Ⅲ. ①教育事业 - 研究 - 中国
Ⅳ. ①G52

中国国家版本馆CIP数据核字（2023）第025812号

新时代中国教育的100条建议

作　　者： 朱永新

出 版 人： 匡乐成　　**出版统筹：** 许　新
责任编辑： 徐　光　刘宏森　王依然　　**封面设计：** 今亮后声 · 赵晓冉

出版发行： 新华出版社
地　　址： 北京石景山区京原路8号　　**邮　　编：** 100040
网　　址： http://www.xinhuapub.com
经　　销： 新华书店、新华出版社天猫旗舰店、京东旗舰店及各大网店
购书热线： 010 - 63077122　　**中国新闻书店购书热线：** 010 - 63072012

照　　排： 六合方圆
印　　刷： 河北鑫兆源印刷有限公司

成品尺寸： 170mm × 240mm　1/16
印　　张： 24.25　　**字　　数：** 300千字
版　　次： 2023年3月第一版　　**印　　次：** 2023年3月第一次印刷

书　　号： ISBN　978-7-5166-6159-8
定　　价： 78.00元

代序

从百年党史汲取教育改革发展不竭动力

百年大党风华正茂，百年教育桃李芬芳。在中国共产党百年华诞之际，党的十九届六中全会胜利召开，全会审议通过的《中共中央关于党的百年奋斗重大成就和历史经验的决议》（以下简称《决议》），站在党和国家事业发展战略全局高度，全面总结了党领导人民进行革命、建设、改革的百年历程，在承前启后的重要历史关头指明了前行方向。《决议》总结了新时代教育所取得的成就："全面贯彻党的教育方针，优先发展教育事业，明确教育的根本任务是立德树人，培养德智体美劳全面发展的社会主义建设者和接班人，深化教育教学改革创新，促进公平和提高质量，推进义务教育均衡发展和城乡一体化，全面推行国家通用语言文字教育教学，规范校外培训机构，积极发展职业教育，推动高等教育内涵式发展，推进教育强国建设，办好人民满意的教育。"作为教育工作者，我们在中国共产党波澜壮阔的百年叙说中，读出了中国教育过去能够成功的制胜法宝，坚定了中国教育在未来必将继续成功的信心决心，也更加体悟了中国教育改革发展生生不息的力量之源。

从党的全面领导中汲取教育改革发展的强大政治力量

《决议》总结了中国共产党领导人民百年奋斗的十条历史经验，其中第一条就是"坚持党的领导"。这是中国特色社会主义最本质的特征，是中国特色社会主义制度的最大优势，也是百年来我国教育事业发展兴盛的基本保障。

建党百年来，我们建立了社会主义教育体系，实现了“穷国办大教育”，并向着建设教育强国之路阔步迈进，如此举世瞩目的教育成绩离不开中国共产党的正确领导和科学决策。在党的领导下，中国教育百年经历了由破到立、由大到强的发展过程。实践证明，中国共产党能够领导好中国革命、改革和建设事业，能够领导中国教育科学文化事业沿着中国特色社会主义道路和方向笃定前行。

百年中国教育与中国共产党在政治思想纲领上同心同行。自党的二大宣言中首次提出教育平等与普及的理想，至中华人民共和国成立前夕提出“民族的、科学的、大众的文化教育”，强调新民主主义文化教育以“为人民服务的思想为主要任务”；从党的八大明确文化教育事业在整个社会主义建设事业中的重要地位，到党的十二大报告提出发展“各级各类教育事业，培养各种专业人才，提高全民族的科学文化水平”的教育方针；从“走自己的道路，建设有中国特色的社会主义”，到坚定“四个自信”，扎根中国大地办教育，可以说，中国共产党领导革命、建设、改革事业开辟的伟大道路、创造的伟大事业、取得的伟大成就，为百年来中国教育改革发展指明方向并注入了强大政治动力。

百年中国教育与中国共产党百年伟大奋斗同向共进。新中国成立之初，在毛泽东同志提出的现代化目标中，科学文化的现代化即是题中之义；邓小平同志进一步指出，“不抓科学、教育，四个现代化就没有希望，就成为一句空话”。随着改革开放的深入，中国共产党明确教育是“社会主义现代化建设的基础”，是“民族振兴和社会进步的基石”。习近平总书记在全国教育大会上提出，坚持把优先发展教育事业作为推动党和国家各项事业发展的重要先手棋。可以说，中国共产党领导中华民族实现伟大复兴的现代化实践，始终将教育置于优先发展的重要地位，是百年来中国教育发展的兴盛之本。

全会指出，过去一百年，中国共产党向人民、向历史交出了一份优异的答卷，正带领中国人民踏上实现第二个百年奋斗目标新的赶考之路。我们有理由相信，中国教育依然将从中国共产党新的百年奋斗中汲取强大的政治力量，创造中国教育第二个百年辉煌。

从党的理论创新中汲取教育改革发展的强大思想力量

科学的理论指导，是一个政党把准方向、永葆先进性的决定因素。中国共产党坚持把马克思主义基本原理同中国具体实际相结合、同中华优秀传统文化相结合，不断推进理论创新，并善于用新的理论指导新的实践。

百年来，中国共产党形成了毛泽东思想，实现了马克思主义中国化的第一次历史性飞跃；形成了中国特色社会主义理论体系，实现了马克思主义中国化新的飞跃；新时代创立了习近平新时代中国特色社会主义思想，实现了马克思主义中国化新的飞跃。党领导人民不断推进教育事业发展和改革的百年进程，实际上就是在马克思主义指导下，对我国教育事业发展规律认识不断深化和不断升华的过程。

新民主主义革命时期，中国共产党凝练出“民族的、科学的、大众的”文化教育方针。新中国成立后，大力培养社会主义建设人才和逐步提高人民文化水平成为教育事业的基本任务。以毛泽东同志为主要代表的中国共产党人，以毛泽东思想为指导，将马克思主义与中国教育的实际相结合，确立了党对中国教育的领导权，在摸索中建立了社会主义教育制度，在一片废墟上建立了新的社会主义教育体系，开创了社会主义教育事业。

改革开放和社会主义现代化建设新时期，党的十一届三中全会以后，以邓小平同志为主要代表的中国共产党人，以邓小平理论为指导，立足社会主义初级阶段基本国情的基础上，明确了教育在社会主义现代化建设事业中的重要地位和支撑作用。一是确立了实践是检验真理的唯一标准，教育思想和理论研究开始走向科学化与正规化；二是明确科学技术是第一生产力，逐步确立了教育优先发展的地位；三是在全面推进教育体制改革的同时，注重教育质量提升。

党的十三届四中全会以后，以江泽民同志为主要代表的中国共产党人，以"三个代表"重要思想为指导，提出"创新是民族进步的灵魂"，强调创新的关键在人才，人才的成长靠教育，鼓励教育与经济、科技紧密结合，并启动科教兴国战略、人才强国战略，建设国家创新体系，中国教育驶入蓬勃发展的快车道。

党的十六大以后，以胡锦涛同志为主要代表的中国共产党人清晰地看到，人力资源强国和创新型国家建设，离不开教育的科学发展；没有教育的科学发展，就没有人的科学发展。在科学发展观指导下，中国共产党强调坚持以人为本、全面协调中国教育事业的可持续发展，致力于推进教育公平，致力于发展农村教育，推进区域教育的均衡发展。

党的十八大以来，以习近平同志为主要代表的中国共产党人立足中华民族伟大复兴战略全局和世界百年未有之大变局，以习近平新时代中国特色社会主义思想为指导，在实践中就教育改革发展提出一系列重大论断，凝练出习近平总书记关于教育的重要论述，极大地丰富、深化和发展了马克思主义教育理论成果。

中国共产党在不同时期的理论创新为中国教育的改革发展注入了强大的思想力量。思想是行动的指南，在新的发展征程中，中国教育将继续从党的理论创新中汲取改革发展的强大思想力量。

从习近平新时代中国特色社会主义思想中汲取中国教育继续成功的强大力量

《决议》指出，“两个确立”反映了全党全军全国各族人民共同心愿，对新时代党和国家事业发展、对推进中华民族伟大复兴历史进程具有决定性意义。习近平新时代中国特色社会主义思想是当代中国马克思主义、21世纪马克思主义。习近平总书记关于教育的重要论述，标志着党对教育规律的认识达到了新高度，为推进新时代教育改革发展提供了强大思想武器，也为中国教育事业提供了继续成功的思想武器。

一是坚持党对教育工作的全面领导。《决议》强调，新时代教育事业“全面贯彻党的教育方针，优先发展教育事业”。在新时代，我们要坚持党的坚强领导，贯彻党的教育方针，坚持马克思主义指导地位，贯彻新时代中国特色社会主义思想，坚持“四为”，贯彻“九个坚持”，坚持教育同生产劳动和社会实践相结合，加快推进教育现代化、建设教育强国、办好人民满意的教育。

二是贯彻落实立德树人根本任务。习近平总书记强调，培养什么人，是教育的首要问题。《决议》强调，新时代“明确教育的根本任务是立德树人，培养德智体美劳全面发展的社会主义建设者和接班人”。培养社会主义建设者和接班人，培养一代又一代拥护中国共产党领导和我国社会主义制度、立志为中国特色社会主义奋斗终身的有用人才，是教育工作的根本任务，也是教育现代化的方向目标。要把立德树人成效作为检验学校一切工作的根本标准；要把立德树人融入思想道德教育、文化知识教育、社会实践教育各环节，贯穿基础教育、职业教育、高等教育各领域。

三是以“更好的教育”为奋斗目标。“我们的人民热爱生活，期盼有更好的教育……人民对美好生活的向往，就是我们的奋斗目标。”

在十八届中央政治局常委与中外记者见面会上，习近平总书记将“更好的教育”列为人民的期盼之一。习近平总书记在全国教育大会上强调，要努力构建德智体美劳全面培养的教育体系，形成更高水平的人才培养体系。《决议》指出，我国经济迈上更高质量、更有效率、更加公平、更可持续、更为安全的发展之路，强调新时代教育“促进公平和提高质量，推进义务教育均衡发展和城乡一体化，全面推行国家通用语言文字教育教学，规范校外培训机构，积极发展职业教育，推动高等教育内涵式发展”。“十四五”规划对建设高质量教育体系已经作出全面部署，首先是推进基本公共教育均等化，其次是增强职业技术教育适应性，再次是构建开放多元的高等教育体系，最后是完善终身学习体系，建设学习型社会。

四是以改革创新为根本动力。第一个百年奋斗目标已经实现，第二个百年奋斗目标已经启航，我国经济社会发展急需大量不同类型、不同层次的创新人才，对继续深化人才培养模式改革提出了新要求。《决议》将“坚持自我革命”列为百年来党领导人民进行伟大奋斗积累的宝贵历史经验之一，强调改革开放是决定当代中国前途命运的关键一招。教育事业发展也要将改革创新作为根本动力。习近平总书记在全国教育大会上指出，要深化教育体制改革，并作出重点部署，指明方向和路径。《决议》强调，“深化教育教学改革创新”。近年来，教育重磅文件陆续推出，已经传递了改革的信号与决心。教育工作者也要在观念、内容、途径等方面，不断深入教育理论研究，不断深化教育实验实践，提升改革创新的能力。

五是以教师队伍建设为基础工作。习近平总书记在不同场合多次强调，教师是立教之本、兴教之源，是教育工作的中坚力量，是打造中华民族“梦之队”的筑梦人。教师的质量就是教育的质量，有高质量的教师，才会有高质量的教育。要求从战略和全局高度充分认识教师工作的极端重要性，把全面加强教师队伍建设作为一项重大政治任务和根本性民生工程切实抓紧抓好。为此，要努力打造高素质专业化创新型教师队伍，把师德师风作为评价教师素质的第一标准，构建中国特色教师教育体系；要鼓励教师做党和人民满意的“四有”好老师，为党育人、为国育才；要继承发扬老一辈教育工作者“捧着一颗心来，不带半根草去”的精神，热爱教育、淡泊名利，成为塑造学生品格、品行、品位的“大先生”；要在全党全社会大力弘扬尊师重教的社会风尚，推动形成优秀人才竞相从教、广大教师尽展其才、好老师不断涌现的良好局面。

《决议》是新时代中国共产党人牢记初心使命、坚持和发展中国特色社会主义的政治宣言，是以史为鉴、开创未来，实现中华民族伟大复兴的行动指南。我们要从百年党史中汲取教育改革发展新力量，进一步“推进教育强国建设，办好人民满意的教育”，谱写中国教育新篇章。

（本“代序”系作者与罗晶博士合写的论文，原文《百年党史蕴含教育改革发展不竭动力》刊发于《中国教育报》2021年11月18日第7版）

目录
Contents

一

完善中华优秀传统文化教育

——宏观教育政策建议

教育应该是当今文化复兴的新动力，学校应该是文化发展的新中心。完善中华优秀传统文化教育，不仅是立德树人的根本立足点，国家文化建设的根基，贯彻党的教育方针的重要内容，建设社会主义核心价值体系的重要基础，更是关系到民族精神存亡的大问题，尤其是转型时代义不容辞的神圣使命。

1. 加强中华优秀传统文化教育

纵观当下生活，我们忧心忡忡地发现，传统文化，特别是中华优秀传统道德的缺失，已将孩子领进了一个片面和异己的地带。外来文化从精神到躯体，已经渗透到生活的方方面面。孩子过的是圣诞节、愚人节，吃的是肯德基、比萨饼，穿的是西装，看的是米老鼠、奥特曼，崇拜的明星是乔布斯、科比，一心一意想着出国留学、海外定居。

我们的传统节日、传统饮食、传统服装，我们的民族神话、历史记忆，却距离生活越来越远，更难以引发孩子生命的共鸣，甚至有人无端反感、蔑视传统文化。它犹如心灵的雾霾，而且破坏力更强，造成孩子精神世界的浮躁、迷失、荒芜甚至幽暗。

源远才能流长，根深才会叶茂。缺乏民族之根滋养的孩子，哪怕能够自诩为“世界公民”，但这种肤浅片面的“世界公民”，既难奉献独特价值，也难真正走远。断绝民族文化之根的孩子，是“空心”的孩子；只有这样的孩子，未来就会有一个“空壳”的民族！

文化，是人类认知和解释世界的智慧结晶。文化的核心就是价值观。国家民族的优秀传统文化，是民族的魂魄，是凝聚力的根本。所以，文化存，则民族存；文化亡，则民族亡。

盲目自信和妄自菲薄都会种下苦果。祖先的盲目自信，导致闭关锁国历经挫败；孩子的妄自菲薄，我们民族的未来又会走向何方？党中央十八届三中全会通过的《中共中央关于全面深化改革若干重大问题的决定》明确将“完善中华优秀传统文化教育”作为教育领域综合改革的重要任务，正是点到了一个教育的要害。

教育的本质之一，是对人类创造的思想文化的自觉传承，对各种思想文化进行审视、选择、编纂和诠释，把精髓纳入教育之中。

法国社会学家涂尔干在谈到欧洲教育思想和教育体系的演进时曾说，“教育本身不过是对成熟的思想文化的一种选编”。也就是说，教育在本质上是对于人类所创造的思想文化的自觉传承活动，这个传承不是全盘的，而是有选择的，是在对各种思想文化进行一番审视、选择和编纂之后，才纳入“以文化人”的教育体系中。

根据涂尔干的“选编”理论，每个民族在不同的历史时代，都必须对自己的思想文化进行“选编”。这样的“选编”，其实就为每一个时代的教育打上了特定的文化烙印，也为每一个时代的文化增添了教育的功用。尤其在社会大变革的时代，这种“选编”往往更加大刀阔斧、惊心动魄。几乎每个民族都会对自己创造和继承下来的成熟思想文化进行反思和“再阐释”，使之符合那个时代的精神气质。当不同的思想文化体系发生碰撞和交流时，每个民族也都会根据自己的标准对“异文化”进行“选编”。教育对成熟思想文化的每一次“选编”，都会形成不同的知识和思想体系，留下一批经典文献，而这些“选编”所蕴含的基本价值观念和思维方式，更是培养了一代又一代的人，塑造和影响着一个民族的心理结构。在这个意义上说，一部教育史就是一部思想文化的选编史。[1]

教育应该是当今文化复兴的新动力，学校应该是文化发展的新中

---

[1] 参见冯向东：《我们在如何“选编”思想文化：一个审视教育自身的视角》，《新华文摘》2011 年第 6 期。

心。完善中华优秀传统文化教育，不仅是立德树人的根本立足点，国家文化建设的根基，贯彻党的教育方针的重要内容，建设社会主义核心价值体系的重要基础，更是关系到民族精神存亡的大问题，尤其是转型时代义不容辞的神圣使命。

为此提出如下建议：

第一，重新认识中华优秀传统文化的价值，认同教育在其中的特殊使命。优秀的传统文化，我们不仅要从博物馆里、从文化作品中看到，更要从普通人、从孩子们的一言一行中看到。教育工作者需要清醒地认识到，在环境复杂、选择多元的今天，优秀的传统文化，只有通过教育这一途径，才可能得到最为快捷、准确、有效、广泛的传承，并且只有通过教育，才可能让古老的文化在新时代中焕发生机。只有教育，才能把断裂的传统文化和现实生活贯通，才能在当下复活；只有复活的传统文化，才有真正生命力，才能传承创新。传统文化教育绝不能看成几门简单的课程，它首先是理想，是道德，是价值，不是可有可无的问题，而是必须奋起行之的紧迫课题。我们不仅要有匹夫有责的文化自觉，更要有舍我其谁的教育担当。

第二，系统研制、开发中华优秀传统文化教育的课程，以多种形式对所有学科教师进行相关培训。传统戏剧、木刻年画、节日与礼仪等优秀传统文化，只有走进课程，成为教学内容，才有了开展相关教育的前提，才可能走进生活。当然，我们也要意识到，必须用现代科学思维对传统文化下一番推陈出新的功夫，进行一次真正的“选编”，传统文化才能通过我们的努力重新焕发生机。近年来，新教育实验通过开发“在农历的天空下”“走近孔子”等课程，提出“知识、生活和生命的深刻共鸣”等主张，并且通过“晨诵、午读、暮省”的儿童生活方式，以及开学日、涂鸦节、毕业典礼等各种庆典和仪式，把自己的根深深扎在中国文化的沃土上，已经大有所获。同时，优秀传统文化的光彩，能在任何学科的任何课程中闪耀，需要所有教师的理解、掌握与传授。

第三，在社会生活中普及发扬优秀传统文化的意识，在学校生活中全面贯彻“用中华优秀传统文化为学校立魂”的理念。通过社会助力，在学校切实推进课程，开展各种文化实践活动，将中国悠久传统文化的精神追求渗透到教育生活的各个领域，真正化外为内，让师生把心灵之根深深扎在这一沃土上，让文化真正重生。

英国历史学家汤因比曾经说过，“避免人类自杀之路，在这点上现在各民族中具有最充分准备的，是 2000 年来培育了独特思维方法的中华民族”。诺贝尔奖获得者集会在 1988 年发表的宣言也曾提出，“人类要想在 21 世纪生存下去，必须回到 2500 年前，从孔子那里获得智慧”。这些话语固然让我们自豪、兴奋和骄傲。但是，如果没有我们文化的自觉，没有我们教育的行动，这些预言和判断将始终是在画饼，是安慰剂甚至是麻醉剂。

中华优秀传统文化能否再度兴盛乃至生生不息，完全有赖于我们此时此刻的努力。传承绝不是为了复古，继往是为了更好地开来。真正的民族自信，是对自身的客观审视，去粗取精。如果我们能够兢兢业业地完善优秀中华传统文化教育，同时脚踏实地，认真学习外来文化的长处，我们坚信，中华民族会再创文化的辉煌，再度奉献令世界起敬、令人类受益的新成果，实现中华文明的伟大复兴！（2014 年）

2. 加强教育立法

依法办教育，依法管教育，是一个法治国家的基本要求。完善立法，有法可依，是法治的基础与前提。

长期以来，我国教育立法相对落后，许多教育问题的处理缺乏法律的依据。因此，《2010—2020 年国家中长期教育改革和发展规划纲要》（以下简称《纲要》）明确提出了“六修五立”的教育立法计划：根据经济社会发展和教育改革的需要，修订《教育法》《职业教育法》《高等教育法》《学位条例》《教师法》《民办教育促进法》，制定《考试法》《学校法》《终身学习法》《学前教育法》《家庭教育法》等法律。

党的十八届三中全会通过的《决定》则提出“建设法治政府和服务型政府”的方向；在如何建设法治中国的问题上，提出了“深化司法体制改革，确保依法、独立、公正行使审判权、检察权，健全司法权力运行机制，完善人权司法保障制度”的操作路径。为全面深化教育领域综合改革提供法治保障，是《决定》的明确要求。

纵观世界各国，都非常重视教育立法工作。日本的教育法律有 100 余种，如《学校基本法》《教育基本法》《终生学习振兴法》《幼儿园设置法》《高中设置法》《学校教育法》《教育委员会法》《文部省设置法》《大学设置基准》《国立学校设置法》《私立学校法》等。早在 1947 年，日本国会就颁布了《教育基本法》，明确了国家的教育目的、教育方针、教育机会均等、义务教育、男女同校、学校教育等基本原则。这个《教育基本法》根据日本《宪法》精神制定，又是制定其他教育法规的依据。

美国重要的联邦教育法约为 100 多部，许多法律是针对一个问题制定的，如《全国学校午餐法》《美国情报和教育交流法》《儿童科学俱乐部法》《国防教育法》《儿童营养法》《聋人模范中学法》《全国职业学生贷款保险法》《高等教育设施法》等。

在社会跨越式发展，环境日新月异的情况下，我们的《教育法》《教师法》《高等教育法》都已经实行了数十年，许多条文明显不能够适应形势发展的需要，亟须修订完善。许多新时代中产生的新问题，更是迫切需要立法加以规范。但相对而言，我国的教育立法，长期滞后于教育事业的发展。从 2003 年以来，近十年没有通过一部教育法律。我担任十一届全国人大常委期间，没有通过一部新的教育立法；十二届全国人大关于今后五年的立法规划里，也只有修订《职业教育法》一项规划，社会呼声极高的《学前教育法》《学校法》等都不在此列。

根据《纲要》的计划，一系列的教育立法任务非常繁重，根据《决定》的要求，关于教育领域综合改革的任务也是重任在肩。没有法制保障的改革必将困难重重，步履维艰。十八届三中全会《决定》提出的关于建立法治政府、推进教育领域综合改革的目标，必须实现与《国家中长期教育改革与发展规划纲要》的无缝对接，积极推动全国人大完善教育立法规划，积极推动中国教育的法制化建设，才能成为教育的钢筋骨架，支撑起教育的宏伟大厦。

为此提出以下建议：

第一，调整全国人大的立法工作计划，把“六修五立”的教育立法工作列入本届人大的工作计划，确保在本届人大任期以内完成这个

基本任务。

第二，对于“六修五立”没有包括的教育立法内容，如《国防教育法》《中小学图书馆法》等，可以在相关立法时予以考虑先纳入部分内容，条件成熟时再单独立法。

第三，加强教育执法检查。虽然人大多次对义务教育法律执行的情况进行检查监督，有法不依的现象还有之，应加大落实力度。（2014年）

3. 逐步实施“以省为主”教育管理体制

在教育改革和发展过程中，教育管理体制问题始终是一个关系全局的根本问题。我国教育领域很多现实问题之所以长期以来难以解决，管理体制的制约是重要原因之一。为了突破教育改革和发展的瓶颈，从根本上解决长期以来困扰我国教育发展的一系列问题，我们认为，应当制定一个明确的中长期改革目标，并通过有计划的改革逐步实现一种新的教育管理体制。

根据我国教育改革和发展的实际情况，参考相关国际经验，我们建议：进一步深化教育体制改革，在我国逐步实施“以省为主”的教育管理体制，鼓励各省根据地方社会经济文化发展需要和特色办学。主要理由如下：

第一，大国办教育、地区差异大，这是我国教育事业发展所面对的实际国情。教育管理的权力和责任过度集中于中央政府，显然是不适合我国国情的。目前以县为主的管理体制，由于县与县之间财力相差悬殊，许多困难县难以承担教育改革和发展的重任，在课程开发、教育规划等方面也缺乏相应的能力。中央政府直接管理具体教育事务，既不利于调动地方政府举办教育事业的积极性和能动性，也不利于地方特色的形成，以及教育事业与社会经济文化的协调发展。所以，以省级政府为主来承担和行使具体举办教育事业的责任和权力是比较恰当的。

第二，以省为主统筹教育管理，有利于教师队伍建设、课程设置开发和学生升学就业。在这样的体制下，教师直属省政府教育部门管理，全省教师工资待遇相对一致，有助于教师的流动，为农村边远地区配置上优秀教师，从而推动教育均衡化。同时，以省为主统筹管理本地区学校课程设置和开发，可以逐步形成有地方特色的、符合当地社会经济文化发展的课程体系，促进教育事业满足当地社会发展需要，包括满足人民群众日益多样化的教育需要，也有利于配套进行相关考试改革。另外，以省为主统筹举办包括高考在内的各类毕业会考和招生考试，鼓励高校自主招生与各省有关部门协调进行，有利于根据当地发展状况和建设实际需要选拔和培养人才，有利于逐步建立一个多样化的考试体系，有利于突破高考这一教育改革的重要瓶颈。

第三，以省为主的教育管理体制，有利于中央政府教育部门进一步简政放权，从而进一步集中精力办好我国教育改革和发展中的大事。同时，这样的体制也有利于各地推行适合当地实际情况的教育改革，避免出现目前中央教育改革政策难以兼顾地区差异的状况，因而有利于我国教育改革的进一步深化。

为此提出如下建议：

第一，以省为主，把办教育的责任和权力主要放在省一级政府。在把相关权力和责任从县级政府上移至省政府的同时，更重要的是把教育部目前承担的涉及教育管理具体问题的权力和责任下放至省政府。

第二，在新的教育管理体制中，教育部主要负责统筹规划全国教育事业发展，实施全国性的教育重大改革计划，督促地方政府落实国家教育法律和教育政策，管理和监督中央财政的转移支付，对西部地区、民族地区和边远农村地区等教育事业资助计划的实施，领导国家教材审查委员会审查中小学教材等教育领域重大事项。

第三，省级政府直接承担实施和执行国家教育法律和政策、明确本省教育事业的各项主要职责，包括统筹规划本省教育事业发展、开办学校、领导学校课程设置和开发、教师队伍建设和管理、组织进行中小学毕业会考和高校招生考试（包括与相关高校协调举办高校自主招生考试）等。

第四，在省级政府之下，各市、县（也可以按照人口分布和社会发展状况设立若干学区）在省政府教育主管部门直接领导下具体负责本市、县（学区）的学校教育日常运作，执行省政府和国家相关法令，通过由社会相关领域人士组成的教育委员会进行校长聘任等。

第五，教师队伍由省政府统筹管理，在全省范围进行统一调配，教师工作量考核和工资待遇等由省统筹进行，对在农村、贫困、偏远、民族等特殊地区工作的教师给予特殊津贴。

第六，在实施“以省为主”的教育管理新体制基础上，推行新一轮的中小学课程改革，促进教育事业适应地方社会发展。

总之，“以省为主”的教育管理体制应当成为我国未来 15—20 年教育改革的一个中长期目标。国家可以制订一个逐步实现这一目标的教育体制改革计划，明确各阶段的改革任务，明确各级政府部门的相应责任，配套进行相应的教育立法，从而促进我国教育改革稳步地向前推进。（2012 年）

4. 加快培养创新拔尖人才

国际竞争的核心是人才的竞争，人才竞争的关键是创新拔尖人才的竞争。创新拔尖人才的培养，对于增强国家的核心竞争力，对于科学研究水平的提升，有着非常积极的意义。

世界各国在创新拔尖人才培养方面都有着很多措施，美国、德国、韩国、日本、俄罗斯等国，都已有相关的立法，从国家利益角度出发，给予天才儿童教育以法律、经费、人力、研究等全方位的保障与支持。

美国国会于1958年通过《国防教育法案》，要求联邦政府提供资金培育数学、科学和外语等天才学生。1969年联邦法案规定，由美国教育委员会指导天才教育研究工作，并支持州政府发展天才教育方案。1978年11月，美国国会通过《天才儿童教育法》。1988年，通过《杰维斯资赋优异学生教育法案》。1994年修正的法案也特别强调，学校必须为资赋优异者提供特殊的活动或服务，以培养发展其特殊的潜能。目前，美国各州都施行天才教育计划，并有各种方案模式。

德国于1985年在联邦政府设置天才教育署，慕尼黑大学等也开设天才教育课程，培养天才教育师资，各地天才学生课后研习和夏令营活动广泛展开。德国政府亦视天才教育为其在国际市场上有效竞争的必要措施。

韩国也非常重视英才教育。1998年，在国家教育发展研究院内设立了英才教育组，作为英才教育研究中心。1999年通过《英才教育振兴法》，2000 年 1 月颁布了《英才教育法案》，2002 年 4 月 1 日又发布《英才教育实施令》。韩国教育改革委员会指出，公共教育制度下的英才教育是为培养高素质的人力资源以及保证平等教育机会的一种手段。为此，在高中阶段，韩国还为创新拔尖人才的培养设立了科技高中等专门培养机构。

我国香港特区和我国台湾地区都很重视“资优教育”。1997 年，香港特区政府拨出 50 亿港元设立优质教育基金，赞助许多大专院校及政府的资优计划。2000 年，教育署再次发表资优教育发展文件，提出一个三层推行模式，引发出一系列相关的资优计划。1962 年，我国台湾第四次教育会议提案通过发展资优教育。1984 年《特殊教育法》颁行，包括资优教育条款。1997 年公布修正《特殊教育法》，“教育部”成立特殊教育工作小组，台北市成立“特殊教育科”。1999 年台北市发布《台北市资优教育白皮书》，2000 年成立台北市资优教育资源中心。

在我国 2010 年发布的《国家中长期教育改革和发展规划纲要》中，明确提出进行“拔尖创新人才培养改革试点。探索贯穿各级各类教育的创新人才培养途径；鼓励高等学校联合培养拔尖创新人才；支持有条件的高中与大学、科研院所合作开展创新人才培养研究和试验，建立创新人才培养基地”，把培养创新拔尖人才的工作提到了议事日程上来。

但是，从目前的情况看，仍然没有具体的举措。一些学校自发的探索，也限于政策无法深入下去。中国科技大学少年班和北京八中、中国人民大学附中等大学与中学，都进行过一些尝试，但总的来说并没有形成规模。一些地区进行的改革创新，也步履维艰。如 2008 年北京启动的“翱翔计划”，从高中生中选拔优秀学生，他们在与高中理科课程对应的学科领域，可以接受大学教授的辅导，可以到相对应的高校或者研究院的实验室进行科研实践活动。虽然许多学生在这个计划中收获非常之大，但是现有的高考制度和中学的培养模式，仍然无法真正为创新拔尖人才的脱颖而出提供良好的条件。在实际操作中，学员缺乏打学科基础的时间，缺乏参与实验室研究的时间，缺乏与导师讨论的时间；参加项目的学生面临高考的压力，需要在日常学习与“翱翔计划”之间取得平衡。许多学生反映，他们既要不占用日常学习时间，又要付出更多的时间做好课题研究，这个度很难把握。

为此提出如下建议：

从体制机制等方面根本上解决创新拔尖人才的培养问题，在国内外已有英才（资优）教育经验基础上，建立创新拔尖人才培养的政策。

第一，建议制定明确而刚性的政策，鼓励学校为创新拔尖人才培养设立“特区”，对于那些在某一领域具有超常素质或痴迷兴趣的学生，采取特殊的招生、办学、管理模式，举办一批专门培养创新与拔尖人才的学校或实验班，对确有天赋、特殊才能的学生进行特殊培养。

第二，建议尽快在北京、上海等地选择少数学校进行试点改革，将已经在创新拔尖人才培养方面取得成功经验的学校，改造成为面向特殊创新与拔尖人才培养的学校，这样一方面可以借鉴韩国科技高中的经验，让这些学校承担起培养创新与拔尖人才的任务；另一方面让他们规范办学，不与其他的公办高中走同样的道路，让公办普通高中学校更加均衡地发展。

第三，建议系统研究开发一系列创新拔尖人才的识别技术与标准，建立与完善创新拔尖人才培养的教育内容、教育模式与教育标准，开发具有一定深度与广度、富有挑战性的核心课程，以及综合课程、创新实践活动等，并且形成大学、科研机构、社会教育机构与企业等社会教育资源，有效参与创新拔尖人才培养过程的社会支持系统。

第四，建议制定创新拔尖人才出路的措施，保证对于创新拔尖人才能够进入理想的大学，在高考政策和大学直通道方面，要有一些特殊的政策。否则，学校、教师和学生就会有后顾之忧，难以有大的动作。（2011 年）

5. 发展中国与全球联合创新

中国离不开世界，世界也需要中国。中国与全球联合创新，就是充分发挥我国在人才、市场、资本、制造、政策上的巨大优势，利用“开发共赢的合作模式”，吸引与投资全球先进企业、人才及知识产权，与我国联合进行产业化、商业化、全球化的过程。

40多年前，我国的改革开放是人类历史上最宏伟的联合创新。我们从吸引华侨资本开始，不断地开放市场换取全球的投资、技术及管理，凭借解放思想与“摸着石头过河”的勇气，一举将我国建成世界第二大经济强国。如果今天我们要快速从制造大国变成创新大国，根本的出路还是要建立全球视野、坚持开放，敢于与世界一起创新、智造共赢。

中国与全球联合创新是我们在“共担时代责任，共促全球发展”的前提下对世界未来发展的一个宣言与承诺：人类都生活在一个地球上，如果把造福后代放在优先的位置，我们必须分享智慧、分享资源、联合解决世界面对的粮食、环境、健康、教育等挑战。我们相信在“一带一路”，坚持创新、协调、绿色、开放、共享的指引下，中国完全可以引领全球共同建设联合创新的生态链，谋求共同发展，共同造福后代。

近年来，中国与全球联合创新已经有成功的案例。以宽资本为代表的机构，用“全联创投资法”成功地投资了近30家来自美国、以色列及欧洲的创新公司，例如奇点大学、Xprize（X大奖）、TEDx、

Hyperloop、Dreamscape、Artsys360等，并且于2016年在上海、洛杉矶及以色列举行了一系列跨境联合创新的论坛。2016年我国对外投资2000亿美元，其中投资国外科技超过30%。如果利用全联创投资法，我们可以大量地节省外汇，同时也会吸引各国资本利用创新方式投资在中国的联合创新。

为此提出如下建议：

第一，充分认识人才与IP在创新中的关键作用，进一步加大知识产权保护的力度，建设全球共享创新IP服务平台。

全球联合创新的核心是知识产权。科技进入指数型发展阶段，其主要特征就是技术壁垒与成本降低、全球化利用率大大提高，领袖科技被淘汰的速度从过去的15年降到5年。同时IP的保护与争夺更加剧烈，中小企业挑战与颠覆大公司的情况也在不断发生。一些科技强国如以色列、英国等由于本国市场小，并不了解大国市场的需求，造成大量的科技研发浪费。据统计全球IP只有2%被产业化。

全联创是我国快速追赶世界先进科技的一条宽路，也提供给我们弯道超车的机会。其一，创新科技的快速淘汰率加快IP快速产业化的要求，IP保护最好的手段是联合创新。其二，现有的国际IP保护机制已完全落后科技创新的步伐。IP的登记、保护及授权等方面必将面临革命性的颠覆，将向数字化、证券化及虚拟货币化方向快速发展。其三，中小科技公司将是IP制造者，他们更加具备冒险精神以快速对接资本、市场及应用的需求。

所以，谁拥有IP就拥有创新与先机。全联创是对应IP市场变化最好的武器之一。我国如果要从制造大国转型为创新大国，首先应从IP的创新及拥有权、使用权开始，并在充分利用国外先进IP的基础上，逐步打造完善的全联创生态体系的建设，最终成为发展创新、发展应用的强国。我国在鼓励自主开发 IP 的同时，也要注意对全球 IP 的追踪与投资。韩国与日本政府都建立了投资全球 IP 的基金，我国可以利用在中国联合创新的方法同时实现 IP 的拥有与产业化权利，达到事半功倍的效果。

我国已经设立了较为完善的 IP 保护体系，但是 IP 保护与应用需要创新。我国快速的经济增长同时带来了一些“夜郎自大”“闭门造车”与“剽窃山寨”的心态与方法，这些短视的生存方式必须要有彻底的改变。中华民族有己所不欲，勿施于人的智慧，我们如何对待他人的 IP，将来别人也会用在我们的身上。

建议国家在教育知识产权保护、应用及处理产权纠纷上建立长远的世界观。不仅要保护民族企业的利益，也要同时保护所有在华企业的利益。应当看到不久的未来，来自我国的 IP 也会大量进入世界体系，故我们要联合全球各方，在 IP 的保护、产业化及全球化上不断创新，跟上全球发展的步伐。

建议联合国际资源开发全球科技与 IP 服务云平台，利用互联网、大数据及区块链功能实现全球 IP 的检索、登记、保护、授权、融资、交易等功能。该云平台将聚集 IP 生态链上全部专业服务机构（专利、法律、公司服务、仲裁等），并可将 IP 虚拟化、资本化、分拆化以达到充分利用先进 IP 的目的，为联合创新提供合伙人、场地及产业化服务。

第二，建立全球联合创新的生态系统，发展跨境 IP 专业投资与服务，建设全联创孵化基地。

全联创是中国与全球合作的一个新的尝试，尤其在 IP、境内外联合投资上以及跨境共享共赢上挑战我们的传统思维。全联创的基础是我国必须尽快建立联合创新的生态系统，必须在全球共享创新 IP 服务平台的基础上发展跨境 IP 专业投资与服务，建设全联创孵化基地。

（1）发展跨境 IP 专业投资与服务

建议国家设立“全球联合创新的母基金”，专业向具备全球化投资能力的基金提供资本。这些资本可以加速我国投资全球科技与 IP 的能力，又可以建立广泛的联合创新渠道，为将我国建成全球联合创新的中心提供捷径。2016 年中国对外投资与并购已超过 2000 亿美元，其中相当一部分是用在收购科技公司上。全联创的投资法将为中国企业寻求先进科技添上另一个翅膀，并为国家与企业节省大量资本与外汇。对地方政府引导及产业基金来说，全联创投资法可进行分行业、分阶段、批量化的投资。

（2）建设全联创孵化基地

建议设立若干个“全联创”基地，分批、分行业地吸引全球智慧，联合创新。这些基地可以设立在我国的自由贸易区内，利用我们多年引进“海归”的经验逐步完善我国在制度、IP 保护、配套金融服务及税收等方面的生态建设。

目前，全球经济正在向分享经济、共享共赢的方向发展。发展中国与世界联合创新，必将在全球引起巨大的反响，为全球资本、科技及 IP 再次进入中国打下良好的基础。同时，也会对我国的教育改革、金融创新，以及大众创业、万众创新产生深远影响。（2017 年，本提案撰写过程中得到宽资本董事长关新先生的大力支持）

6. 做好教育减法，激发教育活力

最近，教育界的朋友们在讨论如何激发教育活力的问题。

这是一个值得关注的问题，要回答这个问题，首先需要界定什么叫“活力”。

“活力”是旺盛的生命力，一般是指在行动上、思想上或者是表达的深度上。在教育方面，“活力”无非是指学校办学的活力、教师教学的活力、学生学习的活力。

“活力”从哪里来呢？毫无疑问，一个健康的身体是活力的来源，包括合理的营养、充分的休息、必要的运动。

那么，教育的活力从哪来呢？答案是来自健康的教育“肌体”。我想同样也需要合理的营养、充分的休息和必要的运动。对于教育来说，合理的营养，可能与我们的教育内容相关，我们的教育内容是否适合肌体的需要？充分的休息，与我们学生的课业负担有关，有没有足够的时间能够让孩子、让教师有充足的睡眠？必要的运动，与师生的高品质活动有关，能不能让孩子们真正地走进自然，呼吸新鲜空气，让他们真正地走进生活，去学习和创造？这可能都是我们首先要思考的问题，否则我们谈活力就会游离于活力之外，只能事倍功半。

最近我读了两本书，是与活力有关的。

第一本书是《减法——应对无序与纷杂的思维法则》。这是美国的一个学者写的，他关于减法的研究登上过国际著名学术期刊《自然》

杂志，当时引起了很多人的关注。他的研究发现，我们在思考改革的时候，往往是倾向于做加法，而不是做减法。人们习惯直接用加法的方式面对问题，而很少考虑用减法解决他们面临的问题。其实很多问题的解决，减法比加法更有效。所谓减法，主张的是少即是多。要实现少，往往要做得更多，想得更多，所以减法不是简单地减少，也不是无所作为。这本书里提出了思维反转、拓展、提炼、坚持等一套具体的减法思路。作者认为，我们的人生也好，教育也好，在做减法方面，我们的思考是不够的。书中讲了一个做甜甜圈的故事：甜甜圈原来是实心的，在烤制的时候，四周烤熟了，中间却是夹生的；有一个小孩把中间的面团抠掉了，饼变成了圈，这样烤起来又酥又香，中间的面团又做了很好的美食。这就是减法的效果。

第二本书目前还没有翻译成中文，直接翻译成中文大意就是《反对教育的理由》或者《反对教育的案例》，副标题是"为什么说教育系统在浪费金钱和时间？"这本书提出了一个让我们如梦初醒的问题。对着他提出的这个问题，我们也可以反思一下，我们的教育是不是在浪费时间和金钱？这本书的作者是美国乔治梅森大学的经济学教授，他用精算来证明美国教育的投入大，产出低，没有提高学生的生产力，没能丰富学生的人生，而文凭却在通胀贬值，增加了全社会的成本。他提到，从幼儿园到大学，大部分的科目对大部分人是没有用处的。他研究发现，美国高中生40%的时间花在了学习一生都用不上的知识上。他认为，如果学些既没有用处又不能使人高雅的内容，从经济学的角度来说就是浪费的。虽然他这个观点有一点偏激，但是对我们仍然是有启发意义的，我们能不能做更多的减法，把在教育中"浪费"的部分去掉一点呢？

非常高兴的是，我们中国的教育也想到了减法，"双减"就是减法。人类的教育几千年来一直在做加法，现在我们终于想到做减法了。怎么做？中共中央办公厅、国务院办公厅发布的《关于进一步减轻义务教育阶段学生作业负担和校外培训负担的意见》（以下简称《意见》）要求很明确，减轻学生作业负担和校外培训负担。《意见》明确提出了具体要求，一、二年级学生不留课外家庭作业，学生可以在校内做作业；3—6 年级书面作业不能超过 60 分钟；初中书面作业不能超过 90 分钟。这些具体的规定很好，也很有必要。从我亲身感受来说，我的小孙子，一年级时作业多，愁眉苦脸；现在二年级作业少了，眉开眼笑。所以，还是很需要“双减”能够真正落地。

当然，仅仅靠“双减”落地可能还是不够的，需要中国教育做的减法还很多，至少还有几个问题是可以思考的：

第一，教育时间。教育时间是不是需要减少？现在也有人提出，我们的义务教育阶段，包括整个基础教育阶段，学制要不要缩短？这其实都是减法思维。一个学生念到博士毕业已经快 30 岁了，学习究竟是连续的线性好，还是非连续的阶段性好？我们的“双减”到底怎么减，怎么落到实处？“双减”之后的课后托管能不能不要把学生关在学校里？能不能让学生到美术馆、科技馆、博物馆、大自然中去呢？能不能让更多的社会公益组织、机构也参与进来呢？这些问题还是可以继续深化和细化的。

第二，教育内容。现在我们的思维方式是什么重要加什么，这在大、中、小学课程中是普遍趋势。现在学校必修课已经占满了学生所有的时间，当时间都被占满了，还有什么自由发展的空间呢？所以能不能做一些减法，减掉不必要的知识？当然，我们不是简单去减，而是用整合的方法去减。2019 年我写了一本书叫《未来学校》，书中也对教与学的内容提出了思考与建议。我在书中提出的“大科学”“大人文”“大艺术”，就是这样的思路。其实，我们没有真正地在做减法，我们的课程到初中就开始分化，文科的学生不再学习自然科学知识，理科的学生不再学习人文科学知识，这个方向也是不对的。如果能用“大科学”“大人文”的方法让所有孩子同时学“大科学”“大人文”“大艺术”，不是很好的措施吗？所以教育内容的减法是一个迫在眉睫的问题，未来教育内容的发展趋势非常值得研究。

第三，教育评价。我们的教育评价到底怎么评？我们的考试、检查是不是太多了？《半月谈》杂志曾经发表了一篇文章，文中提到“学校不是菜市场，检查不能左一场右一场”，引起了许多校长老师的共鸣，一个学校每学期大大小小的检查有几十个，所以“检查一声喊，全员团团转”。检查不是简单的检查，学校要事先准备，要开会布置，全员动员，要写材料，来了还要陪同。过多的检查对学校教育秩序带来的影响是难以想象的，我们是否能给校长一个权利拒绝一些不必要的检查？

第四，关于会议。会议也是个大问题，现在各种各样名目繁多的会议太多。我们的会议能不能减少？我看过资料，广东一位校长，一年参加了 240 多个会议，有校长跟我说：“我们不是在开会，就是在去开会的路上！”现在会议重复的内容太多，已知的政策、同样的内容不断地层层重复学习。

减法不做，教育难兴！

今年是陶行知先生诞辰 130 周年。一百年前，陶先生就讲过教育的减法问题，就给我们开过一个关于做减法的方案，那就是“六大解放”。陶行知先生说：“要解放儿童的头脑，让他能够思考；解放儿童的双手，让他能够去干；解放儿童的眼睛，让他能够去看；解放儿童的嘴，让他能讲；解放儿童的空间，让他能够接触大自然和社会；

解放儿童的时间，让他不要去赶考，让他能学习到他渴望的东西。”其实，我们就按照陶行知先生的建议去做，教育就可以变得不一样。陶行知的“六大解放”就是我们现在最好的“双减”宣言。

总之，有减法才能有活力。我们的确到了一个认真思考教育如何做减法，通过做减法激发教育的时候了。（本文根据作者2021年10月22日于北京圣陶教育发展与创新研究院和中国教育技术协会中学教育信息化专委会联合主办、北京大学附属中学和北京市海淀区万泉小学承办的“第八届全国中小学校长论坛”开幕式上所做的讲话修订）

7. 为择校热降温

2012 年 1 月 21 日，教育部、国家发改委、审计署联合印发了《治理义务教育阶段择校乱收费的八条措施》，旨在着力解决人民群众反映强烈的突出问题，将择校问题重新提到了舆论的风口浪尖。在《政府工作报告》中，也明确要求“继续花大力气解决推动择校、入园等人民群众关心的热点难点问题”。

择校牵动着每个父母的心。以小升初为例，从 2011 年 4 月开始，21 世纪教育研究院对北京市小升初的择校问题进行了调研。通过与中小学校长、教师、学生家长、教育行政领导的深度访谈，以及网上线下的问卷调查，发现北京的小升初择校花样繁多，有小学占坑班、推优生、特长生、共建生、条子生等主要择校渠道，以及奥数培训、择校到择班、幼升小等联动环节。调研发现，导致北京市“小升初”乱象的原因是多方面的。社会经济文化的发展和社会转型，精英主义和名校情结的价值观，北京市特殊的社会结构等，形成了公众对优质教育和名校的强大需求。这一刚性需求与义务教育阶段巨大的校际差距，形成家长不得不择校的倒逼机制。名校竞争导致的不断提前掐尖、校外培训市场推波助澜，造成了社会性的恐慌情绪和秩序混乱。政府失去监管，规则不公，开放以权择校、以钱择校、以优择校和默许“小升初”入学考试，未能有效地维持义务教育正常秩序，也加剧了“小升初”的乱象。

为此提出如下建议：

一、取消变相重点校制度，促进义务教育均衡发展

（1）完善对地方政府和教育行政部门的考核、监督。我国实行“以县为主”的基础教育管理体制，义务教育主要由区县政府负责管理。要杜绝重点学校变相举办的现象，必须通过政策的调整来引导地方政府和教育行政部门，使其逐步树立起正确的政绩观和教育观，真正致力于促进义务教育的均衡发展。在对他们进行政绩考核和督导评估时，要改变和杜绝以升学率、建设“窗口”学校作为政绩考查的标准，而要将义务教育的均衡发展放在重要位置，主要以薄弱学校改造情况、学校办学标准化建设情况、所有适龄学生全面发展情况进行政绩考核。

（2）调整和完善教育财政政策。义务教育阶段重点学校的取消，是政府职能的归位，其精神实质是取消一切通过政府行为加剧义务教育阶段公办学校之间差距的因素，教育财政政策的调整和完善无疑是一种非常重要的调控手段。要逐步加大对教育的财政投入，减少学校自筹经费的比例，发挥财政投入主渠道的作用。具体的措施如下：①制定义务教育学校教职工工资标准，对教师结构工资限高保低，保证同一区域内义务教育公办学校教职工享有大体相当的工资水平，这是实现教师正常流动的重要保障。②科学核算并适当提高公用经费定额标准，保证能充分满足学校的实际需要。③在规范捐资助学款的同时，教育主管部门可以从有创收能力的学校预算外收入中统筹一定比例,用于薄弱学校建设。④财政经费和基建项目优先向薄弱学校倾斜。

（3）实施校长、教师流动制度。义务教育阶段的学校差距，主要在“软件”方面，需要通过均衡教师资源，提高教育质量，建立教师、校长流动制度。还可考虑建立恰当的机制，帮助退休的骨干教师到普

通学校、薄弱学校发挥余热，改善校际之间师资不均衡的状况。

二、加强公众参与和社会监督

治理择校热，需要建立在市场条件下政府、社会组织、市场、公民个人参与的新的教育公共治理机制，通过多元主体参与、对话、谈判、协商等集体选择行动，共同参与公共教育事务管理，从而形成以学生发展为本，面向学校实际，积极回应内外环境变化，促使教育健康发展的新型公共教育服务体系。

（1）通过公开讨论制定实施细则和评价标准。实行公开决策、民主决策，通过公众参与、公开讨论、举行听证会等不同方式，制订北京市义务教育均衡发展的实施细则、具体方案、路线图和时间表。

（2）通过第三方参与，建立具有公信力的公众举报和奖励制度，奖励勇于揭露学校违法违规行为的学生、家长和市民。

三、建立教育问责制

首先，对国家、北京市已经颁布的保障义务教育秩序的各项禁令，做到令行禁止。将区、县级义务教育均衡发展状况、是否解决择校热、教育乱收费等问题与官员政绩考核挂钩，对领导干部实行“一票否决制”，对违规违纪行为实行严厉的制裁措施，对实行选拔性考试的学校立即“摘牌”。（2012 年）

8. 建设国家教育基础信息数据库

在中国，我们从事教育科学研究的人，往往苦于没有翔实准确可靠的数据支持。教育行政部门在做教育决策时，往往也缺少具体数据支撑。教育信息的不透明、不真实，是制约我们国家教育改革与发展的重要瓶颈之一。

近年来，我国国家级教育数据库的建设取得了一定进展。“教育部教育管理信息中心”建立了“教育统计数据”的资源平台，涵盖了基础教育、职业教育、高等教育、特殊教育等领域有关分科情况、校舍情况、教职工人数、学生人数等基础性统计数据。广东、上海、浙江等部分发达地区也在进行教育基础数据库的建设工作。但是，总体上来看，国家教育基础信息库的构架仍然没有形成，与美国等发达国家相比，有非常大的差距。

世界上发达国家非常重视教育基础信息库的建设。早在1867年美国教育部成立时，法律就明确提出了“教育部要收集有关美国教育现状和教育进展的数据及事实”的职能要求。美国国家教育统计中心（NCES）就是一个集教育信息管理、科学研究、决策支持、社会服务于一身的教育信息管理综合联合体，它对美国教育管理和教育决策的科学化、民主化、现代化进程起到了很大的推动作用。具体而言，NCES为国会解决教育问题、制订联邦教育计划、为各州分配联邦政府基金提供数据资料，以此指导联邦教育项目与教育财政的决策；NCES也为国家和地方行政机关、立法工作人员、地方教育机构以及当地学校系统协会提供各种相关的数据资料，同时还为公共教育人员的配备和资金运转等提供相应的参考信息；NCES 的报告用于教育组织和专业协会拟定政策和从事研究。此外，学院、综合性大学、教育研究机构、与教育机构合作的相关企业、媒体和公众都可以从 NCES 获取权威的数据和分析报告。从 1970 年起，挪威个人的教育信息全部纳入挪威国家教育数据库中，海外学生信息 1986 年起也被收入。

华中师范大学左明章教授等人的研究表明，我国的教育基础信息数据库建设，至少存在四个方面的问题：第一，到目前为止还未建成国家级教育基础信息数据库，相关的建设信息如设计方案、资金投入等都不够透明；第二，缺乏有关教育数据收集的制度条例或法律法规以保证数据收集的畅通性和原始性，也没有一套健全、科学而严谨的审查制度确保所生产信息的质量；第三，国家库和地方库的统计技术标准与数据类型没有统一的规范，这将使得数据的整合和综合利用率偏低，出现重复建设的局面，造成一定程度的资源浪费；第四，我国在信息库顶层设计规划方面所做的准备还不够充足，至今还没有一个权威的顶层设计规划来指导教育基础信息数据库的建设，也没有一个专家团队集中地针对这一主题进行深入研究。这些问题都已成为制约我国教育基础信息数据库建设的主要瓶颈，也严重制约了我国教育科学研究的水平和公共教育政策制定的科学性。

为此提出如下建议：

《国家中长期教育改革与发展规划纲要》已经明确提出了“构建国家教育管理信息系统”的要求。提出要“制定学校基础信息管理要求，加快学校管理信息化进程，促进学校信息化管理标准化、规范化。推进政府教育管理信息化，积累基础资料，掌握总体状况，加强动态监测，提高管理效率。整合各级各类教育管理资源，搭建国家教育管理公共服务平台，为宏观决策提供科学依据，为公众提供公共教育信息，不断提高教育管理现代化水平”。建立一个高水平的国家教育基础信息数据库，是一项刻不容缓的教育基础工程，对于推进我国教育事业科学发展，对于提高教育管理与服务的现代化水平具有战略性意义。为此，提出如下建议：

第一，建立国家层面的领导小组，统筹协调开展教育基础信息数据库建设的整体运作。

借鉴美国等国家的经验，应该建立一个国家层面的领导机构统筹安排教育基础信息数据库的建设工作。NCES是专门收集和分析有关美国及其他国家教育信息的联邦机构实体。根据美国的法律规定，NCES依法享有从各级各类教育机构获取教育统计数据的权利。我国也亟须设立这样一个专门的领导机构来负责监督、统筹和管理整个教育基础信息数据库的整体运作，系统地组织、规划和开展有关教育数据的收集、统计和分析。为了保证教育统计原始数据的可靠性，这个领导机构应享有从各级各类政府及其教育机构获取教育数据的法定权利，这样可以避免在获取数据过程中受到限制。

第二，将教育部教育管理信息中心改组成为教育基础信息数据库的技术支持机构。

NCES具有相对独立的技术支持机构，该技术机构是一个与NCES相平行的重要机构，隶属于联邦教育部管理与预算办公室，是美国教育信息管理的技术支持机构，很好地保证了NCES的正常运作。而在我国教育基础信息数据库的建设中，也需要建立一个相对独立的技术支持机构来支持和完成整个数据库体系的各种操作，以实现不同的数据库平台之间的数据交换与共享，并根据项目的特点和性质有效地设置多层级的用户权限，保障数据的安全性。

因此，建议将教育部教育管理信息中心改组成为教育基础信息数据库的技术支持机构，全面负责整个信息库的规划、设计与维护，以保证整个数据库的正常运行，为实现教育基础信息数据库的自动化管理提供技术保障。

第三，制定科学的教育统计标准和审查制度，确保数据的真实可靠。

NCES 的产品从最初设计到最终分析都会受到来自 NCES、教育科学研究所（IES）和教育社区的统计专家及议题专家们严格的技术审查。在研究设计和数据收集过程中，NCES 采用内部工作组、外部技术审查组和承包商相联合的方式设计与收集数据，这种合作方式最大限度地满足了教育社区的需求。最终分析只有在分析计划制订和审查通过后才能执行。最后，其产品还需经过议题专家或技术专员的审查以及 NCES 内部的代理审查（即由 IES 或同行进行技术性的复审）。这一系列科学而严谨的审查，为 NCES 向教育决策者和一般大众提供高质量、可靠、有用的统计信息奠定了坚实的基础。我国教育基础信息数据库的建设，也需要规范和统一教育统计标准与技术审查的各个环节，并对统计标准进行实时的技术复审，不断提高和完善现有统计方法和标准，以确保统计方法的适用性和科学性。

第四，全面整合资源，保证教育基础信息数据库的数据完整性。

NCES 的数据收集和数据分析涵盖了中小学教育、中学后和成人教育、教育评估、国家纵向研究、国际统计、职业教育和图书馆等方面的内容。每一个子范畴的数据类型完备程度极高。在中小学教育方面，NCES 提供了较完整的公立和私立中小学教育信息数据，大致可分为学校、学生和教师三大类，每一类又包含多个次级数据类型。在“学校”方面，NCES 提供的数据类型有学校风气、教室氛围、学校财政、师资建设、学校人员配备比例、校园安全和学校改革等；在“学生”方面，有学生入学情况、学生辍学率、学生结业情况、学生参与性、学生进步程度、学生成就、学生素养和特殊教育需求人群等数据类型；在“教师”方面，包含的数据类型有教师配备情况、教师专业发展、教师流动情况等。另外，NCES 还涉及家长在儿童教育中的参与情况，学前教育计划的实施情况，学前教育发展趋势等数据类型。NCES 的纵向教育数据系统（LDSs）主要关注学生个人随着年龄成长在各个教育阶段的信息。其主要功能包括：为精细化管理提供数据支持；分析教育政策的成本效益；更好地监管各层级教育相关机构的教育行为；追踪流动儿童教育情况；识别绩效高的教师、教师培训项目和教学行为；监测学生学习进步状况，给学业表现不佳的学生提供学习帮助；考核毕业生是否具备了就业所需的知识和能力，等等。

在我国教育基础信息库的建设中，也应该统筹各个教育阶段和各区域的数据。整个教育体系的各个层级，包括学前教育、中小学教育、高等教育、职业教育、特殊教育以及成人教育等，地方的教育数据也应该互相连通。每一个孩子的学籍变化，都能够及时在信息库中反映出来。（2013 年，感谢美国麻州大学教育领导系主任严文蕃教授提供的资料，本建议还参考了华中师范大学左明章教授等人的相关研究成果）

9. 建立国家教育资源库，应对网络教育新挑战的提案

2010年，《国家中长期教育改革与发展规划纲要》明确提出了建立国家教育资源库的要求："加强优质教育资源开发与应用。加强网络教学资源体系建设。引进国际优质数字化教学资源。"同时要求开发网络学习课程。建立数字图书馆和虚拟实验室。建立开放灵活的教育资源公共服务平台，促进优质教育资源普及共享。创新网络教学模式，开展高质量高水平远程学历教育。继续推进农村中小学远程教育，使农村和边远地区师生能够享受优质教育资源。

但是，从目前的情况来看，我们与理想的国家教育资源库仍有一定距离，对于建立开放灵活的教育资源公共服务平台仍然缺乏清晰的思路，尤其是对如何应对以网络教育2.0为标志的新教育革命缺乏思想准备。

这场革命是由毕业于麻省理工学院的孟加拉裔美国人萨尔曼·可汗发起的，他创办的"可汗学院"开设了3500多门课，向全世界免费提供高品质教育。仿照"可汗学院"的模式，两个斯坦福大学教授也成立了一个名叫Coursera的教育机构，并联合普林斯顿大学、加州理工学院、霍普金斯大学等十二所大学开始大规模的新型网络教育试验。麻省理工学院和哈佛大学也各投资3000万美元开拓这种新型网络教育。他们提出的愿景：让任何人，在任何地点、任何时间，都能得到世界

一流的教育。据相关负责人称，他们不仅将利用这个平台建立一个庞大的全球性在线学习社群，而且将研究教学方法与技术。

与网络公开课不同，网络教育2.0是一种全新的、互动式的、融入了很多网络游戏成功因素在内的新教学模式。比如，由于学生在网上学习注意力容易分散，所以每堂课只有十多分钟，课后还要马上测验，不拿满分不让看下一节，因而被称之为“满十分过关”。通过这种方式，学生们能够扎扎实实地掌握每一个概念。

网络教育2.0实行“反转式”教学法，将传统的学生在校上课，回家做作业的方式颠倒过来，让学生在家通过视频上课，到学校完成作业。学校不仅有老师辅导，学生还可以与同学进行交流。在这个过程中，每个学生都可以根据自己的情况，制订不同的学习计划，教师则在网络后台监督每个学生的学习进度，并进行有针对性的辅导。美国俄亥俄州州立大学的一项研究表明，采用这种个性化的学习方法，不但能够大大提高好学生的学习效率，还能将后进学生的不及格率减少一半以上。

网络教育2.0形成了传统课堂中没有的巨型网络学习社区。比如，前面提到的Coursera教育机构的创始人把自己的课上传到网上后，全球有10万人在学他的课。如果学生在学习中有任何问题，在网络社区上发一个帖子，平均22分钟后就会有其他同学为其答疑解惑。这种充满活力、充满惊喜的交互式的网络教育方式，让学习变得如网络游戏、网络社交一样有趣。

网络教育2.0最大的优势在于能真正地做到优质教师资源共享，因为每门课不但可以找到最优秀的老师来讲，还有一个专业团队来负责教学计划、教学设计与考试测试。而通过网络这种无地域和国界限制的方式，潜在的学生数量很多，以至于每个学生分担的受教育成本极低，真正地实现了以低成本提供优质教育。从这个角度看，网络教育 2.0 也能在更大程度上实现教育公平，学生只要能上网，交很少的钱就能享受到最优质的教育资源。

正是网络教育的快速发展，美国的网络教育服务商纷纷投入巨资，打造“在线版哈佛大学”。美国政府也努力在政策层面上为其营造良好的发展环境，2010 年，美国政府颁布了《变革美国教育：技术推动的学习》，正式提出推行美国国家教育技术计划。世界上其他国家也都在积极应对。

为此提出如下建议：

网络无国界。美国教育专家预测，世界各大学如果再不加强自身建设，那么未来流失学生，甚至关门大吉也不是不可能的。这场方兴未艾的新型教育革命关系到未来我国的人才水平，关系到我国未来世界竞争中的走向与位置。

第一，尽快建立国家级的网络教育协调机构。全面系统规划国家网络教育的内容、方法、途径，制定国家教育资源平台的战略规划。这是一个跨各个教育阶段的系统工程，需要更加宏观的视野、更加权威的领导。

第二，尽快建立国家教育资源库。避免现在中央和地方多头投资、重复建设的情况，注重顶层设计，加强统筹安排，明确提出国家资源库建设的必要性。国家教育资源库要建立按照不同阶段、不同学科的专家委员会，认真审查引进国外优秀的教育资源。发挥我们集中力量办大事的体制优势，率先把经过严格挑选的几千门世界上最新、最好、最热的课程源源不断地引入中国，把全国优秀大学中最好的课程通过远程方式与全国大学生以及全社会分享，同时在网络考试上、学分处理上、学制上、老师的角色转换上突破创新。如此，不仅能大大地缓解我们高校优质教师资源不足、教学内容达不到世界前沿、研究水平不高以及教育改革动力不足的问题，也能有效缓解我国优质学生大量外流的趋势。

第三，把现有教育资源库的课程从静态变为动态。经过多年努力，现在中小学的网络教育资源和大学的网络教育资源平台已经基本建设好，各地方也有海量的网络教育资源。如迄今已建成4000多门国家级精品课程，由南开大学、浙江大学等高水平大学建设的首批20门“中国大学视频公开课”也已经上线，这些课程，不同学校的师生通过网络平台都可以共享。关键是要尽快把死资源变成活资源，把静态的课程变成动态的课程，不仅有在线视频，同时应该有网页插入式测试、即时反馈、学生分级的问答、在线实验室、学生自主学习与互助学习讨论等。

第四，加大加快对农村学校互联网以及相关电化教室、仪器设备以及上网费用的投入。优先解决贫困地区的互联网接入，让缺少高水平师资的贫困地区中小学能率先使用远程教育，让这些学校的教师能够得到全时段的远程教师培训。有关部门要加快对适用于农村中小学远程课程的开发。可以先在一些贫困县试点，成功后向全国推广。（2013年，本建议参考了国务院参事汤敏先生的有关文章与讲演等，特此鸣谢）

10. 加强民族地区、港澳地区国家通用语言文字推广普及

新中国成立以来，党和国家大力推广普及国家通用语言文字，取得了历史性成就。截至目前，普通话在全国范围内普及率已接近80%，但是东西部之间、城乡之间发展很不平衡，特别是民族地区、港澳地区的普通话的普及率仍然相对较低，这对于维护国家统一、民族团结和社会稳定，对于增强中华民族凝聚力向心力带来不利影响。

从民族地区来看，由于《宪法》《民族区域自治法》《国家通用语言文字法》对学习使用国家通用语言文字的表述不一，一些民族自治地方过于强调优先使用和保护少数民族语言文字。

一些民族自治地方在实施“双语教育”时，多采用少数民族语言文字教学、加授汉语课的教学模式，导致少数民族学生的普通话水平偏低。这既不利于各民族交流交往交融，也不利于民族地区的脱贫攻坚，甚至会影响社会稳定和国家安全。

如前些年新疆中小学少数民族学生的汉语课每周仅授3—5个小时，仅占全部课时的23%，导致“汉语课成了‘外语课’”。直至近几年，在中央的高度重视下，新疆使用国家统编三科教材，中小学各年级全部课程使用国家通用语言文字授课，同时加授少数民族语文课程，新疆的教育和社会生态逐渐转好。

如从港澳地区的情况来看，目前港澳地区流通语言以粤语为主，文

字则是繁体字，英文和葡文在当地也有较高使用率，但国家通用语言文字普及率一直偏低。其原因在于除法律方面的困境外，还与政治问题交织在一起。《香港基本法》第九条“香港特别行政区的行政机关、立法机关和司法机关，除使用中文外，还可使用英文，英文也是正式语文”。但在实际应用中，香港社会普遍认同的“中文”是粤语和繁体字。

根据香港大学社会科学研究中心2012—2013年调查显示，普通话、简化字是香港居民日常生活和工作中使用率最低的语言文字，其中普通话使用率14%—15%、简化字20.7%；而粤语方言使用率95%、繁体字77.8%，而且香港语言教育规划也明显倾向于英语，英文课是小学到高中12年的核心课程，学时占总课程17%—21%。

港澳回归以来，国家有关方面曾尝试加强港澳地区的国家通用语言文字教育。澳门在特区政府支持下取得可喜进展。国家通用语言文字普及不充分，在香港青少年中产生严重负面效应，严重影响了香港民众的人心回归和国家认同，影响了香港繁荣稳定和国家安全。2019年香港发生的修例事件，也充分说明加强以语言文字为载体的中华文化认同教育的重要性。

为此提出如下建议：

综上，我们建议国家要加大民族地区、港澳地区国家通用语言文字的推广普及力度。

一是成立由国务院领导牵头的民族地区、港澳地区国家通用语言文字推广普及部际协调机构，研究部署相关工作。

二是尽快召开高层次的全国语言文字工作大会，从国家层面加强国家通用语言文字推广普及的顶层设计和长远谋划，明确民族地区、港澳地区国家通用语言文字的推广普及的政策和目标。

三是修订相关法律法规或出台中共中央、国务院文件，明确国家通用语言文字的主体性地位，突出学习使用国家通用语言文字是公民的法定义务。

四是全面加强国家通用语言文字教育教学，推动民族地区“双语教育”改革，提高港澳地区国家通用语言文字教学课时占比，强化青少年的文化认同和国家认同。

五是深化内地与民族地区、港澳地区的语言文化交流，传承中华优秀文化，加强各民族间青少年的沟通交流，铸牢中华民族共同体意识，为中华民族伟大复兴凝心聚力、培根铸魂。（2020 年）

11. 发展“第三方”教育考试与评价体系

考试与评价问题，历来是教育改革与发展中必然遭遇的难题。不仅是中国，世界各国都是如此。肇始于21世纪初的美国“反SAT运动”“反标准化考试”等，亦是美国在教育改革与发展中所遇到的考试与评价难题的具体体现。

2002年《教育部关于积极推进中小学评价与考试制度改革的通知》发布，对考试与评价的宗旨、目的、内容、方法等作出了重新界定，明确提出了建立以“基础性发展目标、学科学习目标”为基础的“三个有利于”评价体系。《国家中长期教育改革与发展规划纲要》也明确提出，要以考试招生制度改革为突破口，克服一考定终身的弊端，推进素质教育实施和创新人才培养。按照有利于科学选拔人才、促进学生健康发展、维护社会公平的原则，探索招生与考试相对分离的办法，政府宏观管理，专业机构组织实施，学校依法自主招生，学生多次选择，逐步形成分类考试、综合评价、多元录取的考试招生制度。加强考试管理，完善专业考试机构功能，提高服务能力和水平。

目前，高考改革方案正在研制之中。但是，总的来说，考试与评价的制度、机制及技术落后，已经严重制约了我国教育改革与发展。如果不从体制、机制以及技术上做革命性的变革，我们很难看见出路。具体来说，我们的考试与评价有如下问题：

一是学校教育凸显“应试化”。由于教育考试与评价的理论和技术的落后，在学校推进素质教育的过程中，造成了许多怪现象：学校教育即考试，什么都考，方法要考，能力要考，素质也要考。考“素质”，窄化为考“学科”；考“学科”，窄化为考“双基”。同时，提高“素质”，异化为提高“成绩”；提高“成绩”，简化为提高“分数”；提高“分数”，的确有“旁门”可走……因此，考试的公平性、导向性大打折扣。

日常生活中，与“应试教育”相关的培训补习广告随处可见，以“提分”“高分”为亮点，一个以学生与父母乃至学校为核心买方的教育市场赫然屹立。在大小城市，我们不难看到为数甚众的家长，一面抱怨孩子负担太重，一面又忙不迭地把孩子塞进各种辅导班，考拼各级证书，生怕漏了什么，贻误孩子终身。在校园，优秀学生成了“学霸”“考霸”的代名词，一考定终身的唯分数论升学通道，逼仄又拥挤。与之对应的是，学生的道德水平与身体健康遭受了严重损害。所以，素质教育的推进遭遇了“应试”重重围墙。

二是达标考试时常“选拔化”。众所周知，目标参照性考试（即达标性考试）与常模参照性考试（即选拔性考试）无论在目的、功能还是技术上，都存在较大的差异。选拔性考试的目的是要在群体中进行区分，其功能是将符合某种品质特征的人与不符合这种品质特征的人区分开来，其结果是要满足人才选拔单位的需求；而达标性考试则是以评估教育是否达到了既定的目标为目的，以描述、诊断学生学习过程中，教师教学过程存在的问题为主要功能，其结果要为未来的学习和教学提供重要的改进参考，为教育决策提供数据支撑。所以，基础教育阶段的所有校内的大规模考试都应属于学业水平达标检测，应按达标性考试的常规要求进行命题与质量分析。而事实上，由于高考、中考的影响，初、高中的学业水平考试都按选拔性考试要求去命题、去评价，考试趋于“高考化”“甄别化”，选拔意味浓厚，所以中考和高考的导向性作用严重偏离新课改的预期目标。

现在的选拔考试（包括高考在内），只以学生的学科成绩来“总结学生的过去”“评价学生的现在”和“预测学生的未来”，方法原始而落后。在这样的考试导向下，日常教学极容易走向“囫囵吞枣、死记硬背”和“题海战术、生搬硬套”，为了获得“分数”而导致“高分低能”。这种选拔“学科成绩”而不是选拔“学生本身”的考试思想与技术，已经耽误了一代人的充分又美好的发展，必须抛弃。

三是选拔考试一考“终身化”。我国现行的选拔性考试都以一次的考试结果代替学生过去数年甚至十几年的发展过程，忽视考生的心态、情感等非智力要素对考试结果的重要影响。“一考定终身”毫无道理地提升了考试结果的重要性，而这种重要性则毫无意外地增加了考生的焦虑，而焦虑则导致考试结果偏离考生的真实水平，人才选拔无法实现理想的效果，从而使整个过程陷入了一种无法自拔的恶性循环之中。

四是教育评价呈现“单一化”。教育评价是“根据一定的教育价值观或教育目标，运用可行的科学手段，通过系统地收集信息、分析解释，对教育现象进行价值判断，从而为不断优化教育和教育决策提供依据的过程”，它包括考试下的价值判断，也包括非考试下的价值判断，所以教育评价并非由单一的“考试”来决定、来判断。而事实上，多个学校呈现了“评价必考试、不考试无法评价”的局面，教育评价方式单一。

教育评价作为学校与社会教育的重要环节与手段，具有检测、诊断、甄别、预测、导向等多种功能。近年来，学校教育，尤其是基础教育阶段中小学办学质量考评改革措施得到全社会广泛关注，各地积极探索取得了有益经验。但是，已经取得的成绩与已有制度，与全面推进素质教育的要求还不相适应，教育评价突出反映在：只强调甄别与选拔功能，而忽视改进与激励的功能；只注重学习成绩，而忽视学生全面发展和个体差异；只关注结果，而忽略过程；只重视当前成就评价，而忽视发展水平评价；只重视常规管理制度，而忽视教师、学校评价制度，同时已有的评价制度也不健全、不科学等。

五是留学考试皆“洋化”。由于我国教育考试与评价理论、技术和模式的长期落后和停滞，我国的学生素质评估和学业人才选拔的技术、标准和模式，远远落后于世界平均水平，使得我国的中高考考试成绩、课程水平成绩、综合素质评估分数等一直不能被世界教育先进国家所认可；导致长期以来我国学生留学必须经由“洋考试、洋评价、洋评估”，导致我国的教育国际化趋向于“教育洋化”。在当今全球教育趋同化并凸显国家教育个性化的时代，留学考试与评价却皆“洋化”、中国教育国际化却被“洋化”的趋势，不仅恶性加重了中国意向留学的学生及其家庭的负担，对人才培养是严重伤害，对国家教育是严重浪费和损失，给中国教育国际化带来不良引导倾向，也给世界教育先进国家以及全球教育国际化造成负担和损失。

我们从未见过世界哪个国家的托福、雅思、SAT 等考试辅导具有如中国这般的超级规模，我们也从未见过世界哪个国家有如中国学生留学这么艰难。一个国家的教育考试与评价成绩不被承认，等同于这个国家的教育不被承认和尊重。我们必须要改革和发展我们的考试与评价理论、技术和模式，我们必须要扭转留学考试与评价皆“洋化”、中国教育国际化被“洋化”趋势的局面。

以上所有问题，表面上是我们考试与评价的观念落后、方法陈旧，本质上是由我们的考试与评价体制与机制的不合理、考试与评价技术的严重落后所造成。

长期以来，我国的教育评价主要来自教育行政部门系统内部，教育行政部门既当“运动员”又当“裁判员”，考试评价主体不明，其科学性、公正性自然大打折扣；我们的考试与评价技术，还停留在几十年前的水平上，与素质教育严重脱节，所以，教育评价“主体单一”“模式单一”“理论陈旧”“技术落后”“方法单一”“功能单一”“指标单一”等问题相当严重；我们的考试与评价技术远远落后于世界，造成留学考试与评价皆“洋化”、中国教育国际化被“洋化”的趋势愈演愈烈，仍在恶化。

为此提出如下建议：

“他山之石，可以攻玉。”改革我国考试与评价的体制、机制及技术发展的重要思路，是借鉴世界先进国家的做法，发展独立于政府、招生机构之外的“第三方”考试与评价体系。

在国际评估项目中，无论是世界上最具影响力、涉及范围最广的三大国际评估项目之一的被誉为“教育界的世界杯”竞赛的“PISA”，还是美国国内唯一代表教育评价体系并被誉为“国家教育进步评价”“国家教育成绩报告单”的“NAEP”，其运作模式都为：政府主导监管、专业机构（社会第三方）设计实施。

从世界范围的高校招生考试制度来看，以英、法、德为代表的资格认定制和以加拿大为代表的开放升学型不适合我国的国情；以日韩为代表的考试竞争型和我国的情形十分相似，正是我们要改革的，因此也不能作为学习的对象。

在美国，所有的考试与评价都是由独立于政府和招生单位之外的社会第三方考试评估机构来组织和实施的。也形成了以美国教育考试服务中心（ETS）为首的几大考试与评价巨头，为全美的大学入学考试以及各个州的学业评价提供产品及服务。其中 ETS 还承担了美国联邦政府委托的全国规模的教育质量评估工作。分析美国当前这种机制，到目前为止，至少产生了几方面的社会效益：一是由于第三方的独立考试性质，不涉入招生利益双方之间的关系，考试的客观性、公平性、公正性得到了有效的保证；二是由于社会化性质，需要在竞争中求生存和发展，因此更加关注考试和评价产品及服务质量不断提升，产品和服务的不断创新，考试与评价技术的不断完善，从而使组织成为了一个考试及评价技术不断创新的场所，专业人才集聚和培养的场所以及信息化研发的场所；三是一年多次的考试安排，成绩以最好的一次作为升学依据，克服了“一考定终身”的弊端，减轻了考生的焦虑，使考试的误差大大地减小，人才选拔结果更加可靠。

为此，我们建议国家大力扶持和发展社会第三方教育考试与评价机构，这是独立于政府和学校或政府和招生单位之外，主要担负教育科研、顶层设计、工具研发、实施考试、组织评价、质量分析、跟进指导等职能的专业学术机构。第三方考试与评价体系的建立，无论是从克服我国现行考试与评价制度的弊端角度，还是从教育与科学技术创新的角度来看，都具有很现实的意义，应该成为我国考试与评价制度改革的一个重要的方向。

第三方考试与评价机构，主要应该承担以下任务：（1）了解区域或国家教育现状，诊断教育突出问题；（2）归因分析、跟进指导，为教育部门、学校科学决策提供数据支撑；（3）建构各类区域或国家大规模教育考试标准与评价机制，全方位、多功能服务社会；（4）制定并推进区域或国家中小学生学业评价指标，包括学业水平指数、学习动机指数、学业负担指数、身心健康指数、师生关系指数、教师教学方法指数、校长课程领导力指数、学生家庭背景对学业影响指数和跨年度的教育进步指数；（5）创新形成区域或国家的“课程标准、日常教学、考试评价”高度一致的考试与评价标准系统，在操作层面上有效推进素质教育；（6）解决留学考试皆“洋化”的问题。

建议国家出台相关政策，允许并鼓励社会化考试与评价的尝试，从已经掌握了符合素质教育评价与考试新技术的教科研机构和社会机构（第三方）中，尤其是其考试与评价技术已经被国内外教科研机构及美国等教育先进国家广为认可和接受的社会机构（第三方）中，选择教育评价与考试服务机构，并且在部分省市和学校自主招生中开始试点。同时，对第三方考试与评价机构给予财政支持和税收优惠：在行政审批或注册方面予以更加便捷、高效、人性化的审批或注册支持；在税收方面予以更优惠的政策；有选择地予以适当的财政资金支持；对这类机构的人才吸引和培养方面予以优惠的政策支持。

考试与评价都不是教育的目的，仅是一种教育的手段与途径。“教育评价最重要的意图不是为了证明，而是为了改进。”引进社会化第三方考试与评价组织或体系，对于克服我国现有的考试与评价的弊端，提高我国的考试与评价技术水平，改进学校管理，推进素质教育的深化具有重大的意义。因此，它也是一项需要政府、教育主管部门、学校、社会各界人士达成共识，共同努力和推动才能成就的工作。希望教育部从全局的战略高度认识和推动第三方考试与评价体系的建立。（2013年）

12. 建立中国教育博物馆

教育博物馆具有文物收藏、科学研究和社会教育三种基本功能。具体而言，建立国家教育博物馆的教育价值、社会价值和文化传播价值可以分述如下：

首先，建设中国教育博物馆能够温故知新，促进人们在教育上继往开来地探索。对以往教育遗产和教育发展历程的整理、保存和研究，使我们对教育的发展历程和精神实质、对教育与社会和文化发展的关系、对现代教育的本质与发展趋势有更深刻和清醒的认识，有助于我们在现有教育发展基础上，进一步思考与促进当今教育的改革与发展。

其次，建设中国教育博物馆是当代中国制度自信、文化自信的体现。中华民族千年来的教育历史、记忆，将集中展示于教育博物馆中，是鲜活的历史再现，将产生积极的社会效应，让国人和世界各国的人们从根本上了解、认识中国教育，认识中国教育的传统，了解中华文化的传承的历史，进而更能深入地了解中国文化的底蕴，这也将有助于增强国人特别是年青一代的民族自豪感、文化自信与文化自觉，进一步增强道路自信、理论自信和制度自信。

最后，通过博物馆的传播教育功能，可以更好地展示和传播新时代中国教育发展的理念，发挥对社会良好的引导作用，凝聚全社会对中国教育发展的共识，共同创造中国特色社会主义教育文化。

目前，国内仅在部分地区建立了教育博物馆和教育专题博物馆，能够从整体上呈现中国教育传统和中国教育全貌的、综合性的国家级教育博物馆一直都是空白，与我国作为教育大国的地位不相称。为此，建议尽快建立中国教育博物馆。

为此提出如下建议：

一、合理规划建设中国教育博物馆

做好筹备、规划、选址等工作，在北京尽快建立一座综合性的、国家级的中国教育博物馆。同时，由于教育内涵十分丰富，文物资料众多，建议利用现有资源，在各地选址改扩建专题分馆，如学校教育分馆、教育家纪念分馆、教科书分馆等。

二、发挥好中国教育博物馆的功能

在建设教育博物馆的过程中，应注意做好中国教育的梳理、归纳和研究工作，将多种具有史料价值，包括与教育相关的实物聚合起来，从不同的侧面生动地记录教育的历史，通过运用现代科技手段展示出来。建立一支懂教育兼通博物馆学的专业人才队伍，发挥好博物馆的社会教育功能。在教育博物馆建好后，除了陈列展览外，还可以举办讲座，出版藏品研究专著和相关教育书籍、图录、期刊，举办夏令营等，立足于博物馆的藏品，通过各种教育项目对博物馆的主题进行阐释。（2018 年）

二

上好人生第一课

——学前教育与家庭教育政策建议

儿童是国家和民族的未来。家庭建设是国家建设、社会建设的基石，是民族文化道德传承的重要基础，是社会和谐发展的稳定器。家庭教育是家庭建设的基础工程，是人生教育的第一课，是一个人世界观、人生观、价值观形成的重要基础。加强家庭建设，重视家庭教育，养成良好家风，是培育和弘扬社会主义核心价值观，发扬中华民族传统家庭美德的重大举措和重要任务。

13. 加快制定《学前教育法》

近年来，我国学前教育事业在各级党委、政府的领导下，有了较大的发展，但总体上仍然滞后于经济、社会和教育事业发展的需要，不能满足人民群众日益增长的学前教育需求。导致了学前教育各种问题突出，社会各方面反映强烈，意见很大。主要表现在：

第一，“入园难，入园贵”。当前，我国普遍存在公办幼儿园“稀缺化”，公办幼儿园教育数量太少，成为稀缺资源，导致了各种恶性竞争。而民办幼儿园却呈现“两极化”，水平参差不齐。一部分是质量较高，而另一部分却是质量很差。质量好的幼儿园人们上不起，质量差的幼儿园人们不想上，导致供给与需求结构严重不合理。此外，部分幼儿园收费呈“贵族化”，缺乏一定的标准，优质幼儿园的收费昂贵。

第二，幼儿园存在“只管不教”和“教得过多”的两极分化。进入幼儿园的适龄儿童面对的是两种不同的情况：一部分幼儿园只管不教，这些幼儿园师资水平差，设备简陋，质量不高，幼儿园只是一个托儿所。家长将孩子送进幼儿园是因为没有时间去陪孩子，只是将幼儿园视为代管孩子的机构，幼儿园老师只是保姆。与此相反，另一部分幼儿园却是教得过多，本应该是小学阶段学习的内容却提前到幼儿园进行，孩子根本无法消化，存在着成人化的教育倾向。

第三，在城乡之间、区域之间，学前教育发展不均衡的矛盾很突出，

存在着许多亟待解决的问题。当前，在相当部分农村地区，学前教育没有发展起来，还有大部分学前教育适龄儿童没有接受应有的学前教育。东西部的学前教育发展也不协调，东部发展快，而西部发展慢。

诚然，制约我国学前教育发展相对滞后的原因是多样的。第一，我国人口基数大，底子薄，在相当长的时间内经济发展落后且不均衡，极大地影响了学前教育的发展。第二，我国社会各界对学前教育的重要性认识不足，对学前教育不重视，特别是农村地区几乎没有学前教育。近些年这种情况得到改观，但同时导致学前教育需求加大且对教育质量有较高要求，而学前教育资源供给却满足不了这种需求。第三，国家对学前教育的投入过少。近些年，我国对学前教育的投入，只占教育总预算中的1.2%—1.3%。

而最根本的原因，是学前教育没有立法保障。以上的诸多问题都缺乏法律、政策依据去解决。比如，幼儿园办园主体多元，法人登记归类复杂；收费除了等级幼儿园以外都没有明确规定；幼儿教师在《教师法》中明确的法律地位没有落实到位，待遇难以保证等，这些问题都需要权威的制度性规定。

我们认为，抓紧研究制定《学前教育法》，是解决我国当前学前教育事业发展中诸多突出问题，促进学前教育事业健康可持续发展的迫切需要和根本保障。近年来两会代表委员多次呼吁，《国家中长期教育改革与发展规划纲要》也把制定《学前教育法》写进计划，但是由于全国人大立法程序复杂、进度较慢，我们再次呼吁：全国人大和国务院有关部门要高度重视学前教育立法，加快立法进程，争取在近年制定出台《学前教育法》，明确学前教育的性质地位、方针机制、管理责任和管理体制、投入保障机制等内容，解决学前教育发展中的具体实际问题。

我们认为，应该尽快制定和实施一项适合我国国情的，又能客观反映教育规律与人才成长规律的《学前教育法》，以保证我国学前教育的普及与质量的提高，特别需要明确以下几项事宜：

第一，明确学前教育的性质、地位、方针、机制。明确规定学前教育是国家基础教育的基础，是国民教育的重要组成部分，是一项重要的社会公益事业，是公共教育服务的重要组成。确立以“政府主导、社会广泛参与，公共财政支撑、多渠道投入相结合，公办民办共同发展”为我国学前教育事业发展的基本方针与机制。

第二，明确学前教育的管理责任和管理体制。明确并强化中央和地方各级政府发展学前教育事业、提供学前教育公共服务的主导责任；明确规定教育、发展改革、财政、建设、劳动保障和卫生等部门的职责。明确规定中央、省、地、市应设立学前教育专门行政管理机构，县应有专门机构或专职干部。

第三，建立以公共财政为支撑的学前教育投入保障机制。加大公共财政投入，明确规定在中央和地方各级财政性教育预算中单项列支学前教育投入；在中央和地方各级财政设立学前教育专项经费；明确规定逐步加大各级政府教育财政性投入中学前教育经费的比例；中央和地方各级财政每年新增教育经费优先投向农村学前教育。贫困农村和少数民族地区学前教育发展以政府投入为主。同时，明确建立政府和家长共同承担的成本分担机制。

第四，建立公办为主，公办民办共同发展的办园体制。基于我国国情，城乡差距显著，城乡实行不同的办园体制：农村地区以政府投入、政府办园为主，同时鼓励和支持社会力量到农村举办幼儿园；城市、县城地区则应多种形式办园，在加大政府投入的同时，广泛发动和引导社会各方面力量多渠道投入，形成公办和民办共同有序发展的格局。

第五，加强对学前教师队伍的建设和培养，并明确幼儿教师的身份、待遇和培训、职称等权利。明确学前教育从业人员特别是幼儿教师的身份与地位，资质、聘任与考核等要求，明确幼儿教师享受与中小学教师同等的政治、经济待遇，并对其责任、义务、工资、待遇、医疗与养老等社会保险、职称和培训等基本权益作出明确规定。

第六，建立学前教育的督导评估与问责制度。明确建立学前教育事业发展与质量评估制度，建立健全学前教育发展的督导和问责制度。将各级政府发展学前教育的职责及落实情况、规划实施、经费投入与教师编制、待遇、培训、队伍建设情况等，作为考核各级政府、教育行政管理部门及其领导的重要内容。

第七，建立优先保障农村和弱势群体学前教育、保障教育公平的机制与制度。明确以政府办园为主、财政投入为土、公办教师为主发展农村和中西部贫困地区的学前教育，建立政府投入为主、集体经济支持、社会力量参与和家庭适当分担教育成本的投入与保障机制。地方财政不足的地区，中央财政应加大转移支付力度。对贫困农村、少数民族等欠发达地区，以及城乡贫困、弱势群体等实施多种形式的资助。

（2012年，感谢北京师范大学教育政策分析方向博士生徐赟同志的帮助）

14. 完善“学前学会普通话”行动 强化中华民族共同体意识

2018年7月，国务院扶贫办和教育部联合发布了《关于开展“学前学会普通话”行动的通知》，在西部9个省（自治区）开展“学前学会普通话”行动。这是立足我国脱贫攻坚和推进西部大开发形成新格局的新时代背景，奠基教育起点公平，全面贯彻落实党的民族政策，强化中华民族共同体意识教育，进而助推中华民族伟大复兴的创造性举措和新时代伟大行动。

经过四川省凉山彝族自治州、乐山市小凉山彝区的两年试点探索，“学前学会普通话”行动已经积累了一些有效经验，也取得了一些显著的成效。截至2019年年底，凉山彝族自治州学前三年毛入园率达84.03%。受益的儿童进入小学后语言发展水平抽样测评合格率达到99.03%，学业成绩平均分、合格率分别比未接受过学前教育的学生高10.99分、15.6%，义务教育阶段辍学儿童数量也从60972人减少到2337人，有效促进了地方“控辍保学”工作成效。

但“学前学会普通话”行动也面临一些现实挑战。其一，“学前学会普通话”行动的性质、地位和功能缺乏顶层设计，基层实践没有系统且可持续的统领性、标准化国家行动纲领可以遵循。其二，“学前学会普通话”行动的规范化理论研究处于空白状态，缺乏扎根中国大地的研究设计，致使对“学前学会普通话”行动的认识处于“知其然，不知其所以然”的状态。其三，各地主要关注园舍环境和硬件设施配备，对教师队伍和教育资源关注力度、建设力度明显不足。其四，教师的教学过程与儿童的学习过程中缺乏具童趣性的过程性探究，“小学化”的情况常有出现。其五，已有的监测评估主要局限在儿童普通话能力水平测试层面，不能体现“学前学会普通话”行动的全面成效。

为此提出如下建议：

第一，“学前学会普通话”，不仅是对少数民族地区儿童的要求，也是对全国儿童的普遍要求。为此，建议将“学前学会普通话”行动上升为奠基中华民族共同体建设的国家战略并写入国家脱贫攻坚、乡村振兴、民族工作和教育事业发展“十四五”规划。

第二，坚持国家立场、尊重儿童特点并注重文化传承，尽快建构“会听、能说、爱用”普通话的焦点目标体系。行动目标应重点关注儿童的语言习得、思维发展和文化浸润三级认知目标。推动将“会听、能说、爱用”作为焦点目标予以重点关注，将中华优秀传统文化教育作为背景目标予以柔性浸润。

第三，强化教师队伍质量建设和软性教育资源配置。重视设计对达成焦点目标真正起作用的最基本条件，将资金投入重点从硬件建设转向软件配置，主要用于教师队伍建设、幼儿园课程资源开发等。

第四，以情境化、“浸润式”操作方法体系进一步开发和升级“学前学会普通话”的课程模型及配套资源。根据儿童的学习方式和具象化的思维特征，建构科学规范的情境化“浸润式过程要素支持模型”，并开发一体化幼儿园课程资源和教师培训资源，特别是辅助儿童习得普通话的图画书、玩教具、环境创设材料等。

第五，以系统性、标准化、友好型评量工具开展“多层生态效益”

追踪评估。建构综合效益评估监测体系，拟定“学前学会普通话”行动监测评估、儿童学习与发展监测评估、教师专业发展监测评估指标体系及工具系统，开展长期追踪的“多层生态效益”评估。

第六，统筹要素管理，建构标准化、可复制的“学前学会普通话”行动管理机制。形成党委重视、政府主导、专门机构、专职人员、技术支持“五位一体”的“学前学会普通话”行动管理机制。并推动“至少坚持20年”的政策规划和推进策略，打造中华民族共同体意识教育的“示范高地”，持续升级供给侧的课程资源和教师培训资源。

第七，通过家庭教育培训工作，有效推进家庭中的高度认识、深度参与。对学前儿童的父母，加强相关培训工作，利用家庭教育的培训指导，利用手机软件等高科技手段，让父母积极配合、共同推进，为“学前学会普通话”创造良好的条件，提供切实的指导。（2021年）

15. 妥善处理民办园与普惠园关系

为满足人民群众对学前教育的需求，2017 年，《教育部等四部门关于实施第三期学前教育行动计划的意见》提出，到 2020 年，基本建成广覆盖、保基本、有质量的学前教育公共服务体系。全国学前三年毛入园率达到 85%，普惠性幼儿园覆盖率（公办幼儿园和普惠性民办幼儿园在园幼儿数占在园幼儿总数的比例）达到 80% 左右。2018 年 11 月 15 日发布的《中共中央国务院关于学前教育深化改革规范发展的若干意见》进一步强调了这个指标要求。

为此，一些地方开始进行民办幼儿园关停和转设工作。例如深圳市为了完成新型公办园和普惠性民办园占比达到 80% 以上的目标，将 340 多所社会组织或个人承办的政府产权幼儿园全部收回，转为新型公办园。最近陆续又有其他地区采取同样的举措，以提高普惠园比例，引发了大量争议并成为舆论热点。

民办幼儿园也是公共服务的提供者，在政府补助扶持力度到位的情况下，引导民办园朝着普惠性方向发展，这一政策方向是对的。但是，强制要求民办园转为普惠园，违背契约精神和公平原则，容易引发更多社会问题。据分析，政府之所以采取这样的举措，原因有：

一是学前教育强制性目标过高。85% 的毛入园率远远超过《国家中长期教育改革和发展规划纲要（2010—2020）》中提出的学前三年毛入园率 2020 年达到 70% 的目标。现在的学前教育资源增长很大一部分是通过现有幼儿园扩容取得的，越往后增长难度越大。截至2017年，全国普惠性幼儿园覆盖率为70.6%，在短短三年内，要实现近10个百分点的突破，全面完成覆盖率80%的目标极其困难。

二是民办园成为普惠园的奖励扶持政策不到位。根据2017年数据，我国普惠性民办幼儿园仅占普惠性幼儿园的26.5%，而民办幼儿园占我国幼儿园总量的55.9%，可见民办幼儿园办普惠的比例不高，大部分都靠市场生存。在民办园转型为普惠性幼儿园的过程中，各地普惠性幼儿园认定政策、补贴和扶持政策都有不同，民办园举办者的政策预期不明，获得感不强。一些地方认定过程较长，使一些新办园无法进行普惠性认定。一些地方的财政扶持力度较弱，普惠性民办园经费拮据、生存空间狭小，举办者不愿转普惠性。

我们认为，要正确处理民办园与普惠园的关系，不能违背契约精神、公平原则直接关停民办园，或强制民办园转为普惠性幼儿园。

一是尽快扭转政策导向。对学前教育发展目标的表述不能一刀切，应本着“保底线、保基本”的原则提出约束性目标，让各地基于实际制定各自的具体目标。各级教育主管部门应把对《关于学前教育深化改革规范发展的若干意见》的落实，界定为“努力发展以优质公平为导向的学前教育”为政策目标，在保“质”的前提下做到保“量”，合理、有序增加公办园的数量，为民办园的改革留下空间，防止公进民退。财政资金应主要并优先用于贫困地区、深度贫困地区、城乡结合部和外来务工人员聚居地区，用于改造“小、散、乱”幼儿园，提供有质量的保教环境和教育服务内容，培养高素养的幼儿教师队伍。

二是科学核算普惠园办园的成本，制定合理、有效、支撑优质发展的财政补贴办法，充分调动民办园举办者的积极性。成本核算应该包括幼儿园办园定位、设计装修与课程开发成本、玩教具教材质量等方面，尤其是要关注课程体系开发、教师系统培训、高标准运营管理等隐形综合成本，在此基础上制定合理的财政补贴标准，并根据幼儿园的办学水平制定相应的奖励办法。制订并实施学前教育专项计划、积极挖掘扩大增量、规范小区配套幼儿园办园行为等。制定并实施政府购买优质学前教育服务的具体办法，扩大、推广、共享优质的学前教育内容。

三是完善监管，实现普惠与优质并重的发展目标。建立普惠性民办园动态监管体系，将普惠性民办幼儿园纳入督导评估体系，灵活运用监管结果，建立退出与问责机制。对于未达到普惠性民办幼儿园考核的园所应考虑整治或退出。（2019 年）

16. 多元化发展农村学前教育

学前教育是重要的社会公益事业。《国务院关于当前发展学前教育的若干意见》中指出，把发展学前教育摆在更加重要的位置，多种形式扩大学前教育资源。学前教育不仅要解决好城市儿童“入园难、入园贵”的难题，重点和难点还在于如何发展和普及农村学前教育。

农村儿童“入园难”的问题更加突出。据统计，我国农村幼儿的入园率只有约35%，而中西部农村地区这一问题更为突出。农村幼儿园布点稀少，只有极少数离乡镇较近的农村幼儿能接受正规的学前教育，许多村小附设的幼儿园也因为撤点并校而解散，许多农村幼儿处于“无园可进”的境地。在大城市的城郊结合处，一些外来务工人员的子女由于户籍、学费等原因无法享受学前教育，只能自行看护。

目前我国公共教育经费的投入中，仅有1.3%左右用于学前教育，其中大部分流向了城市幼儿园，农村幼儿园的经费十分短缺。目前，在一些有幼儿园创办的农村地区也主要是以民办幼儿园为主，存在办园条件差、保育质量低、安全隐患多、师资队伍匮乏、小学化倾向严重等问题，影响到农村学前教育的健康发展。由于编制不确定、工资待遇低，农村幼教师资十分薄弱，人员流失率高，造成教师队伍难以常规化管理。

政府及教育部门的主导作用不够、投入不足和缺乏监管，是农村学前教育短缺、落后、管理盲点多的主要原因。大多数农民家长强烈渴望让自己的孩子接受较为先进的学前教育。为此提出如下建议：

第一，建设农民上得起、用得上的乡村幼儿园。在农村普及学前教育，不能照搬昂贵的城市公办幼儿园、示范园的模式，需要有农村的特点，需要建设大量农民上得起、用得上的便宜、方便的幼儿园。除了公办和民办的模式之外，采取公办民助的方式鼓励社会力量办园，是一个有效途径。

例如，北京市西部阳光农村发展基金会在甘肃农村建立了多所乡村幼儿园，当地教育部门免费提供闲置校舍，基金会提供硬化路面、购置设备和培训教师等前期投入，每个儿童一学期（4 个多月）收费 120—280 元不等，所有幼儿园都在一年后实现了自负盈亏，基金会继续提供教师培训以提升教育质量。国际慈善组织儿童乐益会在西部 6 个贫困县建立了儿童早期教育中心，为数万名儿童提供优质的早期教育服务。对幼儿教师提供持续的培训服务，对极度贫困家庭的孩子实行免费。

第二，可考虑将农村小学向下延伸 1—2 年。在农村地区，随着人口数量的减少，小学校往往面临生源减少、校舍相对宽裕、教师相对富余的情况，如果能够利用小学的校舍并稍加改造，对小学低年级教师稍加培训，就可基本满足一部分学前儿童的入园要求，尤其是学前 1—2 年的儿童，进入小学办的幼儿园，也有利于幼小衔接。这样，就可以避免短期内难以投入大量经费建设新的农村幼儿园的困难，也避免了不必要的浪费。

第三，允许建立简易幼儿园、托儿所和“看护点”。在农村地区，未经登记、缺乏资质的无证幼儿园十分普遍。在一些城市郊区，也存在大量以农民工家庭儿童为对象的“黑园”。在政府没有能力提供农村学前教育服务时，这种自办的低水平的学前教育机构满足了基本的看护需求，因而应运而生，禁而不止。

对此，采取简单化的查禁、打击的措施往往于事无补。应当采取实事求是的态度，允许这些幼儿园的存在，并提供必要的监管与服务。例如，上海市已经将郊区的这种自办园合法化，定义为“看护点”，要求它们达到房屋安全和食品安全的起码要求。还可以考虑建立简易幼儿园的标准，使这些幼儿园合法化从而接受政府管理，促使它们提高质量，逐渐发展成为规范的幼儿园。

第四，加强农村幼儿师资的建设。普及农村学前教育的关键之一，是培养农村幼教师资的力量。对此，《国家中长期教育改革与发展规划纲要》和“国十条”都没有给予特别关注。建议设立国家农村学前教育师资专项经费。目前《教育规划纲要》中推动中西部农村学前教育的项目，一个重大问题是基本经费预算中不含师资培训的费用，建议应该在这个项目中增设教师培训的费用。同时，应建立有效的激励机制，争取更多的社会资金流向农村幼儿教育，从而稳定农村学前教师的队伍。（2011 年）

17. 学前教育教师编制需要改革

在我国学前教育事业快速发展的过程中，学前教师短缺的问题已经成为一大制约因素。

从目前幼儿园的班师比来看，国家规定的幼儿园班师比标准是1 ∶ 3。到2015年年底，全国班师比只有1 ∶ 1.4，其中城区为1 ∶ 1.9，乡村仅为1 ∶ 0.8。教师短缺状况非常严重。在扩大学前教育资源的同时，建立一支符合学前教育事业发展的合格的教师队伍成为当务之急。

受从严控制事业编制政策的影响，未来编制矛盾将更为突出。教师编制问题难以解决，严重影响了教师队伍的稳定：一是使很多有意愿进入学前教师队伍的教师望而却步；二是编制的限制让大部分幼儿园聘用了许多非编教师，导致非编教师同工不同酬的问题非常突出；三是因为“财政跟着编制走”，所以占比为65.44%的民办幼儿园较少或没有获得政府的财政支持，有的幼儿园只能以降低教师工资来保证办园成本。

编制作为行政资源，是特殊经济社会条件下进行人力资源配置的行政工具，其固有的计划性、稳定性、终身性已经难以适应新形势下学前教育事业发展对教师资源配置的需求。发展学前教育不能被编制捆住手脚，建议创新教师编制的管理办法，通过系统的制度设计逐步淡化编制概念，采取更加灵活、开放的教师聘用机制，满足学前教育发展对幼教师资的需求，并实现同工同酬。特提出如下建议：

第一，完善教职工聘任制度。当前，全国包括中小学在内的事业单位聘用制度推行比例约为95%。但国家有关部门并未出台教职工聘任制度实施细则，致使教师聘任政策实施流于形式，聘用合同约束力十分微弱。建议尽快出台“教职工聘任制度实施细则”，明确教职工聘任的程序、合同规范、续聘与解聘办法，以及教育行政部门、学校、教职工各方的职责权利，以此作为教职工人事管理的基本依据。

第二，完善非在编教职工工资收入、社会保障制度。尽快出台幼儿园教职工社会保障实施细则，将聘期内非在编教职工工资以及医疗、养老、工伤、失业、生育、住房、子女受教育等社会保障中应由单位承担的部分纳入政府购买服务指导目录，由公共财政补齐现有非在编教职工的工资待遇差额，使聘期内非在编教职工在工资待遇水平、社会保障强度、工作福利标准等方面与在编教职工一致。与此同时，积极培育第三方教职工人事代理机构，作为承接主体在国家职能部门监管下提供聘期内非在编教职工工资、社会保障等人事管理服务，所需经费由公共财政保障。

第三，疏通聘期内非在编教职工职业发展渠道。修订教职工职称评聘、岗位管理办法，保证聘期内非在编与在编教职工有同等的职称晋升、评奖评优机会，确保所有聘期内的教职工有同等接受培训和交流轮岗的机会。在工资、社会保障制度并轨的同时，逐步构建在编与非在编教职工平等的职业发展平台。

第四，探索建立以工作实绩而非身份为依据的教职工退出机制。依据聘任合同规定的岗位职责对聘期内在编与非在编教职工开展工作评价与考核，严格续聘程序，解聘无法完成岗位职责的不合格教职工，建立常态化的不合格教职工退出机制。在编与非在编教职工同时面临工作考核与退出的可能，打破“铁饭碗”的思维定式，逐步形成以工作业绩而非身份为依据的教职工退出机制。

非在编与在编教师、保育员在待遇水平、职业发展机会、社会保障水平上都保持统一，编制就不再是制约学前教师队伍的关键因素，以此保障学前教师队伍的不断充实。

第五，改革“财政跟着编制走”的拨款制度，打破公办民办藩篱，建立学前教育生均经费拨款制度。建议在学前教育进行编制改革的试点，条件成熟时，可以取消编制，按照生均拨款的办法，在学前教育阶段创新教职工人事管理制度。（2017 年）

18. 完善国家儿童营养战略

儿童营养问题事关国家的未来。改善儿童营养健康状况尤其是贫困地区儿童早期营养健康状况，是国家重大的公共卫生问题，也是改善人口素质，实现脱贫的最科学、最经济的战略选择。

但现实并不容乐观。《中国居民营养与健康状况监测（2010—2013）》结果显示，农村0—5岁儿童的生长迟缓率和低体重率分别为11.3%和3.2%，而贫困农村则分别高达19.0%和5.1%。城乡儿童缺铁性贫血问题依旧不容轻视，儿童贫血患病率也较高，微量营养素缺乏状况依然存在。

针对中国儿童，特别是贫困地区儿童营养缺乏的问题，近年来，政府有多项政策出台，包括2011年启动的“农村义务教育学生营养改善计划”，项目覆盖集中连片特困地区6—12岁在校儿童，通过营养餐补贴的方式为贫困儿童提供保障；从2012年起，国家卫计委与全国妇联在集中连片特殊困难地区合作实施了“贫困地区儿童营养改善项目”，为6—24月龄的儿童提供营养包和科学喂养知识技能的支持，目前已经取得了良好的阶段性成果。

但是，这样两项投入巨大、覆盖面广泛的社会福利政策，其实忽略了3—5岁年龄阶段的幼儿，而研究表明，这一阶段正是幼儿大脑发育、认知能力提升的关键时期，有效的营养干预甚至能通过“生长追赶”，弥补早期营养不良造成的缺陷。

针对目前贫困儿童营养问题所出现的复杂性、地域性和不均衡性等特征，提出以下建议：

第一，完善顶层设计，建立全国性的跨部门的儿童营养改善协调机制。建议由国家发改委牵头，联手教育部、卫计委等部门及其各地分支机构，在国家儿童营养战略的基础上，因地制宜，设定区域性儿童营养改善的目标并将其作为地方政府业绩考核的重要内容，建立由上至下，既能对接宏观政策，又可辐射社会基层的管理组织体系，推动营养战略的落实。

第二，调整现有国家儿童营养改善项目的覆盖范围，补足短板，提升国家儿童营养项目的效果：针对国家营养改善项目覆盖年龄段出现空白的问题，建议提高“贫困地区儿童营养改善项目”覆盖儿童的年龄上限到36月龄（幼儿园入园前），由国家卫计委按照现有组织框架进行统一管理。与此相关的产品标准GB22570–2014辅食营养补充品标准已经完善，为营养补充的配方范围、产品形态提供科学依据。同时，降低“农村义务教育学生营养改善计划”覆盖儿童的年龄下限到36月龄（幼儿园入园）后，由教育部按照现有组织框架进行统一管理，幼儿园可以根据自身条件采用上述辅食营养补充品或营养餐、蛋奶加餐等形式灵活开展。

第三，强化在校、在园儿童的“食育”，提升儿童营养意识，建立科学健康营养观念。学校和幼儿园生命教育（健康教育、食品安全教育）没有相应的课程、课时安排、师资储备。建议引进新教育研究院研发的《新生命教育》教材（含有营养知识与健康安全内容），或者由教育部牵头编制针对幼儿园及小学的营养教育课程，从根本上建立下一代人的营养观念。

第四，鼓励社会力量以多种创新的方式开展营养支持与干预。基于儿童营养问题在地域、经济、社会诸多层面的复杂性，建议以全国妇联、国家关心下一代工作委员会等全国性社会组织、团体为平台，社区、街道办、村委会等基层组织为依托，广泛吸纳非营利机构、研究机构、企事业机构参与，因地制宜，从多维度、多角度解决儿童营养问题。

总之，世界各国的实践经验表明，儿童营养干预项目具有很高的成本效果，其效益可以达到成本的5—200倍。建议作为国家战略，进一步完善相关政策，调动各方力量与资源，全面解决3—5岁儿童成长关键阶段的营养问题。（2018年，感谢安利公益基金会提供的帮助）

19. 大力发展农村和边远地区普惠性幼儿园

“人生百年，立于幼学。”学前教育是国民教育体系的重要组成部分，是真正教育的开端和基础。但是，在我国漫长的体制改革过程中，学前教育一直未受到应有的重视，成为突出的教育短板。

近年来，中央政策提出加大普惠性学前教育资源覆盖率，普惠性幼儿园比例有了明显增长。但在农村地区、边疆民族地区、连片特困地区，普惠性幼儿园的发展还存在着现实困难：

一是学前教育资源严重不足。农村地区、边疆民族地区、连片特困地区的学前三年毛入园率普遍在 50% 以下，2016 年我调研的云南省昭通市的学前三年毛入园率仅为 28.19%。中西部地区普惠性幼儿园数量非常少，西部农村地区非普惠性民办园的比例高达 67%。截至 2016 年 6 月底，云南省仍有 190 个乡镇没有中心幼儿园，还有 4536 个行政村没有任何学前教育机构。在国家级贫困县洛宁只有一所机关幼儿园是公办园。

二是县乡政府财力难以支撑普惠性学前教育资源发展的需要。根据国际经验，学前三年毛入园率在 60%—80% 的国家，财政性学前教育经费在教育经费中的比重平均为 7.73%，而我国目前只占 3.5%，农村地区、边疆民族地区、连片特困地区经费投入比例更低；经费投入主要依赖县乡政府，财力较差的县欠账多、投入又严重不足，与普惠性学前教育“弱势补偿”的原则不符，导致学前教育发展越发不均衡；

同时还缺乏稳定的投入保障机制。有钱就投，钱少就不投。一些区县在经济形势好的时期，超前投入和规划，经济形势下滑后，后续经费紧张。

三是教师待遇极低，导致教师短缺、补充困难，制约学前教育事业发展。国家规定的幼儿园班师比标准是1 ∶ 3，但到2015年年底，乡村的班师比仅为1 ∶ 0.8。随着普惠性学前教育资源的快速扩大，师资培养速度跟不上办园速度，教师短缺问题将更加严重。其最直接原因是工资待遇低，社会保障不完善。学前教师的工资普遍处于当地工资水平的中下游，广西三个市甚至低于当地最低工资标准。非编教师与在编教师同工不同酬的现象也很突出，有的普惠性民办园以降低非编教师工资，牺牲教师社保利益来保证办园成本。

为此提出如下建议：

第一，重点加大公共财政对农村地区、边疆民族地区、连片特困地区普惠性学前教育的投入。在“十三五”期间应进一步加大学前教育的财政投入，争取财政性学前教育经费在教育经费中的比重在6%—7%，增量部分按照“保底线、保基本”的原则主要投向农村地区、边疆民族地区、连片特困地区。同时，明确省级政府的统筹责任，建立“省级统筹，以县为主”的管理体制。确立各级财政投入的分担职责与比例，越是经济社会发展水平落后的地区，其财政保障的主体重心应该越高；要打破公办民办藩篱，建立学前教育生均经费拨款制度。

第二，探索农村地区、边疆民族地区、连片特困地区学前教育免费一年的新机制。从国际经验来看，将义务教育向下延伸一年的做法被大多数国家所接受。与其全面出击，快速扩大学前教育的普及率，不如重点突破，确保学前教育的品质，在农村地区、边疆民族地区、连片特困地区率先实行免费一年学前教育。

第三，大幅提高教师待遇，改善职业环境，稳定学前教师队伍。一是提高幼儿园教师待遇，使幼师收入水平至少应与当地小学教师收入相当。对长期在农村和边远地区工作的学前教师，实行工资倾斜政策。确保非编教师工资收入与在编教师逐步拉平，实现同工同酬。二是为学前教师全员缴纳社保和公积金，职称评定和福利待遇不应存在身份歧视，做到标准一致，稳定教师队伍。三是创新学前教师编制的管理办法，采取更加灵活、开放的教师聘用机制。尽快出台学前教育“教职工聘任制度实施细则”，明确聘任的程序、合同规范、续聘与解聘办法，以及教育行政部门、幼儿园、教职工各方的职责权利。（2017 年）

20. 进一步明确家庭教育领导体制

家庭建设是国家建设、社会建设的基石，是民族文化道德传承的重要基础，是社会和谐发展的稳定器。家庭教育是家庭建设的基础工程，是人生教育的第一课，是一个人世界观、人生观、价值观形成的重要基础。加强家庭建设，重视家庭教育，养成良好家风，是培育和弘扬社会主义核心价值观，发扬中华民族传统家庭美德的重大举措和重要任务。

习近平总书记在2015年春节团拜会上发表的重要讲话中强调："家庭是社会的基本细胞，是人生的第一所学校。不论时代发生多大变化，不论生活格局发生多大变化，我们都要重视家庭建设，注重家庭、注重家教、注重家风，紧密结合培育和弘扬社会主义核心价值观，发扬光大中华民族传统家庭美德，促进家庭和睦，促进亲人相亲相爱，促进下一代健康成长，促进老年人老有所养，使千千万万个家庭成为国家发展、民族进步、社会和谐的重要基点。"这一论述，指出了家庭在人一生成长中的重要作用，家教在人一生教育中的重要作用，为我们进一步推动家庭教育指明了方向。

从人的成长角度看，家庭教育为什么特别重要？

首先，家庭是人生最重要的场所。因为人生是从家庭开始的。人的一生，实际上就生活在三个地方，即家庭、学校和职场。那么这三个场所里面，最长久、最重要的场所，还是家庭。因为家庭在这三个阶段同时都存在。这三个阶段与家庭都有非常密切的关系。所以家庭对人生来说，是一个最重要的场所。

其次，童年是人生最神奇的阶段，也最需要良好的家庭教育。但据中国青少年研究中心对中国中小学生长达十余年的跟踪对比调查发现，1999 年，近半数的中小学生学习超时睡眠不足，而到 2010 年这一比例不仅没有下降并且上升为近八成，即使双休日该比例也达到七成！我们一直倡导给孩子幸福，但我们给孩子幸福是希望他以当下不幸福，去达到未来的幸福。“吃得苦中苦，方为人上人”“鞭子本姓竹，不打书不读”“不打不成才，一打分数来”……这些许多人耳熟能详的民谚里，包含的是不完全准确的教育思想，影响了中国的家庭教育。

最后，父母是孩子最长久的老师，父母对孩子的影响潜移默化，却非常巨大。在优秀的孩子成为优秀的人才的背后，我们总能找到和谐温馨家庭的影子，同样，一个人心智不健全的人格，我们可以在家庭中找到矛盾和冲突的因素。在中国的家庭，父母的素养有待提高。大部分父母都没有接受过科学的育儿知识的培训指导。所以中国的父母亲重视教育，却也最容易在教育上犯错。司机要经过培训才能上路，否则后果不堪设想，做父母的技术要求显然比当司机要高得多，但是恰恰我们的相关教育几近空白，尤其欠缺系统性与科学性。

当下，经过多方面的努力，中国的家庭教育取得了许多可喜的进步。例如，出现了至少三种模式，一是教育行政部门牵头推进家庭教育的山东潍坊模式，二是政府拨款妇联牵头推进家庭教育的广东中山模式，三是关工委牵头推进家庭教育的江苏淮安模式，等等。但是，就全国而言，家庭教育工作依然困难重重，没有专门的家庭教育法律，没有正常经费预算和人员编制，管理力度薄弱，最核心的问题是家庭教育工作领导体制不顺，没能从根本上解决推进家庭教育工作的难题。

从家庭教育的领导体制而言，应该由教育部门指导家庭教育。据赵忠心教授研究，世界各国大都是由教育部门负责指导家庭教育工作。

其实，在民国年间，中国的家庭教育工作就是由当时的教育部负责，并且于1940年颁发了《推行家庭教育办法》。该文件第一条规定：“各级教育行政机关应督导各级学校、社会教育机关及文化团体、妇女团体，按照本办法之规定，积极推进家庭教育。”第二条规定：“各省市教育厅局应于主管社会教育之科股，指定职员一人，办理家庭教育行政事宜。”第三条规定：“各县市政府应组织家庭教育委员会，主持全县市家庭教育计划及推行事宜。”

2000年12月14日，中共中央办公厅、国务院办公厅发出《关于适应新形势进一步加强和改进中小学德育工作的意见》，其中第十三条规定：“各级党委和政府要关心和支持家庭教育，各级行政部门要承担组织和指导家庭教育的责任。各级工会、共青团、妇联等群众团体要开展丰富多彩的家庭教育活动。要通过多种形式普及家庭教育知识，帮助家长树立正确的人才观、成才观和教育思想，掌握科学的教育方法。学校要通过家长委员会、家长学校、家长接待日、家访等形式同学生家长建立经常性联系，及时交流情况，认真听取家长对学校管理和教育教学的意见、建议。”这份文件具有突破性的重要意义。

为此我们提出以下建议：

第一，明确、加强和细化政府部门的家庭教育责任。从教育部到各个省市的教育行政部门，家庭教育应当经费有落实、编制有落实、工作内容有落实。我们要从立法、经费、编制、专业人员这些方面推动，建议至少在教育部基教司下面成立家庭教育处，或将现在的社会教育处更名为家庭与社会教育处，保证家庭教育有人管，这是最低要求。同时财政部门要将家庭教育列入专项经费落实。在政府组织内部要明确，家庭教育做不好，政府是责任第一人。当政府成为主导力量时，更有助于调动整个社会的力量来推进家庭教育。

第二，继续发挥社会团体的家庭教育优势。妇联、关工委工作的性质和对象，他们所发挥的作用是教育行政部门无法替代的，因此，加强教育行政部门作用之后，妇联和关工委的作用不但不能弱化，还需要进一步强化。

第三，充分利用专业性社会组织的科学引领。家庭教育的专业引领很重要，需要各级教育学会家庭教育专业委员会以及各级家庭教育学会这样的专业性社会组织把全国最顶尖的家庭教育专家不断地聚集、团结起来，发挥优势，共同解决问题。倡导举办大型论坛、研讨会，同时编写教材、开发课程，从而引导家庭教育往更科学的方向发展。比如中国教育学会家庭教育专业委员会于 2015 年在广东中山市举行了家庭教育国际论坛，与有关企业联合举办了家庭教育的大型公益讲座“新父母大讲堂”，并且计划通过系统研究父母最需要的家教知识，邀请最优秀的专家来讲述，做成光盘和网上资源、编成书籍，逐渐形成一个最权威的家庭教育教程。

第四，释放民间机构的家庭教育能量，提高民间机构参与度。我国民间的家庭教育机构很多，特别是公益组织，他们所做的一些工作能够对政府部门工作形成有益的补充。比如新父母研究所做的百本父母基础阅读书目的研究以及中国女性书目的研究。这样的工作需要专业团队才能胜任，因此政府可以通过购买公共服务等方式发挥其作用、使用其成果。我们要重视民间机构的智慧及他们对家庭教育的探索研究，要把他们的力量凝聚在一起，共同推动家庭教育。

总之，家庭教育需要在明确领导体制的前提下，各种力量分工协作，全社会共同努力，一起推动。（2015 年、2016 年）

三

提高义务教育办学质量

——中小学教育政策建议

统筹城乡义务教育资源均衡配置，实行义务教育学校标准化建设，进一步提高义务教育质量，是我国新时期发展教育事业的重要任务，也是深化教育领域综合改革的重要内容。

21. 义务教育向下延伸一年

2015年，我国国内生产总值仍然继续超过10万亿美元，稳居世界第二，人均国民收入（GNI）超过4000美元。然而，与经济发展不断迈向强国状况相对应的是，我国义务教育年限低于世界平均的9.24年，义务教育年限与我国的经济发展水平极不相称。因此我们建议在“十三五”期间延长义务教育年限。

根据世界银行的统计数据，截至2011年，全世界共有22个人口规模在1000万以上的国家或地区成功跨越了“中等收入陷阱”。其中18个国家的义务教育年限在10年及以上。具有较高的义务教育年限是成功跨越中等收入陷阱国家的共同特征。

同时，我国的基本国情决定了仅能将义务教育年限延长一年。我国人均GDP还处于世界相对较低水平，到2007年我们才真正实现了免费义务教育，促进义务教育均衡发展，提高教育质量的任务还很艰巨。因此，延长一年是较为稳妥的选择。

为什么向下延伸而不是向上？因为义务教育向下延伸一年比向上延伸一年效益更高、更符合我国当前的实际情况，也具有现实可操作性。

第一，义务教育向下延伸一年符合儿童发展规律。

研究表明，儿童语言、动作、阅读、书写能力的发育敏感期都在6岁以前，科学的学前教育有利于儿童的早期发展，使儿童更能适应后续学业，进而实现更好的就业。近年来社会已经意识到对孩子进行早期教育的重要性，但由于学前一年教育的办学体制尚未理顺，学前班和幼儿园大班并存且错位的问题日益突出，双方都以增加小学教学内容来吸引生源，导致学前一年教育的小学化倾向明显，无法科学引导孩子的早期发展。将义务教育向下延伸一年，由国家统一规划和制定标准，更有利于孩子身心发展和一年级的幼小衔接。

第二，义务教育向下延伸一年带来的经济效益和社会效益更高。

学前教育的收益研究表明，对学前教育投入带来的收益是各个学段中最高的，而对贫困幼儿学前教育投入带来的效益则更高，学前教育是消除儿童贫困、切断贫困代际传递的重要途径，对国家减贫战略具有重要意义。我国学前教育存在显著的城乡差异：农村学前教育在物质条件、班级活动质量、营养等多个方面显著落后于城市学前教育；城市和县城儿童在语言、数学等多个领域的入学准备都优于乡村儿童；以学前一年儿童入学语言水平为例，87.6% 的城市儿童处于优秀或中上水平，而 87.7% 的农村儿童处于中下水平。因此义务教育向下延伸一年、办好农村学前教育，是促进教育公平、全面提升教育质量、实现国家减贫战略的必然要求。

第三，义务教育向下延伸一年比向上延伸更好操作，实施成本相对较低。

如果将义务教育年限向上延伸一年到高中阶段，就必须打破现有的学制安排，那么我国刚刚开始推进的高考改革和现代职业教育体系建设都必须作出相应调整，可谓牵一发而动全身。而将义务教育向下延伸至学前一年，则可利用现有幼儿园的办学资源，或者采取在小学开设学前班的形式，盘活闲置资源，节省办学成本。此外，从生均培养成本来看，2013 年我国生均预算内经费支出学前教育为 4042 元，普通高中为 8747.3 元，前者仅为后者的 1/2，在国家公共财政对各级教育的供给能力有限的大环境下，实施学前一年义务教育的投入水平相对较低。而且我国许多地方政府也在义务教育向下延伸一年方面进行了探索，陕西省、江苏省已经出台了免费学前一年教育的实施办法，为我国整体延长义务教育年限奠定了基础。

此外，从国际经验来看，将义务教育向下延伸一年的做法被大多数国家所接受。

因此，我们建议在“十三五”期间将义务教育向下延伸一年。

在推进方式上，在经济条件落后和义务教育发展水平较低的农村和西部地区先行试点，逐步向城市和中部、东部地区延伸，反向发展，阻止贫困和落后的代际传递，整体提高我国的人力资源水平，加快教育现代化的实现。（2016 年）

22. 加快推进义务教育学校标准化建设

统筹城乡义务教育资源均衡配置，实行义务教育学校标准化建设，是我国新时期发展教育事业的重要任务，也是深化教育领域综合改革的重要内容。

近年来，随着《国家中长期教育改革和发展规划纲要（2010—2020）》《国务院关于深入推进义务教育均衡发展的意见（2012）》《教育部、国家发展改革委、财政部关于全面改善贫困地区义务教育薄弱学校基本办学条件的意见（2013）》等政策文件的颁布，以及“农村义务教育薄弱学校改造计划”“农村初中改造工程”“义务教育学校标准化建设工程”等一系列重大项目的实施，对于改善农村义务教育学校办学条件、减小城乡差距、促进教育公平起到非常重要的作用。

但应该看到，义务教育学校标准化建设仍存在诸多问题。具体表现在：

一是义务教育资源分配不均，标准化建设未能与城乡教育规划布局匹配。在农村学校，资源的分配不均呈现两极分化：一些农村、偏远、贫困和民族地区，寄宿制学校床位、厕所、食堂（伙房）、饮水等基础设施不能满足师生的基本生活需要，达不到国家规定的《农村普通中小学校建设标准（2008）》；一些农村地区因受快速城市化进程及学龄人口减少的影响，出现“空巢”学校，造成教学设施设备闲置，教育资源严重浪费。在城镇学校，则出现了普遍存在的“大班额”

现象，甚至出现200多人的“航母班”，以致师资、教室、桌椅、图书、实验仪器、运动场等教学必需资源严重匮乏。

二是义务教育学校标准化建设项目的实施表现出明显的粗放型特征。即：重视校园建设、装备条件等硬件的达标，而忽视师资队伍、学校管理等软件的提升；重视教育资源的直接投入，而忽视已有资源的重组和再生；重视建设数量的达标，而忽略办学质量的提升。

三是标准化建设中资源利用率不高。近年来，中央和各地方政府投入了几百个亿的巨额资金进行义务教育学校标准化建设，但资源利用率不高。

针对当前义务教育学校标准化建设中凸显的问题，特提出以下建议：

第一，成立义务教育学校标准化建设领导机构，统筹管理标准化建设各项工作。义务教育学校标准化建设作为一项系统工程，不仅涉及教育领域，其经费拨款、教师编制、校舍改扩建审批、土地规划等离不开其他部门的配合。因此，应该建立由地方政府主要领导挂帅，教育、财政、人社、计生、国土、编制、规划等部门参与的领导机构，促进标准化建设项目的有效推进。

第二，科学预测城乡学龄人口变化趋势，合理规划和调整义务教育标准化建设项目。实施标准化建设是一个动态发展的过程，城市化进程的推进、学龄人口数量、城乡结构分布的变化等相关变迁，增加了该工程的动态性和复杂性。在随后的3—5年内国家还将投入几千亿资金，如何科学合理地配置这笔资金？因此，应合理规划并适时调整标准化建设的目标，避免教育资源的不合理配置造成的浪费。

第三，推动城乡义务教育学校标准化建设由外延式发展向内涵式发展的转变。我国大多数地区在推进义务教育学校标准化建设过程中，主要是以改善学校办学的物质条件为主的外延式发展，旨在缩小不同地区间、学校间因资源配置不合理而形成的条件性差距。因此，在改善办学条件、加大教育资源投入的同时，还应推动教师观念、教师专业发展、教师生活条件、学生综合素养、校园文化、学校管理等方面的提升，促进城乡义务教育学校内涵式发展。

第四，引入第三方评价机制，切实加强对标准化建设项目的监测与评价，保证标准化建设工程质量。评价和监控在标准化建设中起着重要的作用，然而，当前学校标准化建设的评估和监测均由政府教育督导部门实施，政府同时扮演着“裁判”和“运动员”的角色，不利于评价监测的公正和公开。因此，建议引入第三方评价机制，建立社会中介监测和评估机构，充分发挥督导作用，确保该项目得到有效落实。

第五，明确并坚守底线，结合各地实际情况，构建义务教育学校标准化建设指标。义务教育奠定的是国家民族之基。现有的情况下，义务教育学校的建设中已经存在着城市与乡村、东部与西部、名校与普通学校之间的巨大差异，严重影响了教育公平和教育均衡的推进，因此，相关部门应该拟定义务教育学校标准化建设指标的下线和上线。下线作为底线，必须无条件严格遵守。在此基础之上，具体的指标体系可以因地制宜，但必须涵盖硬件和软件，尤其应该重视教师队伍的指标。可以参考下表：

义务教育学校标准化建设参考指标

一级指标	二级指标
人员配置	生师比
	规定学历教师人数比
	高职称教师比

续表

一级指标	二级指标
人员配置	音体美教师人数比
	教学班级数
	班额规模
	学龄人口入学率
资金投入	生均教育事业费收入
	生均可支配收入
实物分配	生均校舍建筑面积达标率
	生均教学及辅助用房面积达标率
	生均宿舍使用面积达标率
	生均多功能教室（兼多媒体室）面积达标率
	生均图书室面积达标率
	生均运动场（馆）面积达标率
	生机比
	生均藏书册数
	生均食堂使用面积达标率
	生均厕所坑位数
	生均浴室面积达标率
	生均开水房面积达标率
	生均卫生保健室面积达标率
	音体美器材和实验仪器配备达标比例

（2014年，本建议参考李玲教授主持的教育部哲学社会科学研究2010年度重大课题攻关项目《构建城乡一体化的教育体制机制研究》等研究成果）

23. 明确义务教育国家课程标准课时

国家课程标准是重要的教育指导性文体，对于体现国家意志，提高教育质量具有重要意义。因此，世界各国都十分重视国家课程标准的制定和修订工作，并将之法制化、规范化。

最近，教育部颁布了新修订的九年义务教育课程标准，共有 19 个学科：语文、数学、英语、品德与生活、品德与社会、思想品德、历史与社会、历史、地理、物理、化学、生物学、体育与健康、音乐、美术、艺术、日语、俄语和初中科学。

但是，在课程标准中，每一门学科的授课时数未作统一规定，这在实际工作中，就会出现为了适应应试教育的需要而随时增减课时的现象。尤其到了初中，为了升学考试，学校就会分主课、副课，在授课安排时，中考的科目就会加大课时，挤掉副科不考的课时。

为此提出如下建议：

第一，制定课程标准应法制化、规范化。长期以来，日本坚持每10年制定一届“中小学要领”，每届小学和中学的要领，从制定到施行，都分别有三年和四年的过渡时间以及七年和六年的施行时间。这样严格的时间计划不仅对教材的研究、编写、审查有利，对师资培训、教学质量的提高也有利。在施行期间，小学和中学分别有一年和三年时间，认真总结“要领”实践中的经验和教训，对下一届“要领”的研究、修改和制定都有利。

建议我国制定课程标准（过去称之为教学大纲）在时间上也应法制化、规范化，总结过去的经验，对制定研究时间、同合理过渡与施行时间，都能作出科学、合理的规定，为提高中小学教育质量、教材研究编写、师资培训，创造更加良好的条件。

第二，课程标准对各科课程授课时数应严格规定。仍以日本为例，这次颁布的两个“要领”中，对各科课程的授课时数都有严格规定。而从现行“要领”向新的“要领”过渡时，各科课程的逐年课时也有严格规定。虽然“要领”的总时数由2940变成了3045，但“要领”中各科课程门类不变，同为国语、社会、数学、理科、音乐、美术、体育、家庭、外语、道德、特别活动、选修学科、综合学习共13门课程。其中音乐、美术、家庭、道德、特别活动5门课程的课时数都没变，但课时由原来155—280逐年减少。综合学习由原来210—335变成了190课时。同时，其他各门课程的课时都增加了：外语和数学由原来的315课时分别增加到420课时和385课时，国语和理科由原来的350课时和290课时，都增加到385课时，社会由原来的295课时增加到350课时，体育也由原来的270课时变成了315课时。

20世纪，我国历届教学计划对各科课程的标准时数都有严格规定。在各科教学大纲中，对各项内容的目标和课时也有严格规定。面向21世纪《全日制义务教育数学课程标准（修改稿）》在内容标准中，课程时数不见了，这对教材的研究、编写和教师教学及学生使用都不利。

我们希望在贯彻《教育发展规划纲要（2010—2020）》时，在制订今后的中小学计划时，对各科课程的标准时数及其时段和施行各个时段的标准时数，都能有严格的规定。减少学校在执行课程标准过程中的随意性，保证学生的全面发展。（2012 年）

24. 依法限制中小学巨型学校

在2013年，巨型中小学屡屡见诸报端，这些被称为“航空母舰”的“超级学校”，不仅规模巨大，少则几千人，多则过万人，有的甚至超过两万人；而且以高升学率、高“北清率”为号召，几乎垄断了当地整个地区最好的生源、师资。在中国的许多（县）市，几乎都有这样的超级巨型学校。这些巨型学校的出现，对教育均衡发展和推进素质教育产生了负面影响：

一是破坏了区域教育生态。这种一家独大的“巨无霸”，往往是在原有优质高中的基础上，通过扩建或兼并产生的。超级学校形成了对区域内优质教育资源的垄断地位，对基层的优秀教师、高分学生层层掐尖，导致区域教育“水土流失”，根基动摇，破坏教育的多元化。

二是损害了教育公平。“超级中学”往往集中在地级市或省会城市，远离农村，降低了农村学生获得优质教育资源的机会，增加了偏远地区学生的求学成本。这也是近年来社会关注的名牌大学农村学生比例下降的一个重要原因。另外，个别地方“超级学校”每年获得的教育经费，往往超过当地普通学校所得经费的许多倍（最多达10倍左右），造成教育投入的不公平。

三是助长了应试教育。这些“超级学校”大多实行严格的应试训练，公开和大肆开展升学率竞争、“北清”人数竞争，高调宣传“高考状元”，对基础教育产生了负面导向。

四是增加了群众负担。“超级学校”主要是靠行政化手段打造，其背后有复杂的利益链条。学校以高升学率为号召大量招收择校生，肆意收取高额择校费，用以支撑其办学规模、教师待遇和学校地位；滋生大批以择校为目的的各种培训机构，使有些学生甚至放弃正规教育提前进入培训机构进行择校培训。

五是违反了教育规律。由于超级学校学生人数众多，班额较大，学校往往实行军事化、封闭化等有违人性的管理。学生动作整齐划一，压抑学生个性，不利于学生发展。这种大规模学校不仅具有安全隐患，而且教师难以顾及众多学生，排名靠后的学生往往被放弃，升学率虽然较高，但教育质量也难以保证。

鉴于中小学巨型学校存在的诸多弊端，提出如下建议：

第一，出台相关规定，不得将“巨型学校”的建立和升学率等指标作为地方政府的政绩考核范围，并取消“重点校”，均衡教育投入。

巨型学校的产生，往往是地方政府行政行为的结果，而政府行为的驱动力来自地方政府往往将升学率和学校创收的情况作为考核地方教育行政部门绩效和地方教育行政部门考核学校的重要指标。因此，要出台相关的规定，清除巨型学校产生的根源。

另外要取消重点校和非重点校的划分，并严格限制地方政府对所谓“重点校”进行倾斜性投入，通过实现教育投入均衡抑制巨型学校的产生。

第二，严格按照国家相关规定，由教育部组织开展监督检查，严格限制学校的办学规模和班额，对巨型学校按照相关规定进行限期整改或拆分。

根据国家先后制定出台的《城市普通中小学校校舍建设标准》《农村普通中小学校建设标准》《关于“十二五”期间加强学校基本建设

规划的意见》等文件的规定，由教育部牵头，组织开展专项监督检查，限制学校的办学规模和班额，对存在的超出规定的巨型学校进行限期整改或拆分。

第三，取消巨型学校跨地区“掐尖”招生的特殊优惠政策。

巨型学校之所以有较高的升学率和“北清”率，不在于其教育质量高，而在于能垄断地区的优秀生源。巨型学校能垄断地区优秀生源，往往是因其能享受地方政府给予的跨地区“掐尖”招生的优惠政策。取消这种优惠政策，打破巨型学校的生源垄断，就可以让巨型学校现出原形，失去对外宣传的噱头。

第四，禁止巨型学校收取择校费，斩断超级学校的利益链。

巨型学校存在的机制就在于它们通过宣传高升学率而取得优势地位，对生源形成虹吸效应，从而收取高额的择校费，并催生一系列利益链条。取消巨型学校的择校费，斩断巨型学校的利益链条，可以使其失去存在的基础，并降低学生的求学成本。（2014 年）

25. 编好中小学校建设标准促进教育均衡发展

出台普通中小学校建设标准是推动学校标准化建设，促进教育资源均衡配置的有效手段，是推动城乡义务教育一体化发展，让每个孩子都能享有公平而有质量的教育的基础保障。因此，必须慎重编写，标准既要体现作为全国性标准的严肃性和规范性，又要兼顾不同区域经济社会发展的特点，还要为学校的特色化发展留足空间。

具体建议如下：

第一，根据区域自然条件和经济社会发展水平的差异，设定两到三级标准。我国幅员辽阔，各地的具体情况千差万别，全国实施单一标准（指标）比较困难，建议设定两到三级（高、低两级或者高、中、低三级）标准（指标），适应不同区域的具体要求。但是在一个区域内（省域或市域），必须坚持同一个标准（指标）。

第二，建议每个具体标准（指标）都设定最低线和最高线。最低线是底线标准，新建学校必须达到，而现有未达标学校也要通过改造达到标准要求；最高线是封顶线，是公办学校不能超越的上限，借以避免一些地方利用财政资金修建奢华学校和贵族学校，加剧教育资源的不均衡。可以就生均占地面积、生均建设面积、生均建设成本三个方面，提出上线标准。

第三，标准中规定内容不易过细过全，要为地方和学校的特色化发展留足空间。标准作为教育部门的指导性和规范性文件，必须明确学校必配用房和选配用房的关系，规定好人均面积和一些必配的项目，把一所学校运行所必需的场所明确规定下来；而选配项目只需明确选配的原则和比例，选配的细节，包括名称、具体面积、用途等，交由地方和校长来按需确定。应尊重地方的特点和自主权，探索出适合本地教育发展的学校建设方案。省级人民政府可根据标准出台实施办法。

第四，标准必须体现新的理念，具有前瞻性。首先要强调安全。从选址开始，标准中应该明确学校的服务半径，建设方面要从消防、卫生等方面综合考虑；其次要强调绿色。学校建筑要节能环保，易于分解和组装，从而适应区域生源变化带来的校舍需求变化；还要适应未来学习方式的转变。首先要考虑到当前面临的新的建设需求：一是信息教学环境的建设要加强。二是综合化、跨学科、实践化的项目学习环境的建设要加强。三是适当减少单一学科学习场所的配置，适当增加学科整合或者综合性的学习场所配置。此外，未来学校可能成为向社区开放的学习中心，为适应人人学习、处处学习、随时学习的需要，学校图书馆、体育场馆等可向公众开放的设施，应该更多考虑到未来的需要。

第五，标准出台前要做好测算、试点、意见征集工作。标准正式出台前，应该对我国当前现有中小学的总体达标情况进行评估：如果将未达标的学校全部改造达到标准要求，需要财政投入多少资金，进而论证标准的可行性。也可以选几个地区先行试点，根据试点情况再做进一步修改调整。还可以把标准草案向社会公开，广泛征集意见，进行补充修订。

第六，要注意不同标准体系之间的一致性。标准中涉及的具体指标参数，应该与教育部已经出台的各项相关标准（体系）具有一致性和可兼容性，以便于地方操作。例如，标准应与义务教育均衡发展验收的标准相配合，与设备仪器标准也要兼容（新制定的标准要为设备仪器等留出足够的存放和使用空间）。尤其要注意的是，标准要考虑到我国有六三学制和五四学制两种学制，应该适应不同学制的地区和学校。（2018 年）

26. 加强中小学项目学习课程建设

项目学习是一种以学生为中心的教学方法，指的是学生通过积极参与现实世界和个人有意义的项目进行学习。这种学习形态与传统以知识传授为主的教育不同，它以学习者为中心、以真实性情境为前提、以挑战性任务为驱动、以持续性探究为路径、以展示性成果为导向，能引发学生的深度学习，发展学生的高阶思维、创造力，团队合作和领导力，动手能力，计划以及执行项目的能力。除此以外，对项目的选择也让中小学生更早和更深入地面对和解决现实生活中的问题。近年来，项目学习在国内逐渐受到重视，2019 年，《国务院办公厅关于新时代推进普通高中育人方式改革的指导意见》提出注重“项目设计”等跨学科综合性教学，《关于深化教育教学改革全面提升义务教育质量的意见》也提出开展“项目化学习”。但总体而言国内对项目学习研究不足，理论体系不够完善，开发的课程内容领域不广，在学校开展的实践活动不够广泛，过程缺乏支持，评价几近空白，师资水平欠佳。

为此提出如下建议：

第一，让项目学习进入正常的学校课表，确保每一位学生有机会从中受益。国外大量研究表明，项目学习不仅可提高学生学习成绩，而且思维能力、深度学习、跨学科学习能力、可持续发展的学习能力等具有很好的促进作用。让项目学习进入正常的学校课表，每周有固定的时间（至少两节课，最好是半天）供学生进行项目学习，同时，鼓励以项目学习为主要教学方式的整体性教学实验，确保每一位学生有机会从中受益，得到可持续发展。

第二，设计基于真实情境问题解决的项目学习课程，实现跨学科知识的整合和运用

随着现代社会知识总量的快速增长，传统的分科知识已经不能反映世界的真实面貌，以分科教学为代表的传统课程理念也受到了巨大的挑战。当项目学习以真实情境的问题解决为任务，就需要学习者超越学科界限理解和识别问题的本质，应用多学科的知识和不同的技能解决问题，最终作出决策或制作成产品。在这样的过程中，教育不再是培养百科全书式的知识拥有者，而是能够运用知识去探索新知识和创造知识的人，知识本身从目的走向手段。

第三，建设国家、地方和学校课程，形成完整的项目学习课程体系

为落实立德树人的根本任务，推进素质教育的深入，完善德智体美劳全面发展的人才培养体系，近年来国家对基础教育课程不断进行改革。在原有国家课程的基础上，新的课程形态也不断出现，如综合实践活动、研究性学习、劳动教育、STEM 教育、跨学科的主题学习等。但中小学阶段学生在校学习的时间和空间都是有限的，以项目学习理念整合这些新课程，建设项目学习的国家课程、地方课程和学校课程，形成不同内容领域、多层次的项目学习课程完整体系，打通学科内和学科外、课内和课外、校内和校外、学校和社会的壁垒，以课程丰富性发展学生生命的丰富性。

第四，将项目学习评价结果作为学生综合素质评价的必备项目

建议将项目学习评价结果作为学生综合素质评价的必备项目，高校录用学生时可通过学生选择的项目学习课程和学习表现，了解学生的个性、爱好和特长，作为选拔学生的参考依据。

第五，加强项目学习的师资培训，促进项目学习课程开发

项目学习作为学习方式的新样态，要求学习者、教师、学习材料和学习环境都发生根本性的变化。教师是课程的建设者、领导者、评价者，只有教师转变教学理念，改变教学方式，才可能让学生在项目学习中真正受益。但目前的中小学教师都是在传统的学科教学中培训出来的，项目学习对教师而言是一种全新的挑战。除了理论学习和案例教学外，让教师走入社会了解不同行业，请各类专家走入中小学，是项目学习师资培训和课程开发的重要途径。（2021 年）

27. 在中小学系统开展生命教育

生命与健康是人类生存和发展的基本需求和永恒追求。生命权、身体权和健康权是《中华人民共和国民法典》赋予公民的基本权利。在这次新冠肺炎疫情暴发后，为了防控疫情，我国对经济社会发展按下了暂停键，不惜付出很高的代价。

未成年人是国家的未来、民族的希望、家庭的梦想，关系着中华民族伟大复兴和亿万家庭的幸福安宁。随着我国经济社会发展，未成年人保护面临许多新情况、新问题。现代社会物质生活的日益丰富和社会环境的纷繁复杂，使未成年学生的生理成熟期明显提前，极易产生生理、心理和道德发展的不平衡现象。长期以来，由于生理发展过程中出现的困惑常常得不到及时指导，对无法预料且时有发生的隐性伤害往往难于应对，导致一些学生产生心理脆弱、思想困惑、行为失控等现象。

目前，生命教育在学校中被弱化、在家庭中被软化、在社会中被淡化的情况比较严重。学生生命教育问题不断出现，具体表现为：

一是生命教育无法得到有效的落实。自 2004 年始，上海、黑龙江、云南、湖南等省市相继出台了生命教育的纲要和文件，把生命教育提上了日程。但由于生命教育没有纳入课程体系，只能通过其他学科渗透和课外、校外实践活动进行。由于受应试教育的影响，一些地方和学校对生命教育的认识不足，学科渗透和社会实践活动流于形式，不能有效地保证生命教育的实施，致使学生生命教育问题不断出现。

二是生命教育内容碎片化、肢解化。伴随着越来越多学生生命问题和危机的出现，各地开展了诸如安全教育、心理教育、禁毒教育、预防艾滋病教育、青春期教育、环境教育、暴力预防、自杀干预等，但基本上属于“头痛医头，脚疼医脚”，教育内容单一，每个专题教育针对青少年生命发展中的某一方面问题，忽视了生命发展的整体性和全面提升青少年生命素质的需要。

三是生命教育的资源不足，学校、家庭和社会整合不够。生命教育的特性和目标决定了生命教育不仅需要文本性的教材，还需要借助家庭力量、社会活动、影视、网络资源等。但是，近年来国内开发的多是读本性质的生命教育教材，生命教育的其他资源，例如图画书、游戏、动漫、电影、视频、网站、实践基地等尚未得到开发，尤其是生命教育的社会实践贫乏，使得生命教育只停留在课堂讲授之中，缺少实践与生活中的生命体验。

四是生命教育师资缺乏，缺少培训机制和途径。学校缺少专业的生命教育课程教师，多数学校由班主任、大队辅导员或其他科任教师兼职担任，他们对生命教育的认识不足，不能对学生进行全面的教育和系统的生命知识教学。相关教育部门及学校对教师的生命教育培训明显不足。生命教育师资的缺乏和培养渠道的不畅，成为开展生命教育的瓶颈。

生命教育有助于青少年学生树立珍爱生命、健康第一的理念，具备维护生命健康的知识和技能，养成健康的行为和生活方式，提高自我管理和社会适应能力，为一生的生命健康奠定坚实的基础。在中小学开展生命教育，是贯彻习近平总书记提出的“把人民的生命和健康放在第一位”的思想，落实中共中央、国务院颁发的《“健康中国”2030规划纲要》和《健康中国行动（2019—2030）》的重要举措，对于促进和保障青少年身心健康发展，提高公民健康素质，具有重要意义。为此提出如下建议：

一、制定出台《中小学生命教育指导纲要》和课程标准

尽快组建专家团队系统规划、顶层设计，研制《生命教育国家课程标准（纲要）》。明确加强生命教育的指导思想、原则内容、方法途径，解决师资配备、投入保障、课程建设等瓶颈问题，推动相关政策落地落实。整合现有心理教育、健康教育、安全教育等课程，制定《生命教育课程标准》。建议教育部组建全国生命教育领导小组和专家委员会，制定《生命教育课程标准》，以使学生在专人指导下，从个人生活、学校生活、社会生活等各个方面，对生命问题进行较全面的分析，更好地理解生命问题产生的根源，掌握可以采取的对策。课程要体现如下原则：认知、体验与实践相结合原则；学校、家庭与社会相结合原则；发展、预防与干预相结合原则；与青少年身心发展一致的原则。

二、完善生命教育课程体系

将生命教育纳入中小学课程体系，建立以专设课程为主导，与其他课程的教学及各类教育活动有机渗透、相互配合、共同推进的实施机制。鼓励各地各校因地、因校、因时制宜地开展生命教育，科学编制和有效使用地方生命教育读本，创新教学方式和评价机制，建立健全国家生命教育资源库。

三、将生命教育纳入教师教育内容和通识培训

把生命教育列为师范生必修课，纳入大、中、小学及幼儿园教师通识培训，提高各学科教师开展生命教育的意识和能力，重点提高班

主任的生命教育指导能力。鼓励具备资质的专业机构开展生命教育教师专业能力培训及继续教育。试点开展生命教育专业师范生的培养。

四、整合利用生命教育社会资源

积极引导社会力量在中小学校、校外教育场所（少年宫、医院、监狱、戒毒所、精神卫生机构、研学基地、革命纪念馆等）建立公益性生命教育馆（室），指导中小学校充分利用各类场馆资源开展生命教育。推出生命教育线上教学资源库、客户端 App、智能学习终端等。

五、开展多样化的生命教育专题活动

中小学可结合世界艾滋病日、国际禁毒日、世界环境日、国际志愿者日、世界精神卫生日和全国中小学生安全教育日等纪念日宣传倡导主题，从学生的兴趣、经验、社会热点问题或历史问题出发，结合区域、学校和学生特点，开展灵活、多样、有效的生命教育活动，力求将相关内容有机整合，形成校本课程。同时，携手家庭、社区等，充分利用班团队活动、学生社团活动、社会实践活动、重大节日和纪念日活动等多种载体，开展生命教育活动。

六、积极构建生命教育共同体

构建“政府、学校、家庭、社会”四位一体的生命服务模式，共同营造良好的生命教育氛围，形成符合时代要求的价值导向。

政府要把促进家庭生命教育纳入民生工程，发挥学校在学生和家庭之间的桥梁作用，指导和帮助家长正确养育孩子；借力社会服务，发挥社区及相关专业社会机构的协同和支持作用，优化学生成长环境。（2014 年、2017 年、2021 年）

28. 提高青少年心理健康水平预防自杀自残高发

据报道，2020 年疫情期间和复学后，全国很多地区，尤其是一线城市出现了中小学生自杀率略有上升的现象，青少年厌学、自我伤害呈现恶化趋势。

为何学生群体自杀率上升如此之快？综合专家分析有以下原因：一是心理因素：长期慢性压力所致的生物改变和行为改变，形成学生采用自杀自残来应对压力的问题行为模式。二是教育因素：中小学作业过多，学生休息活动时间得不到保证；学校片面抓升学考试科目，考试过多、排名过多，造成学生非理性竞争；基础教育的应试教育模式加上过度商业化，导致学业压力倍增的剧场效应、内卷效应。削弱、忽视乃至放弃思想政治工作、心理健康教育工作、育人工作。三是社会因素：父母焦虑，担心下一代失去学习和进入社会精英阶层的机会。商业宣传扩大了社会焦虑，有出于商业利益的课外辅导机构、自媒体等激发、鼓吹社会焦虑、恐慌因素。四是法制因素：非理性教育行为侵犯青少年基本的发展权益。教师、家长的教育方式简单粗暴或冷暴力现象仍然存在，有的甚至构成虐待或变相虐待，然而由于法律条文对于“虐待罪”解释过于严苛，所以对青少年疏于保护。

为此提出如下建议：

第一，加强青少年权益保护，进一步抓紧教育法、青少年保护法等法律法规的落实，减少或杜绝非理性教育行为。在学校要保护学生的基本权益，落实责任到人；在社区要加强教育和宣传，防止家庭中非理性行为伤害学生；进一步研究和修订相关的法律条文，让青少年得到更好的保护。

第二，加强心理普查和摸底科研，帮助每个学校建立常态化危机预防和干预体系。要发展基于中国文化教育特点的心理危机测评体系和网络测评系统。创新普查手段和方法，形成对学生自杀倾向个案的长期追踪管理体系，形成校长、教师、学生和家长共同参与的常态化危机预防和干预体系，以降低自杀率。

第三，在各级各类学校开设心理卫生和生命教育课程，覆盖到每一个学生。加大心理学科普，重点要从疾病宣传发展到积极心态塑造。在校园中倡导积极的社会主义核心价值观，自觉识别抵制免疫西方消极文化和思想对青少年的侵蚀和危害。

第四，建立学生心理健康管理体系，提供全方位、多层级的资源进行综合治理，包括医疗资源、心理咨询与治疗资源。提高中小学心理咨询室的建成率和心理健康老师配备率。多渠道开展心理健康宣传教育。

第五，加强学生工作专业化队伍建设和社会支持资源建设。学校心理健康工作要与学生思想政治工作、德育工作、党建工作紧密结合。班主任、辅导员和学校咨询师，要形成稳定的专业化人才队伍，才能更有效地提高育人效率。倡导全社会尊师重教培训人才，挽救生命，人人参与，人人有责的良好社会氛围。

第六，加强基础教育改革，缓解社会焦虑。改变将成人（教师、家长）焦虑、压力不断递增地传递给青少年学生的习惯。倡导自尊自信、理性平和、积极向上的社会心态，通过精神文明建设，强大内心，在积极的生命观引导下找到人生价值和意义。

第七，提高包括父母在内的全社会教育素养，普及“成人比成才更重要”“让孩子成为更好的自己”等科学教育理念，将个人发展与国家民族的发展强盛联系起来。消除夸大的不上名校就要坠入社会底层的恐慌，改变消极、“内卷”的社会心态。（2021 年）

29. 推广中学生“模拟政协”活动培养青少年公共品格

青少年“模拟政协”活动，通过模拟人民政协的提案形成过程，可以了解我国民主政治协商制度，提升协商能力，是一项公益性青少年创新实践活动。

自2002年起，由中国致公党发起、多家组织机构参与的“青少年模拟政协活动”定期举办，使青少年通过实践活动，加深对人民政协组织形式、议事规则的了解，培育其公共责任意识和公共合作能力，取得了良好的效果。例如，2016年，第三届全国青少年模拟政协活动中产生的优秀提案《以“互联网+老年人关怀之家”推进中国智慧养老的提案》被提交至2017年全国两会，得到民政部的正式回复，学生们提出的“互联网+居家社区养老服务”的新模式，目前已在一些地方探索实践。2017年活动中产生的优秀提案——人民大学附属中学的《关于完善中小学性教育体系的提案》经许怡委员提交至2018年全国政协大会，10月得到正式回复，被接受办理。

事实证明，青少年模拟政协活动具有重要意义。

一是开启了青少年参与社会生活、承担公共责任、建立家国意识、培育公共精神的实践之路。青少年“模拟政协”活动，使青少年有了真实地接触社会、了解民生的机会，也有了在实践中锻炼公共品格的成长机遇。2018年模拟政协活动的学生主席，来自上海交大附中模拟政协社团的郝隽永深有体会地说：“中学生社会参与能力的提升、关心国计民生的责任，不仅仅在于全国活动展示答辩的几天开会过程中，更在剩余的365天里。模拟政协活动为我们提供了建言献策的渠道，让我们对社会有了更深的观察与思考，感到肩上的担子更重了。”

二是为德育实践化提供了可参考的实践经验。长久以来，我国德育课程最大的问题就是脱离了生活实际，远离学生的真实生活。青少年“模拟政协”活动，使学生通过了解政协历史、观摩政协议事活动，在生活中切实体会我国的民主政治体制，并从真实生活中发现问题、提炼提案，培育真实的德育品格。

三是以实际行动践行了立德树人根本任务与全面育人教育目标。要落实这一教育目标，不仅要培养青少年的私德，还要培养他们参与公共生活、承担公共责任的公德，更要在此基础上养成青少年学生热爱祖国、热爱中华民族的大德。青少年“模拟政协”活动，是一种可贵的公共品格教育探索，为实现立德树人和全面育人寻找了可行之路。

四是探索了社会主义合格公民的养成路径。青少年在模拟政协的过程中，学会按照法定程序和谐有序地参与身边家庭事务、学校事务和社区事务的过程，也是模拟协商民主生活实践的过程；青少年在协商民主实践中得到历练，学会如何以和平的、正义的、理性的民主方式表达自己的观点和诉求的过程，也正是一个合格公民的成长过程。

为此提出如下建议：

第一，在有条件的城市成立“模拟政协”实践基地。如2016年至今，北京市政协与中小学合作，成立了50个“模拟政协”实践基地，取得了良好成效。

第二，鼓励学校成立“模拟政协”社团。如北京市在参与“模拟政协”活动的学校中，人民大学附属中学、北京101中学、北京市第166中学等都先后成立了“模拟政协”社团。全国各地的模拟政协活动中，也都成立了相应的学生自组织。

第三，组织学生观摩全国政协和地方政协常规活动。在全国政协第二次公共开放日上，就有人评论说，虽然让中小学生真正理解政协可能有一定难度，“但这并不妨碍通过体验和感受政协氛围，在孩子心里种下一粒协商民主的种子”。北京市政协定期邀请参与“模拟政协”活动的师生，观摩政协常规议事活动，使师生通过现场体验活动，增进了对我国政治体制和协商民主议事方式的了解。

第四，举办“模拟政协”提案评选活动。最近三年来，北京市就有200余项青少年“模拟提案”得到政协委员的关注，其中50余件提案经政协委员提炼修改后，上交北京市及全国两会。

第五，邀请政协委员与专家定期走进校园。通过委员和专家学校与师生开展研讨交流，使活动更深入，提案更有价值和可行性。如根据学生的“模拟政协”提案，北京市政协定期邀请提案所涉及领域的专家学者和相关机构负责人进行交流。

第六，举办“模拟政协”实践成果展示活动。通过评选优秀提案，现场模拟提案办理等展示交流活动，帮助青少年更好地认识政协，理解公共活动的程序与意义。（2020年）

30. 加强中小学生海洋意识教育

中共十八大报告明确提出了“建设海洋强国”的宏伟目标，这充分体现了中共中央对海洋工作的高度重视。

“建设海洋强国”内涵丰富，其中重要一点就是要全面提升国民的海洋意识，树立现代海洋观念，这是实现“海洋强国”战略目标在思想层面的根本保证。近年来，国际及我国周边海洋形势日趋严峻，资源竞争、领土领海主权之争愈演愈烈，更使加强国民的海洋意识，成为一项比较紧迫的任务。

但是，仅从 2009 年的“国家重大历史题材美术创作工程”中没有一幅表现海洋的美术作品已可以看出，国民忽视海洋文化为时已久。国民海洋意识的增强靠的是国民海洋教育，要提高全体国民的海洋意识，使国家海洋战略成为国家的坚强意志和国民的共同行动，关键是开展面向全体国民的海洋教育，基础是加强中小学生海洋教育。海洋教育是国民教育的重要组成部分，也是爱国主义教育的重要内容，具有十分重要的意义。

第一，擦亮蒙尘已久的中国海洋文明史，让下一代在了解正确史实的过程中，激发对中国海洋文化的认同与热爱。

人类文明由大陆文明和海洋文明两大板块共同构成。众所周知中国是一个农业大国，有着 960 万平方公里的陆地，但相形之下众人所知不多的是：中国也是一个海洋大国，海洋面积约 470 万平方公里。

18000多公里的海岸线和7600个大小岛屿，在与14国接壤的同时，还与8个国家海上相邻。

事实上，从北京周口店山顶洞人遗址出土的文物中，有不少磨出了小孔的海蚶壳，可推断远古时期的先民已经有了各种海上活动，当时的山顶洞人可能就与海滨地区有所往来；到了夏商周三代，先民建造的船只和发展的航海技术，已经成为当时社会进步的一大标志，航运已经逐步成为一项独立的社会活动；到了汉代，不仅陆地上诞生了“丝绸之路”，其实在东南海上也催生出了一条“海上丝绸之路”；就连政权更替比较频繁的魏晋南北朝时期，海外交往和海外贸易还是有所发展，两晋南北朝也没有中断；隋朝统一中国后，在海外贸易方面还又实施了一些新举措；唐代的海外贸易，已发展到前所未有的新高度，宋元时期的海洋文明仍然百尺竿头，更进一步，国人继续在造船业和航海业上取得巨大进步。元朝开始，中国船只体积最大、装备最佳，商人遍布东南亚及印度港口，中国东部的浙江明州（庆元）港也因此一举成为东方贸易大港。

灿烂而悠久的中国海洋文明史，直到代表着农耕文明的明王朝开始被笼罩上阴影。明朝从立国之初就厉行海禁，严禁私人出海贸易，甚至禁止民众入海捕鱼，还将两省海岛居民强行迁移至大陆……海洋文明逐渐沉寂。明朝初期，郑和奉朝廷之命七下西洋的航海活动，尽管在时间、规模、范围上创造了当时世界航海的奇迹，但因其本质是朝廷劳民伤财奉行的朝贡贸易、“厚往薄来”的政策，在经济上非但无益而且耗资巨大，最后只能中断。从此，海洋文化陷入了更深的深渊，更彻底葬送了中国成为海洋大国的绝好机会。

海洋力量日渐式微，清代的闭关锁国，导致中国逐渐沦为海上弱者。鸦片战争、甲午海战……中国近代史上的屈辱，就从这海上战争的失败开始。昔日西方列强正是漂洋过海而来，用一个又一个不平等条约写就那段伤痕累累的过去。因此，也促使国人重新认识了海洋，如梁启超在《地理与文明之关系》中慨叹："海也者，能发人进取之雄心者也。陆居者以怀土之故，而种种之系累生焉。试一观海，忽觉超然万累之表，而行为思想，皆得无限自由。"

但是，这段惨痛的近代史留下的深刻烙印，让诸多国人都认定中国不仅是一个海洋弱国，而且将海洋文明直接等同为西方文明、现代文明、先进文化，将中国文明则直接等同为农业文明，并将其解读为因循守旧、封闭驯服的落后文化，比如，不少中国学者认同黑格尔在其著作《历史哲学》中的观点："尽管中国靠海，尽管中国古代有着发达的远航，但是中国没有分享海洋所赋予的文明，海洋没有影响他们的文化。"这种种对历史断章取义的误读，迄今仍有相当的市场。

中国的海洋文明，本就是一部波澜壮阔的传奇。还原历史，纠正误判，重新认识并热爱中国的海洋文明，必须从孩子抓起，从中小学生抓起。

第二，接驳传统，增强自信，知耻而后勇，为建设海洋强国培育新人。

海洋文化的正常发展，应该与内陆文化唇齿相依，交互发展，两条腿走路。但与此同时，立足陆地，面向海洋，展望太空，应该是人类发展的三大步。

地球作为 71% 被水覆盖的蓝色星球，海洋这个巨大的资源宝库，有可能是人类实现可持续发展的新领域和新空间。这广袤的水域，将为解决人类面临的人口、资源与环境三大危机提供新的办法。

发达国家都非常重视国民海洋教育。美国专门制定了加强海洋教育、强化国民海洋意识的政策，包括将海洋知识写入中小学课本等具体措施；英国在中小学“国定课程”中全面实施海洋教育；日本对中小学海洋教育高度重视，文部省制定的《小学学习指导要领》规定了海洋教育在各门课程中的分布要求，其中中小学教科书中各阶段各门课程涉及海洋相关概念的比重相当之高；韩国的中小学海洋教育，同样主要体现在中小学主修课程及教材之中，不少课程的海洋内容有较大比重。

相对而言，我国民众海洋意识相对薄弱，对海洋知识、海洋工作的了解和关注度严重不足，国民海洋意识教育仍处于初级阶段。尽管2009年中央领导同志作出海洋知识要“进学校、进教材、进课堂”的重要批示，国家有关部门也在此项工作上作出了不少努力，但从实际看，国民教育中海洋知识教育体系不健全、教育资源不均衡、教育制度无保障、教育措施不明确等问题非常突出，这些都影响了国民海洋意识的全面普及与提升。

而且，相较于人造卫星、宇宙飞船等航天科研成果，对海洋的探索与研究还没有取得同类成绩。这一点，固然与科学研究上早已形成的“上天易，入地难”客观规律有关，也和海洋研究人才的相对匮乏有关。

人无远虑，必有近忧。在中小学生中积极培养热爱海洋文化、乐于勇于探索的新生代，是一项必不可少的教育投资、海洋储备。

第三，通过中小学生的学习与活动，将影响力向各自家庭辐射，从而有效提升全民对世界海洋文明、中国海洋文化的了解，树立健康的海洋意识、正确的海洋理念。

在国家海洋局等各种组织的努力下，最近这些年，国民对于海洋各方面的了解有所增加。近年来围绕海岛的主权之争等问题，也将大众的目光引向了海洋。但这些碎片式的信息传播有其局限，不仅不够全面，而且容易以讹传讹造成误解。

另一方面，对海洋知识真正专业而全面的研讨、宣讲等活动，要么局限于少部分内行，外行不甚了了；要么只在沿海地区容易举办，而广大内陆地区的此类活动很难开展。这种局面，势必严重阻碍着全民海洋意识的提升。

因此，以学校为突破口，以家庭为切入点，通过对中小学生开展切实有效的海洋教育，以丰富多彩的活动，进行家校联动，将父母深度卷入教育之中，在潜移默化中从学校对家庭进行普及，是开展全民海洋教育的一个有力抓手与有效捷径。

海洋文化从来不是西方的专利。美丽而神秘的海洋，在中国文化中曾经写下过辉煌篇章。呵护中国海洋文化遗产，正视当今海洋的巨大作用，树立正确的海洋观，继承并弘扬中国海洋文化的精神，要从现在抓起，从孩子抓起。积极而正确的海洋意识教育，会让“长风破浪会有时，直挂云帆济沧海”的那天，早日到来！

中小学海洋教育是国民海洋教育的基石。我国《国家海洋事业发展规划纲要》对海洋教育提出了明确要求，指出要“把普及海洋知识纳入国民教育体系，在中小学开展海洋基础知识教育”。

要充分借鉴西方发达国家的经验，在中小学全面进行海洋意识教育，切实推进海洋知识“进学校、进教材、进课堂”。

具体建议如下：

第一，做好顶层设计，各部门共同协作。海洋教育是推进国民海洋教育的一项系统工程，需要从指导思想、整体规划、实施方案、保障措施等诸多方面进行顶层设计，并需要教育主管部门、海洋主管部门、宣传主管部门等多方面通力协作，共同研究推动我国中小学海洋意识教育，尽快制定出台海洋意识教育中长期规划，建立长期有效的海洋意识宣传教育机制。

第二，在中小学教材中增加海洋教育内容，完善海洋教育体系。建议由教育主管部门牵头，尽快在中小学教材中增加海洋意识方面的内容，如在地理和历史课本中增加海洋内容的比例，不仅包含海洋科普性教育，还应该包括海洋权益、海洋经济、海洋生态等现代海洋意识和海洋科学观的内容。国家海洋局今年正式启动了中国首套中小学海洋意识教育系列教材编写工作，正式出版以后可以先在海洋城市作为校本教材使用。

第三，加快海洋教育从沿海到内陆的普及。目前一些沿海城市，已经在加大海洋教育方面有了很好的探索。比如，青岛市2012年起在中小学开设海洋教育地方课程，每年政府出资600万元，分年级编辑出版《蓝色家园》海洋教育地方课本，免费向全市100万名中小学生发放，旨在培养中小学生海洋意识、海洋观念，增加海洋知识。建议在继续保持沿海地区海洋意识教育影响力的同时，尽快推动海洋意识教育在全国范围尤其是在内陆地区的普及，改变海洋教育仅仅分布在沿海发达地区的现状。

第四，抓紧海洋教育从学校到家庭（社会）的拓展。建议充分利用学校的资源与凝聚力，通过学校与家庭乃至社区联动，组织各种形式、各种规模的活动，让海洋教育走出教室、走出学校，通过中小学生的展示、研讨、宣讲，真正走进民众心中，拓展海洋教育的领域，实现向各个家庭与全社会各种人群的普及教育。（2013年）

31. 进一步加强学校体育

自2007年5月7日《中共中央　国务院关于加强青少年体育　增强青少年体质的意见（中发〔2007〕7号）》颁发以来，学校体育工作得到了进一步重视，取得了积极进展。2010年全国学生体质健康调研与监测结果表明，我国学生体质与健康状况与2005年相比，总体有所改善。

但从总体上看，学校体育工作仍是教育工作中的薄弱环节。主要表现为："健康第一"观念没有牢牢树立，"重智育、轻体育"情况相当普遍；学生体质健康的教育评价机制尚未建立，学生学习和参与体育活动的内生动力不足，学校体育工作缺乏有效的激励、监督和考核机制；体育课程没有开足开齐。据教育部对15个省的抽样监测，小学四年级开课不足率达到56.5%，初中二年级不足率达到76.0%；"一小时锻炼"落实还不到位，课外锻炼缺乏，31.6%的小学四年级和83.5%的初中二年级不组织、没有组织过课外体育锻炼；体育基础条件比较薄弱。据2010年统计，小学、初中、高中体育运动场（馆）面积达标学校分别为52%、68%和81%，体育器材配备分别为55%、69%和80%。

虽然体质与健康情况下降的势头得到了遏制，但形势依然严峻。一是半数左右的学生体质不达标，据抽样调查，44.9%的四年级学生和50.9%的八年级学生低于及格分数。二是大学生身体素质持续下降。与2005年相比，19—22岁年龄组除坐位体前屈指标外，爆发力、力量、耐力等身体素质水平持续下降。三是学生视力不良检出率持续上升，并出现低龄化倾向，各学段学生视力不良率持续上升。7—12 岁小学生为 40.89%，13—15 岁初中生为 67.33%，16—18 岁高中生为 79.20%，19—22 岁大学生为 84.72%，分别比 2005 年上升 9.22、9.26、3.18、2.04 个百分点。特别是低年龄组视力不良检出率增长明显，如：7 岁城市男生、城市女生、乡村男生、乡村女生视力不良检出率分别为 32.17%、36.43%、24.12%、26.95%，比 2005 年分别增加 8.71、8.76、10.56、10.32 个百分点。四是肥胖检出率继续增加，学生肥胖和超重检出率继续增加。7—22 岁城市男生、城市女生、乡村男生、乡村女生肥胖检出率分别比 2005 年增加 1.94、0.63、2.76、1.15 个百分点；超重检出率分别比 2005 年增加 1.56、1.2、2.59、3.47 个百分点。

为此提出如下建议：

第一，全面准确认识体育的价值和意义。把体育放到全面落实科学发展观和党的教育方针的高度，在思想和行动上真正把体育放到教育的基础地位。体质不强，谈何栋梁。体育不兴，体质难强。学校体育工作关乎每一个孩子的身心健康、一生幸福，更关乎民族的前途与命运。我们虽然是一个奥林匹克的大国，但并不是一个体育的强国。要引导各级政府领导、广大青少年、各级各类学校和全社会树立科学的教育观、人才观和健康观。要认真宣传学校体育工作的政策要求、典型经验和有效做法，加大对群众性学生体育活动的宣传报道，形成有利于学校体育工作开展的良好氛围。

第二，开足上好体育课，保证每天一小时体育活动。要严格按照小学 1—2 年级每周 4 课时、小学 3—6 年级和初中每周 3 课时、高中每周 2 课时的要求保证体育课时，不得以任何理由和借口占用体育课时。

同时，确保学生每天一小时校园体育活动时间。统筹安排课堂教学与课外锻炼，把体育课程、大课间（课间操）和课外体育活动一体化的阳光体育运动做实做好。对于开足上好体育课和每天一小时体育锻炼，各级教育行政部门和教育督导机构要明察暗访，在学校评价中实行一票否决制。

第三，加强体育教师的培养和配备。要保证所有学校配齐体育教师，努力办好高校体育教育专业，扩大免费师范生和贫困地区定向招生专项计划中体育专业招生规模，完善农村学校补充体育教师的机制，鼓励社会体育运动爱好者和各种体育俱乐部到学校兼课带队伍，鼓励退休体育教师返聘工作，支持退役优秀运动员从事学校体育工作。同时，要加强农村学校体育教师和兼职体育教师的培训。

第四，加大学校体育投入，落实体育场地设施。在国家新增教育经费中，优先安排学校体育工作的经费。保证中小学校公用经费中有合理的比例用于体育的支出，并随公用经费标准提高而逐步增加。优先支持农村和民族地区学校体育工作。落实《国家学校体育卫生条件试行基本标准》，推动将学校体育场地设施建设、体育活动经费纳入本级财政预算和基本建设投资计划。确保所有学校有基本的体育场地和设施。

第五，建立健全学校体育评价机制。要根据《国家学生体质健康标准》，定期对学生进行体质健康测试并公布测试结果。利用从 2013 年起教育部发布全国学校体育年度报告的契机，全面了解各地经费投入、条件改善、阳光体育运动、学生体质健康等情况，有针对性地改善部分地区和学校的体育工作。在学生综合素质测评中，要把学生体质健康状况作为学生素质报告书的重要内容，列入高中生和大学生档案，并作为学生毕业、升学的重要参考依据。（2013 年）

32. 改进各级学校军训

近年来，各类“问题军训”事件频发，引起了社会的广泛关注，凸显出现行军训制度已不适应新时期青少年身心发展特点，更不适应新时期国防教育的需求，需引起高度重视。根据我们的调查，现行军训存在的主要问题有：

一、军训目的不明确。以大学的军训为例，根据《普通高等学校军事课教学大纲》（2006 年修订）的要求，大学生的军事课由军事技能训练和军事理论课组成，军事技能训练时间为 2—3 周，实际训练时间不得少于 14 天，学生集中统一进行训练；军事理论课为 36 学时，列入教学计划中进行。这种课程的安排是合理的，但军训的目的是什么？如何能达到军训的目的？军训中侧重组织纪律性，还是培养理想信念和意志品质？这些问题在目标设定时都未进一步明确，在具体的实施中更没有得到解决。因此，对军训组织管理工作的指导性不强，导致了实践中避重就轻，只重视简单易行的站姿、队列训练，不重视军事理论、国防观念以及国家安全意识的传授与培养，对吃苦耐劳、坚强毅力等意志品质的培养更为缺失，军训沦为了对身体的简单锻炼，而失去了军训原本应有的价值与意义。

二、军训课程设计不科学。现在的军训内容明显不能够适应时代的要求。一是多数学校侧重于军事技能训练，对军事理论课程重视不够，且课程设置与军事技能课程中的科目无法形成呼应。二是内容单一僵化，军训已成为站队列、拔军姿、整内务“老三样”，缺乏现实教育意义，更与现代国防教育的要求脱节。三是考核目标不明确，在现行军训大纲中对军训效果评价要求仅是方向性的要求，而无明确的考核标准，导致检阅方阵成了最普遍化的考核形式。四是大学军训与中学军训之间并无衔接，导致军训课程中部分内容单调重复、部分内容严重缺失的情形同时存在。五是缺少对当下青少年身心状况的调研和关注。受训学生多为独生子女，在家庭中身心都很少受到磨炼，在学校中体育的缺位也比较普遍，学生们体能普遍不佳且个性较强，当面对现行简单枯燥的“老三样”军训时，身心很难适应，若遇到素质不高的教官，很容易产生矛盾，甚至造成恶劣影响。

三、军训组织缺乏保障。一是教官缺乏。每年全国有1700余万大中学生要军训，按照每名教官训练30名学生计算，需要兵力56万余人；有的省市驻军少，无法满足当地军训需求。二是场地缺乏。随着城市的发展和扩张，完全符合军训要求的场地很少。三是受区域差异等原因影响，经费保障不统一，学生人均负担不平衡。四是监督缺位，军训支出不透明，缺乏监管，军训用品以次充好、再利用率不高，浪费现象严重；军训过程缺乏监督，训练中的矛盾无法得以及时发现，敷衍了事的形式化军训普遍。

作为国防教育的重要内容，军训是大中学生的一门重要课程。

为此，我们提出如下改进军训的具体建议：

第一，正确定位军训目的，建设综合性国防教育。军训应更加侧重培养学生的国防观念和国家安全意识，激发求知欲、好奇心，锤炼意志，促使形成良好的学风。注重培养应对突发性国家安全事件的基本能力与技能。注重培养学生对新时期网络信息战、舆情战的识别、防范意识和能力，注重培养学生与时代同步伐、与祖国共命运的社会责任意识。注重国防教育的连贯性，形成大中小学连贯的国防教育体系。加强学校体育工作落实力度，用日常体育课、运动训练进行意志、体能、组织纪律性方面的培养。

第二，科学设计军训课程，明确考核目标。结合青少年个性特点，改进军训课程形式与内容，减少“老三样”军训课程内容的比例，增加符合教育特点、现代战争需要的实用性、互动性、实践性强的军事课程设计。细化课程安排，统一规范符合青少年身心特征的系统化教材，让大、中、小学生在课程中循序渐进地成长，达成理想的国防教育效果。对军训效果的考核目标进行分阶段评价，考虑连续性、综合性评价，增加对教官考核项目，细化各类考核标准，避免考核的应试化、形式化。

第三，规范组织军训保障体系。一是对参训教官选拔、培训以及要求上，不仅强调军事素养，更须强调人文素养；注重人格平等的交流，营造教官与学生双促进、共提高的良好氛围；对教官缺乏的地区，可考虑选用当地退役官兵进行担任。军训教官应该具有相应的资格证书。二是场地方面，缺少专业军事技能训练场地的，可考虑与当地特警、警校、军分区所属民兵训练基地合作。三是经费保障方面，既要注意保障军训的正常开展，也要考虑学生的经济承受能力，经费支出要做到透明公开，厉行节约，避免浪费。四是完善监管，加大对经费使用、用品质量的监督，遏制相关环节可能发生的贪污腐败。建立教师、学生、学生父母等相关人员的投诉渠道，引导其履行监督权力。（2015 年）

33. 保障学生和教师休息权

中国的孩子是很辛苦的群体，每周从周一到周五要在学校完成长时间的学习，回家完成大量家庭作业，周末还有奥数班、特长班等一系列课外辅导任务。

过重的学业负担导致中小学生的休息权被剥夺，对少年儿童的身心健康带来严重负面影响。

与此同时，教师的休息权同样得不到保障。学生每天在校的时间都是老师的工作时间，而在上课以外，老师课前认真备课少不了，课后还要批改作业、家访、辅导差生。有些教师为了完成工作任务，还不得不将在学校里没有完成的事情带回家，几乎所有教师都是用休息的时间去完成相关工作的。寄宿制学校从早自习到晚自习，教师都要陪着学生，除了完成教学工作外，还要承担对学生生活的照料任务。

在教学之外，教师还承担了很多额外压力，包括准备各类检查评估材料、写论文评职称、学生安全保障等，这些任务大多要在工作时间外完成。

休息权是一项基本人权，是我国宪法以及劳动法律、法规赋予劳动者的一项基本权利，学生和教师的休息权理应得到保障。

为此我们建议：

一、加强教育督导，严格依法治教

把中小学生在校时间、课后作业量纳入教育督导范围内，加强督导，严禁中小学校违规补课，对违规补课的学校，扣除该校教师该年度绩效工资，校长一律停止职务。在优化督学的同时，加强督导机构的督政职能，消除地方政府强加给学校的不合理的非教育负担。同时，依法规范校外培训机构的办学行为。

二、采取措施切实降低中小学生学业负担

其一，要引导全社会形成正确的教育观和人才观，进而在义务教育减负提质上形成改革共识。其二，深入推进教育领域综合改革，快速推进义务教育均衡发展；大力促进民办教育发展，满足社会多样化的教育需求；推进教育管理体制改革，把转变政府职能与落实学校办学自主权相结合，实施管办评分离，实行教育家办学。其三，全面推进义务教育评价机制改革。评价要弱化区分度和选拔性，要牢固树立把每个学生培养成合格公民的教育目标，使中小学教育对学生的全面发展负责而不是只对分数负责，对学生的终身负责而不是只对眼下负责，对所有学生负责而不是只对升入名校的学生负责。其四，深入实施课程、教材和课堂教学改革。根据学生生理、心理发展规律和认知水平确定合理的课程体系，对不同课程中重复出现的知识点和内容加大研究整合力度，减少课程内容，降低课程基准难度，使绝大多数学生都能基本掌握。对不同学习能力的学生可通过分层次、分难度教学，实行课标保基础、难度看个人，真正做到因材施教。严格按照课标编写教材，禁止超越课程标准的内容进入教材。

三、减少一线教师的非教学任务

首先要尊重教育、尊重教师，改革学校和教师考评制度。教育主管部门必须制定合理的学校和教师评价标准，尊重学校教育主体性质，剔除与教育教学关联不大的考评细则，加大对教育教学的实质性评价占比。各级部门应关心关注教师群体，合理分配工作，明确工作量标准，科学配置师资，减少额外非教学任务摊派，让教师全身心投入教学核心，把更多的时间和精力用于备课、教研、培养学生以及自身的专业发展。其次要通过政府购买服务的方式，聘请一定数量的工勤人员，完成校园安全、宿舍管理、学生餐管理等非教学任务，让一线教师从这些琐碎的非教学事务中解放出来，休息权得到保障。（2018 年）

34. 切实解决中小学大班额问题

伴随着我国城镇化进程的快速推进，大量农村人口向城镇转移，使得城镇学校快速扩张、超负荷运行，一些地方甚至出现超过百人的班额。“超大班额”“超大规模学校”在许多地方已成为义务教育重要的甚至是主导的存在形态。大班额教学使得中小学生在拥挤的教室中利用短缺的教育资源进行学习和生活，严重影响了中小学生的全面发展，阻碍了素质教育的推行，成为制约我国基础教育质量提高的瓶颈问题。

教育资源配置不均衡，“择校热”是产生城镇学校大班额问题的根本原因。随着义务教育的普及，人们追求的不再是“有学上”，而是“上好学”。但是在我国城乡二元经济结构下，也存在着城乡二元教育体制。长期以来由于政府教育投入不足，城乡教育发展不均衡，优质教育资源相对较为短缺，远远不能满足社会所需。优质教育资源的稀缺与社会需求扩大间的矛盾突出，引发择校难题，从而形成了城镇学校大班额现象。

为此提出如下建议：

第一，严格限定班额，严格规范办学。加强教育督导，严格限定班额。教育部最近已经出台文件规定年内消灭66人以上大班额，但能否真正落实仍然需要加强检查和督导。要将学校的规模和班额变化情况纳入学校督导的责任范围，开设举报热线、网络平台等鼓励人民群众对相关违规情况进行举报，并明确规定各级政府、教育行政部门及其行政领导管理、监督不力须承担的不利后果。对超过教育部限定班额的学校进行限期整改，通过新建、改扩建学校增加优质教育资源供给，有效化解大班额。严格规范办学，义务教育实施就近入学，教育主管部门要向社会公布学校招生计划及情况，建立学校招生范围动态调整机制，坚决遏制由违规择校带来的大班额现象。

第二，推动城乡义务教育一体化发展，深化义务教育均衡发展。站在城乡义务教育一盘棋的高度上，突出城乡一体化发展的总体思路，以“教育均衡发展”和“提升教育质量”为首要目标，统筹城乡教育资源配置，合理规划学校布局建设，努力形成城乡一体的区域义务教育发展新格局。

在城市，及时出台和调整相关政策，以保证城镇的扩张与义务教育的承接能力协调一致，做到学校建设与城市建设同步发展，避免教育需求向大城市优质学校过度集中。完善城市教育设施配套建设土地划拨政策；制定将住宅配套建学校改建商品房的惩处措施；出台从土地出让金中预留教育建设经费的政策等，破解城市教育公共设施建设面临的政策瓶颈。

在农村，积极推进农村学校布局适度集中、确保办学水平，与办好农村小规模学校双管齐下，促进农村学校布局设置与城镇化的良性互动。通过与城市优质学校建立一对一帮扶关系等手段，切实提升农村学校教育质量。

第三，研究制定科学的城乡义务教育布局标准，作出全局性、前瞻性的布局规划。由教育部牵头，协同国家发改委、人社部、财政部等部门，共同研究制定《城乡义务教育学校布局实施标准》，对学校服务半径、选址安全性、班级规模与学校规模、师资和硬件设施配置等进行规范。所制定的标准应充分体现地区差异性，充分考虑乡村文化保护与传承因素；对于边境地区，还应将国土安全作为学校布局的重要考量因素。

地方政府应本着“高端统筹全域一体”的原则，制订全局性、前瞻性、系统性、协同性的布局规划和实施方案。第一，紧密结合本地城乡经济社会发展，科学预测人口和教育需求发展趋势。第二，将学校布局规划与地方行政区划、市政发展规划等统筹考虑，协调推进。地方行政区划和市政发展规划调整时，应由教育部门牵头，协同规划学校布局。第三，学校布局规划及调整应优先满足学生和父母对于上学便利的需求，兼顾各方利益主体的合理诉求。（2018 年）

35. 加强中小学图书馆建设

书籍是人类的精神食粮，尤其对于孩子而言，身体与精神都在急剧成长中。吃什么食物，在相当大程度上决定了孩子的身体；读什么书籍，在更大程度上决定了孩子的心灵。

但是，在某省教育行政部门的中小学图书馆的推荐目录中，我赫然看到这样一些书目：《最新医院院长工作全书（上、中、下）》《老年期内科系统疾病》《肾综合征出血热诊断与治疗》《下岗职工再就业指南》《国民经济动员培训教材——工业动员概论》《甲醛生产》《降低不良品损失工作指南》等。

在某省的一所小学，我也看到了一大批这样的书：《这样做生意会赚钱》《玩转广告》《赢在营销》《开公司经商必读》《狼性商鉴》等。

这些图书如何得以堂而皇之地进入我们的中小学图书馆？究竟谁在为中小学图书馆把关？经过调查研究发现，主要是以下两个途径：一是通过招标，按照上述的推荐目录，由出版社和书商竞标；招标的书目由省教育行政部门提供。但是，其中许多书目是书商参与制定的，猫腻早已藏在其中，书目本身往往就预定了招标的结果。一方面出版社要偷工减料，在纸张、印刷上做文章压成本，甚至还制造专门供书商的假书（同一本书提高价格，或者同一本书分上、下两册）。更有甚者，书商自己直接制作假书，把假书放进推荐书目中去。二是社会组织捐赠。有一些出版机构，是把自己长期压库的书籍送到了学校；

有些机构和个人关注的是送了多少数量、多少码洋，所以采购图书时重数量、轻质量的情况比较普遍。一些不适合孩子读的书籍，就这样流进了学校。

有限经费应该花在刀刃上。并不富足的学校购书经费，却被这样的书侵占，那些真正适合孩子阅读的好书，大量地遗漏，实在令人扼腕；儿童是最需要正确阅读的群体。教育的最高境界是自我教育，自我教育的核心就是阅读。这些书，剥夺了孩子真正的阅读，隔绝了孩子自我学习和成长的机会，是对孩子时间和兴趣的双重"谋害"；无论通过怎样的渠道，这些图书都绝不应该出现在中小学图书馆。

图书馆里没有好书，就像人没有灵魂。中小学图书馆应该是学校的精神文化中心，一座图书馆对学生的意义，绝不亚于一个多媒体教室或一个塑胶操场，何况图书馆花钱更少。在许多农村家庭还不富裕、许多城市家庭还不重视或不懂得为孩子选好书的情况下，学校图书馆是孩子获得真正的好书、真正爱上阅读的唯一希望。

为此提出如下建议：

第一，明确教育行政部门是中小学图书馆的责任人。加强教育行政部门领导人的责任意识，并且对图书配置严格实行行政追究制度。成人是孩子精神文化的"守门人"。中小学图书馆的书，都是我们成人为孩子选择的。我们希望孩子成为怎样的人，就会选择怎样的书。我们现在为孩子选书多用一分心，未来孩子将会给世界多回馈一分美好。教育行政部门不仅要重视阅读，更应该明白，认真地为孩子选好书配好书，是重视阅读的首要任务。

第二，组织研制一个科学严谨的中国中小学图书推荐目录。现在虽然从国家到省市都有推荐书目，但就像我前面举例的那个省的目录一样，根本没有经过真正的科学研究。最近几年，我组织全国的阅读推广专家成立了新阅读研究所，秉承公益、公正的原则，先后研制出了《中国小学生基础阅读书目》和《中国幼儿基础阅读书目》，正在研制《中国中学生基础阅读书目》和《中国教师基础阅读书目》《中国父母基础阅读书目》等，每种书目，都从几十万本图书中选择100本左右的好书，推荐给学生、教师、父母等不同人群。这些工作，本来应该是教育行政部门做的。推动全民阅读，势必要从学生，尤其是中小学生抓起。中小学图书馆的藏书问题首当其冲。所以，首先应该研制一个科学严谨的中国中小学图书推荐目录。

第三，严格规范中小学图书馆的招标行为。图书与其他商品不同，不能够简单地按照价格进行招标。一些教育局采购图书时只留意价格，让出版社自己报书目，这种做法非常不合理。很多出版社因此有了“你会压折扣”的心理准备，报上来的或者是将要报废的书，或者是人为抬高定价的书，要不然就在纸张、印刷上动脑筋。一些出版社甚至出现专门为招标印制“高折扣”的图书。你有政策我有对策，最后坑害的是孩子，糟蹋的是纳税人的钱，损毁的是国家的信誉。

第四，加强中小学图书馆立法和图书馆建设的规范化。正因为中小学图书馆对于教育、对于儿童具有十分重要的意义，世界各国都非常重视学校图书馆的建设，许多国家都有专门的学校图书馆法，对学校图书的装备、采购、借阅、利用，对图书管理人员的素质等，都有明确的规定。相比之下，我们对儿童的阅读，对中小学图书馆的建设太不重视了。建议在国家制定《公共图书馆法》时能够对学校图书馆同时予以考虑，或者出台专门的《学校图书馆法》，同时进一步规范中小学图书馆管理人员的资质、图书采购程序等，保证中小学图书馆的健康发展。

儿童是明天，是国家的希望，是民族的未来。阅读的品质决定着儿童的精神，儿童的精神成长决定着共和国未来的精神风貌，而我们今天所做的，都决定着儿童的明天。为了儿童，为了明天，我们必须加强中小学图书馆建设。（2018 年）

36. 加强中小学图书馆建设与阅读教学

近年来，先后考察过百余所深度贫困地区中小学，发现农村中小学图书馆建设与学生的阅读状况令人堪忧。

首先，中小学图书馆的图书配备品质较低。大部分农村中小学图书馆的图书或者是由各种渠道的捐赠而来，或者是通过图书招标的补充而来，不符合中小学生阅读要求的图书居多，真正的经典著作很少。甚至在部分学校还发现了一些“少儿不宜”的书籍。

其次，中小学图书馆的利用率极低，管理水平较差。大部分学校都是在每天下午放学以后开放一个小时左右的时间。一些学校要按照年级轮流借阅，每个学生每周只轮到一次。大部分学校没有专门的图书管理人员，很多都是老师临时性兼职，根本不了解什么年龄阶段的学生应该阅读什么内容，更谈不上对学生的阅读指导。

再次，中小学校长和老师对于阅读的重视程度普遍不够。许多农村中小学校长对师生的阅读不够重视，如有的县城重点学校拥有大量的图书，却没有人编目，成包成包的图书躺在库房睡觉。

最后，欠缺专业的阅读课程，缺少有效教学指导。我们对在校师生调查时发现，大部分学校没有阅读指导的课程，学生在回答“给你印象最深的一本书”的问题时，很多人无言以对。

费尔巴哈说过，人是他自己的食物的产物。如果说，我们的身体发育依赖于我们每天的食品，那么，我们的精神发育则依赖于我们每天的阅读。一个人的精神发育史就是一个人的阅读史，一个民族的精神境界取决于这个民族的阅读水平，一个没有阅读的学校永远不可能有真正的教育。

中小学正值学生精神成长的关键时期，农村学校与城市学校最大的差距，其实不是硬件设施，而是软件配备。苏联教育家苏霍姆林斯基曾经说过，只要有了同样的阅读机会，农村的孩子如果能够得到与城市孩子同等的阅读条件，他们就会站在与城市孩子同样的起跑线上。尤其在当下中国，乡村师资力量无法和城市比拟的现状下，阅读作为提高学习能力、形成自学能力的最佳方法，阅读的环境、条件和机会都不可或缺。

为此，我们建议在继续做好农村中小学免费营养午餐工程的同时，及时推出农村中小学“精神正餐”工程，大力推进农村中小学的书香校园建设，让农村孩子的精神世界得到滋养，让农村教育的基础得到夯实。

第一，推出农村中小学图书馆标准化建设工程。建议邀请专家参考已有成熟书目，如专业的公益机构新阅读研究所研制的中国中小学学生基础阅读书目，进一步研制适合中国中小学生的阅读书目，作为中小学图书馆的基本书目，规范农村中小学图书馆的图书配备，遏制目前的低价招标过程的腐败现象，确保最好的图书能够进入农村学校。

第二，组织专项行动，检查剔除劣质图书。由中宣部、教育部联合发文，要求全国各地中小学图书馆在一定期限内组织相关专家进行一次全面自查。明确中小学图书的质量要求，将不适合中小学教师及学生阅读的图书、音像制品和电子出版物剔除出学校图书馆。在学校自查结束后，组织专业人员赴全国各地进行随机抽查。

第三，加强农村中小学图书馆的专业化建设。建议根据不同学校的规模，设置专兼职结合的图书管理员岗位，积极推进相关培训，发挥师生进行图书借阅的自组织管理工作，加强对于农村中小学师生的阅读指导，深入推进中小学的学科阅读。

第四，鼓励社会公益组织和民间团体支持农村中小学的阅读工程建设，在捐赠优秀图书、培训阅读推广人、开展各种阅读活动等方面给予帮助。鼓励阅读志愿者协助学校开展书香校园建设。知识就是力量，阅读改变命运。身体的成长需要营养午餐，心灵的成长需要精神正餐。只要对精神和身体同样重视，把最美好的书籍给最美丽的童年，我们就能以阅读强壮乡村教育，以乡村教育进一步强大中国。（2019 年）

37. 进一步推进家校合作共育

家庭教育是教育的重要组成部分，得到了全社会的重视，党和政府为此进行了多方部署，推出了诸多举措。2015年春节团拜会上，习近平总书记就注重家庭、家教与家风建设做了重要讲话，2016年12月12日，习近平总书记在接见全国文明家庭代表时，再次重申家庭和家庭教育的重要性，指出："家庭是社会的细胞。家庭和睦则社会安定，家庭幸福则社会祥和，家庭文明则社会文明。我们要认识到，千家万户都好，国家才能好，民族才能好。"

注重家庭与家庭教育，当然离不开家校合作共育。尤其是在信息时代，学习的方式产生了重大而深刻的变化，以网络的运用为特征，以"慕课""翻转课堂"等各种学习，让家庭教育发挥着越来越重要的作用。家校合作探索也成为了席卷全球的一种教育改革方式。

自改革开放以来，党和政府不断加强相关制度建设，先后出台了一些政策、法律、规章制度，为深化家校合作共育提供了政策依据与规范操作方法。

全国妇联、教育部门与社会各界在家校合作方面做了大量工作，创造了很多成功的经验。但是，相关的专业机构在对家校合作共育的研究和探索中发现，家校合作等工作的成绩的背后，也呈现出一些问题。

第一，家校合作相关部门职能交叉，导致基层学校的工作负担加重。上面千条线，下面一根针，落实同一项家校合作的工作，学校却需要面对不同机构的督导，浪费了双方的人力物力。

第二，家校合作的事务管理多，专业服务少。家庭教育毕竟是一项重要的教育，是需要专业知识才能有效推进的。目前全社会家庭教育专业从业者数量远远不够满足学校的需求，因此家校合作的推进中，缺少相关的专业服务，而沦为简单的学生父母配合学校工作。

第三，家校合作的工作内容多，工作人员少。家庭教育是学校教育的有效补充，而且面对千家万户的家庭教育所遭遇的问题，比学校教育所面临的问题更复杂，因此真正推动过程中，需要开展的工作相当繁多。但一般学校都没有针对家校合作的人员配备，客观原因限制，难以真正落实诸多工作。

为此提出如下建议：

第一，支持民间的家校合作机构。如成立以专业机构为龙头，倡导学校之间自愿组合的合作联盟的方式，进行资源共享、行动互惠，深入推进家校合作。家庭教育必须每天坚持，但又不像学校教育那样有一群专职人员。成立合作联盟的方式，可以有效地互帮互助：共同组织家庭教育活动，让活动更为持续深入；共享专家培训的资源，促使家校合作从管理型向内涵型转变；以父母中的榜样互相濡染带动更多家庭，让家校合作的工作主体从教师向父母转变；等等。各类主管部门通过对联盟的管理，可以更为有效地对家庭教育工作进行督导，又不会加重基层学校的负担。鼓励相关科研机构对于家校合作联盟给予学术支持。

第二，加强家庭教育专业人才的培养。在家庭教育的培训上，应该划分出不同层级，为普通父母提供普及型培训，在面向普通父母的培训中，发现学习能力强、学习态度好、有志于家庭教育的人士，进行深度培训、强化培训，从而把这一批人引入家庭教育工作中，成为家庭教育知识的普及推广者、一线传播员。

第三，加大对贫困偏远地区家校合作的专业支持。教育扶贫的基础之一，就是帮助贫困家庭的家庭教育，从儿童营养到教育常识，都需要更多的专业支持。同时加强各类媒体的广泛宣传与家庭教育知识普及工作。我国有着大量留守儿童，但是，这只是增加了家校合作的难度，而不是无法开展家校合作。越是贫困偏远地区，家庭教育的意识、理念和方法，正是制约教育提升的关键。面对这个群体，我们应该更多与各类公益机构合作，共同推进家校合作的科学化、高效化，同时通过媒体宣传，普及和强化全社会的家校合作意识。（2018 年）

38. 加强中小学学科阅读

近年来，在党和政府的指导推动下，全国各地都在开展全民阅读活动。书香城市、书香社区、书香校园、书香企业等建设得如火如荼，全社会崇尚阅读的好习惯和新风气有了很好的开始与发展。

在全民阅读的大潮中，中小学生是国家民族的未来，少年儿童阅读的重要性无须赘言。一个人在少年儿童时期吸纳怎样的精神营养，基本决定了这个人在未来成为怎样的人。在国家相关部门的重视下，近年来中小学生阅读需求出现高速增长的态势，相关出版也轰轰烈烈。但是，一些问题也需要重视。

第一，目前的中小学生的阅读研究的理论与实践，有着明显的语文学科倾向，大量其他学科阅读被忽视，不利于提高中小学生的综合素质。

中小学生的精神成长中，特别需要精神养分搭配全面的、成体系的阅读产品，无论是数学、科学乃至音乐、美术等不同学科，都需要借助阅读这一抓手，才能实现学科学习的深入有效，才能实现学科与学科之间的彼此融合，举一反三。但是，出版市场上的读物长期存在质量参差不齐的状况，甚至一些销量上千万的少年儿童读物，因为质量格调的粗俗，受到了主管部门的点名批评。高水准的、适合中小学生使用的优质出版物，被淹没在浩如烟海的图书市场里。

第二，中小学生正值精神成长的关键期，大量的时间必须投入各

类学科的学习之中，缺乏相关的学科阅读指导，让阅读变得低效。

一方面中小学生的阅读过于随意，低质量的阅读浪费了很多时间；另一方面教科书中的精选学科内容，因为学生缺乏相关的学科阅读，缺乏学科背景知识积累，导致学习无法深入，因为教师缺乏有效的建议，教学中无法组织丰富课程资源，教学缺少源头活水。

在进一步推动全民阅读的深入工作中，需要特别注意中小学生阅读领域的学科阅读问题。把优秀的图书根据学科、年级进行分类推荐，便于中小学生围绕各学科教材配合拓展阅读，让孩子们从小就能通过更全面、更成体系的自主阅读，完成义务教育，势必对学生的综合素质提高和基础知识学习，对教育品质的提升，起到巨大的推动作用，培养出卓越人才，创造更好的未来，实现民族的伟大复兴。

具体建议如下：

第一，通过媒体、教育部门加强对学科阅读的宣传，让中小学了解到学科阅读的重要性，认识到学科阅读是走进学科本质的最佳路径，从而主动进行相关探索。组织团结更多的社会力量和专家，吸引社会各界注意，广泛参与，为学科阅读体系的建立添砖加瓦。通过调动更多人参与到学科阅读的研究和推广中来，既是集思广益的过程，又是推广全民阅读工作基础上的深化和细化。

第二，进行中小学学科书目的研制工作。由教育部、图书馆等相关部门组织人员，或者以政府购买服务的方式聘请相关阅读研究专业机构，启动中小学学科书目的研制工作，按照中小学的不同学科，系统研制各个学科的基础阅读书目和延展阅读书目，争取早日建成完善的全覆盖的学科阅读体系。

第三，把学科阅读书目和学科资源建设相结合，让学科阅读发挥

更大效果。优质的学科阅读书目，既是教师的教学助手，又是学生的自学帮手，建议推动相关单位、企业、公益组织进行“中小学学科阅读书目”以及相关配套课程的研发工作。

第四，加强学科阅读，推动各类少儿读物的创作出版。长期以来，少儿读物出版上都存在着文学一枝独秀的局面。以推动学科阅读为契机，倒推少儿读物的多种类创作，繁荣少儿图书的出版。（2017年）

四

高等教育政策建议

“大学非大楼之谓也，乃大师之谓也。”如果人才都在大学之外，大学里缺乏引领社会前进的人才，就难以产生有震撼力的思想，也就不可能建成一流大学。而只有让大学成为吸纳社会优秀人才最重要的基地，使大学真正成为学术的中心，建设理想大学才会有实现的可能性。

39. 合理布局教育部直属高校

2000年实施全国高校管理体制调整后，我国高校基本分成中央部属高校和地方省属高校两类。部属高校共115所，其中教育部直属75所，且除中央戏剧学院、中央美术学院外，都是“985工程”大学或“211工程”大学。但由于历史、经济、地理、体制等原因，部属高校在全国各省区的分布并不均衡，教育部直属高校的分布情况为：北京24所；上海8所；江苏、湖北各7所；陕西5所；四川4所；山东3所；广东、天津、重庆、湖南、辽宁、吉林各2所；浙江、黑龙江、安徽、甘肃、福建各1所；其余的河南、河北、江西、山西、青海、贵州、海南、云南、内蒙古、宁夏、新疆、西藏、广西13省区均为0所。

为了改变这一优质高等教育资源分布严重不均衡的格局，合理布局教育部直属高校，我们建议在目前没有教育部直属高校的13个省区，各设置1所教育部直属高校，原因如下：

其一，有利于促进高等教育资源相对均衡，缓解部属高校招生属地化造成的负面影响，满足部分省区对优质高等教育资源的现实诉求。当前高考录取采用分省定额的方式，结果导致许多部属高校在属地与外地的招生比例相当悬殊，因而有部属高校的省份就能获得更多的部属高校录取名额，各省区重点高校录取名额的差距巨大，这不但引起许多省区民众的不满，也诱发了“高考移民”等不良现象。近年来，与此相关的异地高考、“高考移民”问题更是成为舆论关注的焦点问题之一。目前教育部为解决高校招生区域不均衡的问题，已经采取了一系列举措，包括省部共建地方高校，拿出东部更多的名额给西部地区等，但是，都无法明显缩小各省区之间的差异，反而引起了名额调出省份群众的强烈不满。因此，在不扩大“985 工程”大学的情况下，要真正缩小各省区优质高等教育资源的不均衡状态，减少各省区重点高校录取名额的差距，在没有教育部直属高校的省区设置教育部直属高校是一个值得考虑的政策选择。

其二，有利于通过发展优质高等教育带动区域经济社会发展。一所优秀的高校对于区域经济发展、推动某一个或多个产业的发展具有重要的意义。当前没有教育部直属高校的省份大都是中西部欠发达地区和民族自治区，在这些省设立教育部直属高校，在宏观上对促进国家整体教育水平的提升，特别是对中西部人力资源开发，加快西部大开发与中部崛起战略的实现，对巩固民族团结都具有深远的意义。

其三，当前在 13 个省份设立教育部直属高校具有可行性。首先，当前我国的财政性教育经费已经达到 GDP 的 4%，使得增加直属高校在财力上成为可能。在这一前提下，将教育经费向最需要领域和最薄弱环节倾斜，是大势所趋、人心所望。而在没有教育部直属高校的省区各设置一所教育部直属高校，是用好教育经费的最佳选项之一。其次，在历史上我国大多数省份都有国立大学，这些学校有较好的发展基础。据史料记载，民国时期全国最多共设立过国立大学 32 所，分布在 24 个省。当时的国立大学虽在总量上不多，但大部分省份至少有一所国立大学，如云南是云南大学、河南是河南大学、山西有山西大学、广西有广西大学、贵州有贵州大学等。

其四，从国际上看，很多国家和地区都注重国立大学资源的均衡分布。均衡分布重点大学资源，是促进教育公平的有效手段。

建议在“十三五”期间，将教育部直属高校设置到所有省区。具体实施可以有三种做法：

第一，在“十三五”教育发展规划中明确增加相关内容，统筹规划一次性在13个省区全部设立教育部直属大学。

第二，根据各地教育基础和高校实际办学水平的不同，分期分批设立教育部直属高校。那些人口众多、已有“211工程”大学、高教实力较强的省区，应先期设立，其他省区逐步设立。

第三，可以借鉴建设“985工程”大学和“211工程”大学，以及省部共建高校的做法，在开始启动阶段由地方与中央分担经费，逐步过渡到主要或全部由中央财政投入。（2017年）

40. 大力支持地方高校发展

目前，在我国高等教育体系中，占高校总数超过90%的是地方高校。在我国高等教育大众化进程中，作为高等教育的重要组成部分，地方高等院校发挥着独特的重要作用，为高等教育的改革与发展、地方经济与社会发展输送大批高级专门人才方面作出了重要贡献。

为提高地方高等教育质量，中央财政已经决定在原“中央与地方共建高等学校专项资金”的基础上，设立支持地方高校发展专项资金，支持地方高校的重点发展和特色办学。尽管如此，由于地方高校数量庞大，地方政府财力有限，还是有很大一部分地方高校得不到足够的经费支持。同时，因其本身发展时间较短、学术实力薄弱，面临着比中央部属大学更加复杂的外部和内部环境，加上在各种政策上也不如部属高校有利，因此近年来与部属高校的整体水平差距逐渐拉大，已不能很好地适应地方和区域经济社会发展的现实需求。主要表现在：

（1）地方高校的可持续发展受教育经费短缺制约。从地方高校的经费收入来看，尽管地方高校的数量逐步增加，但经费收入却明显低于部属院校，预算内教育经费、校办产业和社会服务等收入、捐集资收入等的比例更低，很多地方高校的科研经费也极少。为了保证教育质量与正常的教学秩序，弥补经费的缺口，许多地方高校出现了“超前投资”“无限制透支”的“寅吃卯粮”现象，为此背上了沉重的负担，一些高校负债前行，举步维艰，严重影响了高等教育的可持续发展。

（2）地方高校之间的区域发展不均衡。地方经济发展为高等教育发展不仅提供资金保障、物质条件，而且也为高等教育发展提出客观需求，地方经济发展水平在一定程度上决定着高等教育发展的规模、水平和速度。我国各地区社会经济发展差异很大，高等教育发展也存在着较大的区域差异。在高等教育大众化进程中，我国经济较为发达的东部沿海各省的大学毛入学率远高于中西部地区。由于东部地区高校具有富庶的地方财政支持的优势，西部地区高校则拥有高校少、政策多的有利条件，造成了地方政府高等教育校均拨款中存在着“中部塌陷”现象，使中西部省份的很多地方高校在发展中处于相对不利的境地。

（3）地方高校的教育教学质量有下滑趋势。从1999年至今，我国高等教育以超常规的方式迈入高等教育大众化的门槛。作为规模扩张主力军的地方高校，主要精力则放在了筹措教育资源应付规模扩张上，对于大学内部活动产生的变化则无暇顾及。这几年一些地方大学发展中存在的师资队伍不稳、教学设施不齐、生源质量下降、教育质量下滑和学校负债累累的现象跟这种片面发展不无关系。

为了从整体上提高我国的高等教育质量，推动地方高校的健康发展。

特提出如下建议：

（1）明确政府对地方大学的管理职责和权力。中央政府应在政策法规、财政投入、质量保障等方面为地方高等教育发展提供有力支持。地方政府通过制定地方法规和相关政策对地方大学进行宏观管理，解决地方大学的债务问题，保障对地方大学的经费投入，通过督导机构的督导和以中介机构为主的评估手段，对地方大学进行监督。

（2）进一步简政放权，促进地方高校自主办学。地方高校在自主办学的同时应进一步强化自律机制，真正成为参与国际、国内市场竞争的主体。政府应积极鼓励市场机制对大学治理的合理介入，积极培育和扶持社会各种非政府组织或非营利组织，并使之参与到大学管理事务中来，可以尝试建立一些新型的股份制大学。建立和完善政府与高校之间的独立的中介机构，使之成为政府与大学之间的“缓冲带”，为高校提供专业性的服务。

（3）鼓励地方高校创办特色学科，平等参与竞争。目前，在“211”高校中，地方高校数量较少，“985”高校中的地方高校更是凤毛麟角。教育行政部门对高校的管理应采取管办分离的体制，使国立大学、地方高校、民办高校处于公平竞争的环境中，特别是重点要有相对于地方社会经济发展具有重要贡献的特色学科。（2012 年）

41. 解决大学生实习难问题

当前，实习难已成为高校和高校学生面临的普遍问题。据统计，2010年全国普通高等院校共招生715.6万人，在校生2385.6万人，其中工科类学生招生256.6万人，在校生852.1万人。这些学生都需要参加实习，但因为缺乏必要的政策措施，多数企业不愿意接收学生实习。该问题已经严重影响人才培养质量，最终必将影响行业企业的发展，延缓我国工业化的进程和经济发展方式的转变。

《国家中长期教育改革和发展规划纲要》提出，要把提高质量作为教育改革发展的核心任务，要着力提高学生服务国家服务人民的社会责任感、勇于探索的创新精神和善于解决问题的实践能力，这对高校学生的实践能力培养提出了更高的要求，凸显了高校学生实习的紧迫性。

在高等教育阶段，学生到企业参加生产实践活动是必不可少的教学环节，是全世界通行的实践教育模式。当前，发达国家学生到企业实习主要分为两种类型，一种是以德国和法国为代表的欧洲模式，学生在校学习期间到企业实习，毕业时基本具备企业所需的工程实践能力，可以获得工程师文凭。另一种是以美国为代表的模式，学生在校学习期间以通识教育为主，毕业生进入企业后，由企业进行工程实践能力训练。两种模式的共同特点是学生的工程实践能力训练都是由企业负责完成的，不同点是欧洲模式工程实践能力训练是在毕业前完成，美国模式工程实践能力训练是在毕业后完成。

我国高校学生到企业实习，在计划经济时代是通过行政指令安排的，学生在校学习期间到企业去实习，企业必须接收学生实习，并负责安排学生在企业期间的学习和生活。我国进入市场经济后，一直未能建立起适应市场经济模式的高校学生实习制度，造成高校学生实习困难甚至被迫取消实习等问题，严重影响了高等教育人才培养质量。

目前，造成高校学生实习难的主要原因是企业不愿意接收高校学生实习，而企业不愿意接收高校学生实习的主要原因有两个：

第一是高校学生实习安全问题。企业安全生产责任重大，一旦发生安全生产责任事故，根据《安全生产法》，企业将承担法律责任，并受到政府的严厉处罚；企业接收高校学生实习，有可能增加发生安全生产责任事故的概率，企业不愿承担因高校学生实习而增加的安全风险。

第二是企业接收高校学生实习的经济效益问题。企业接收高校学生实习，需要投入一定的人力、物力、财力，相当于企业承担了一定的高校教育职能，同时还会在一定程度上影响企业的生产效率，由此企业希望享受政府的财政、税收优惠政策。

建议国家尽快出台相关政策，尽快解决大学生实习难的问题：

第一，建立高校学生实习安全责任分担机制。高校学生实习是在生产经营单位的生产经营活动中进行的，有关安全生产责任问题，只能通过《安全生产法》予以规定。现行《安全生产法》只规定了生产经营单位和从业人员的安全责任与义务，未考虑实习人员、参观人员的安全责任问题。鉴于高校学生到企业实习的必要性和紧迫性，建议在《安全生产法》及实施细则修订过程中补充相关条款，对因实习学生导致的安全生产责任事故，实习学生负主要责任的，企业依法履行了安全生产责任的，由高校、企业、学生分担责任，对事故发生单位免予暂扣或吊销其有关证照的处罚。

第二，将高校学生实习纳入企业职工教育培训工作。企业用于培训职工的资源与培训实习学生的资源可以共用，学生在企业实习期间，参与了企业的生产经营活动，企业对实习学生的培训应纳入企业职工教育培训范畴，所发生的费用，应允许在职工教育培训经费中列支，按照财政部等11部门印发的《关于企业职工教育经费提取与使用管理的意见》进行管理，在税前予以扣除。

第三，建立高校学生实习保险险种。扩展教育部、财政部、中国保险监督管理委员会联合下发的《关于在中等职业学校推行学生实习责任保险的通知》（教职成〔2009〕13号）的适用范围，使其适用于高校学生实习，将高校学生人身伤害赔偿和企业经济损失赔偿纳入保险赔偿范围。

高校学生到企业实习增加了单个企业的经费支出，但经过实习的学生到企业工作，实际上是提高了企业的生产经营能力，最终受益的还是企业。因此，应在国家层面对所有企业提出要求，产生规模效应。

如果有关部门不能制定鼓励企业接受高校学生实习的法律、法规和政策，高校实践教育势必转向美国模式，学生的工程实践能力训练只能等到学生毕业后进入企业去完成。行业企业将因此增加更多的成本和风险。（2012年）

42. 建立驻校作家、驻校艺术家制度

驻校作家和驻校艺术家制度是国外人学教育体制的重要组成部分，是很多著名大学常见的文学艺术与大学教育沟通互补的方式。以美国的驻校诗人为例，作为培养人才的方式，已经成为美国大学英文系学科建设的重要组成部分，被称之为“创造性写作项目”。据报道，俄罗斯诗人布罗茨基去美国密歇根大学当驻校诗人时，美国曾经有评论家说，“一个驻校诗人胜过多少个教授”。

驻校作家和驻校艺术家制度，有助于大学吸引一流人才。“大学非大楼之谓也，乃大师之谓也。”如果人才都在大学之外，大学里缺乏引领社会前进的人才，就难以产生有震撼力的思想，也就不可能建成一流大学。而只有让大学成为吸纳社会优秀人才最重要的基地，使大学真正成为学术的中心，建设理想大学才会有实现的可能性。

驻校作家和驻校艺术家制度，有助于大学形成浓郁的学术与艺术氛围。中国海洋大学校长管华诗院士在总结海大“驻校作家制度”和“名家课程体系”十周年的经验时曾经说，自2002年始，在王蒙先生的邀请下，先后有100多位作家学者到海大讲学任教，他们的到来，不仅推动了海大人文学科的发展和振兴，而且使海大校园的人文氛围愈加浓厚，在这种熏陶浸染中使得广大师生的文学素养和学校的文化竞争力不断提高。

驻校作家和驻校艺术家制度，有助于大学培养创新人才。据介绍，美国的“驻校诗人”的制度成效就非常明显。活跃于美国当代文坛的

作家、诗人、剧作家和评论家，许多都出自各大学的这种创造性写作研究生班。

驻校作家和驻校艺术家制度，有助于作家的成长和作品的推广。大学的学术氛围、大学的研究条件，尤其是跨学科的交流和图书设施等，为作家的创作提供了很好的便利。北京大学中文系主任陈平原教授曾经说：大学的物质条件或许不太好，但大学里有最大的诚意以及最好的听众。这一点，足以打动那些对中国文学的未来有信心、有承担的作家们。让我们的作家走近年轻读者，让年轻的读者离文学更近一些。

诺贝尔文学奖得主莫言也高度评价了驻校作家制度。他说："作家从封闭的书斋走出来，进入学校，设账授徒，直接和年轻人打交道，会使自己年轻起来。在社会生活中，大学总是站在时代潮流的最前端，与他们交往，肯定可以从他们身上学到很多东西。一个作家要想使自己的作品保持锐气，必须不断地从外界汲取新鲜的东西。作家进入校园，对作家的写作会产生积极的影响。从学生的角度看，学生如果直接和作家打交道，听作家谈创作，也会获得许多从正儿八经的高校老师那里得不到的东西。所以我觉得作家进校园，对作家和对学生都是好事情。"

我们国家目前主要采取作协、画院的"圈养"做法，把作家、艺术家专业化，一部分终身专业作家、画家在作家协会和画院工作，拿工资和奖金，部分作家和画家是采取"签约"的办法，要求一年拿出多少作品。其实，这样的做法是不合乎国际惯例的，也不符合作家艺术家的成长规律。一般来说，优秀的作家、画家，他们一方面可以直接面对市场，接受市场的检验；另一方面也可以通过政府和民间组织奖励的方式得到支持和社会承认。而一般的作家和画家，政府也没有必要把他们养起来。

问题在于，现在的作协和画院等，还同时供养了一批非专业人员，占用了大量政府的公共资源。这样的体制已经受到越来越多的批评。许多大学和作家也开始主动寻找和探索新的模式，走进大学的作家和艺术家也越来越多。继王安忆、梁晓声、毕飞宇、张悦然等先后进入复旦大学、北京语言大学、南京大学、中国人民大学以后，作家进校园开始形成气候。2010 年，王家新在美国柯盖特大学（Colgate University）驻校诗人任期结束，回到中国人民大学文学院负责新成立的"国际写作中心"，他提出参照世界上一些大学的模式，建立驻校作家、驻校艺术家制度。2011 年秋，《南渡北归》作者岳南受中国台湾清华大学邀请，赴台担任驻校作家。一年中，他的主要工作是在学校演讲、授课、撰写清华大学原校长梅贻琦先生的传记。2012 年，莫言接受北京师范大学邀请，成为长期驻校作家。

为此提出如下建议：

第一，由教育部和文化部积极推广驻校作家和驻校艺术家制度。可以采取终身聘用和短期聘用两种形式。短期聘用的时间可以根据学校和作家双方的需求决定。

第二，采取"老人老办法、新人新办法"，逐步过渡并最终取消专业作家协会和专业画院制度。即政府财政不再为作协、画院聘请终身作家、艺术家买单，而将聘请"签约作家"的经费拨款到所在区域的大学，由作家申请、当地文化部门推荐、大学选聘有关作家成为驻校作家、驻校艺术家。

第三，在驻校作家、驻校艺术家制度相对稳定成熟以后，把作协、画院等变成一个完全由作家自己选举、自己管理的民间机构，原有建筑可以改为作家、艺术家活动的场所，作家和艺术家的博物馆等，大量减少政府财政支出的公务人员经费。（2013 年）

43. 加强高校艾滋病防治工作

2017年国家卫计委数据显示：我国年度新增15—24岁青年学生艾滋病感染者在相应年度青年感染总人群中的占比，已由2008年的5.77%上升至2017年的23.58%，这一数值，已经超过了国际艾滋病10%的“重灾区”认定感染红线值。2017年全国高校新增艾滋病感染者3077例，其中81.8%经同性性传播感染。目前，高校艾滋病防控体系存在的问题有：

一、艾滋病防控试点初步建立，但试点范围和防控经验都有待推广。国家卫计委、教育部2015年在湖北等11省辖市确定了94个高校艾滋病防控试点。湖北省仅有武汉大学、华中科技大学、华中师范大学和湖北大学4所大学纳入试点，占比不到全省高校的1/30，覆盖面严重不足。

二、艾滋病防控机制初步建立，但防控组织和运作机制有待完善。整体上看，我国高校艾滋病防控机制的建设还处于起步阶段，防控组织和运作机制还需要不断完善，提升防控的系统性和针对性。以湖北为例，4所试点高校尚未组建校级艾滋病防控工作领导小组，未出台艾滋病防控相关实施文件。可见高校艾滋病的防控工作还亟待重视和加强。

三、艾滋病宣传教育初步开展，但实施效果不甚理想。我国当前的艾滋病教育课程只是在直辖市或省会等大城市的少数高校开设，大部分高校尤其是高职高专院校，还没有一堂像样的性教育课。在线艾滋病课程也因学分不被认可等问题没有广泛被选修，仅能凭学生个人兴趣自主选修。高校校医院因平时业务繁忙，艾滋病宣传也并不能实现常态化。

四、艾滋病公益社团初步形成，但公益活动的开展面临多重困难。当前艾滋病公益社团面临的主要问题是缺少政府部门及高校的认可和扶持。

为此提出如下建议：

第一，设立全国统一的高校艾滋病防控的组织机构。成立“国家高校艾滋病防控工作领导委员会”，作为全国高校艾滋病防控工作的领导决策机构。领导委员会由国家卫计委牵头实施，成员包括国家卫计委、教育部、各省卫计委主要领导、部分重点高校，定期召开“高校艾滋病疫情会商会”，研究商讨国家高校艾滋病防控工作的重大事项。领导委员会下设办公室作为常设机构，挂靠在国家疾病预防控制中心，负责落实传达领导委员会各项决议、筹备召开工作会议等工作。各省成立“高校艾滋病防控工作执行委员会”，省级疾控中心作为高校艾滋病防控工作的执行机构，落实国家高校艾滋病防控工作领导委员会的各项决议。成立“国家高校艾滋病防控专家指导组”，作为全国高校艾滋病防控工作的专业指导机构。

第二，加大高校艾滋病防治技术和药物支持力度。一是加大检测力度，积极推进“HIV 尿液匿名检测包”售卖机进入高校。这种检测包简便易用且能较好保护隐私。二是疏通青年学生获取艾滋病阻断药物渠道。在距高危行为发生两小时内首次服用的，阻断成功率可达99%，然而，目前艾滋病阻断药物在我国属于管控药物，一般高校学生难以在短时间内获取药物。应加强艾滋病阻断药物的储备、流通力度，保证全国高校内医院的药物储备。在各高校旁设定点药房，指定符合资质的网络大药房为定点网络销售药房，经对需求人提交的有效处方进行审核后，及时对阻断药物进行加急物流配送。

第三，完善面向全体青少年学生的生命教育体系，加大艾滋病预防和紧急阻断措施的宣传力度。基础教育阶段，生命教育（包括性教育、青春期教育）要针对不同年级、不同年龄学生的心理特征，选用不同的教育内容和教育模式。高等教育阶段，应将性教育纳入课程体系。同时，要加大面向高校青年学生的宣传力度，普及暴露前预防用药（PREP）和暴露后紧急阻断用药的正确知识，帮助大学生建立“预防为主、防治结合”的正确理念。（2019年）

44. 化解农村大学生就业难

根据中国社会科学院对2013年普通本科院校毕业生就业情况的调查发现，城市生源与农村生源毕业生就业率有巨大差异。城市家庭的普通本科院校毕业生就业率达87.7%，而农村家庭出身的毕业生就业率只有69.5%，两者就业率相差18.2个百分点。不仅如此，在就业质量上，农村大学生想进入较好的工作单位，也比城市大学生遭遇更多困难。城市和农村大学生进入党政机关、事业单位和国有企业的比例分别为47.8%和31.1%，进入外资企业的比例则分别是10.4%和2.5%。

农村大学生就业难不仅是人才的巨大浪费，使他们失去了上升流动的机会，还将会激化对社会的不满情绪，引发不稳定因素。另外，农村大学生就业难还会助长农村中的“读书无用论”思想，使农村教育陷入恶性循环。拓宽农村出身的大学生就业之路，不仅是帮助农村大学毕业生，更是维护社会安定和谐的必然举措。

农村大学生就业难主要原因如下：

一是社会流动固化的系统性弱势。当前社会流动固化情况较为明显，农村大学生在就业之前的人生阶段就一直处于弱势地位，就业难是其处于系统性弱势地位的必然结果。这个系统包括他们的童年、基础教育和高等教育阶段接受优质教育的机会，以及所获得的就业支持体系等。这反映出社会的一种新的发展不平衡，过去的城乡二元结构，造成城镇和乡村的文化、经济特别是教育的不平衡，进一步扩大了城乡教育机会、就业竞争力培养方面的差距。

二是农村大学生就业支持乏力。在获得就业支持上，农村大学毕业生也处于劣势。一方面，他们多集中在二本、三本院校，而一些好的就业岗位则仅限重点高校毕业生；另一方面，由于父母文化水平、生活环境和视野的局限，来自农村的学生和父母对所学专业及其就业前景的了解、对劳动力市场相关信息的掌握都要少于城市家庭出身的学生，就业准备方面不如城市学生。同时，来自农村的学生所能动员的家庭社会资源和关系网络要少于城市学生，这会影响他们进入好单位、获取好工作的机会；再一方面，目前，国内大学尤其是在二本、三本院校，就业指导工作多存在形式化、简单化，大多采用发布相关招聘会信息、举办就业指导讲座等简单形式开展就业指导工作，有针对性的、系统化的、精细化的就业指导十分欠缺，针对大学生个体的职业规划工作更是少之甚少；最后一方面，求职成本高。在大学生就业难的大背景下，求职成本不断提高，服装费、交通费等使得原本就经济窘迫的农村学生不堪重负。

三是农村大学生的就业心态偏颇。大部分农村家庭出身大学生被家庭寄予厚望，“跳出农门”的迫切性很强，就业心理压力大，期望与现实的巨大反差易诱发心理异常、行为偏差及偏执的就业观念。加之成长环境的局限，农村学生在社交能力和人格素质培养方面不如城市学生全面，自信心和自我能力表现也往往不如城市学生，在应聘工作时（比如面试）的表现也会受到负面影响。

为此提出如下建议：

第一，加大农村大学生就业支持力度。尝试推行助学贷款减免，以有效缓解农村学生的负担。各级教育部门、学校改进就业指导、培训工作，在招工偏向和专业指导上给他们一些相应的培训，提高他们的职业素养，用更高的个人能力弥补他们先天条件的不足。尝试推行大学生就业保险，农村大学生可申请免费就业保险，减轻农村大学生经济负担。学校可与各企业及相关机构密切联系，建立就业信息网络，为农村大学生提供更丰富更及时的就业信息。

第二，大力发展高等职业教育。值得注意的是，农村背景的普通本科毕业生是就业最为困难的群体。重点本科院校和高职院校毕业生就业虽然也存在城乡出身背景的差异，不过，各方面的差异均小于普通本科高校。高等职业技术院校的就业率要高于重点院校和普通本科院校。对于大部分农村大学生来说，优先选择高等职业院校应该是一个值得鼓励的方向。要积极引导农村大学生报考职业教育院校，建立职业教育院校与企业互动联系，促进农村学生就业。

第三，改革大学生派遣制度。改变目前较为僵化的大学生派遣制度，对农村毕业生的户籍、档案在校保留时间应给予宽限，给农村毕业生谋业提供充足的时间，避免农村毕业生承受就业、派遣时限的双重压力。现在在毕业前就要签订合同或者开具假证明的做法，对农村籍大学生就业雪上加霜，应该予以改革。

第四，积极引导“去西部、下基层、回家乡”就业。一方面，对农村大学生去西部、下基层、回家乡进行长效性的补贴和奖励，积极引导农村大学生树立正确的就业观念。另一方面，加大西部、基层用人单位对农村大学生吸收力度，并建立完善农村大学生回家乡就业制度。推行一些就业扶助项目，引导农村背景毕业生前往人才较为缺乏的边远落后地区、小城镇和农村地区就职或创业。再一方面，在研究生招生考试或公务员招聘等求学求职机会上，对“去西部、下基层、回家乡”工作中取得优秀成绩的农村大学生给予一定程度的政策倾斜。

让农村大学生的“去西部、下基层、回家乡”就业“能进能出”，更大程度激活农村大学生的动力。

第五，鼓励企业优先录用农村大学生。出台相关政策，鼓励企业录用农村大学生，给予企业在农村大学生落户、企业税收减免等方面相应的优惠政策，并做好相关监督监管。

第六，营造社会选人用人的公平公正氛围。严厉打击政府部门、国有企业在招聘大学毕业生中的徇私舞弊现象，尝试在政府部门、国有企业招聘中引进社会监督员机制，营造公平公正的选人用人氛围。（2015年）

45. 积极推动高考改革

高考改革已经呼之欲出。《国家中长期教育改革与发展规划纲要》已经对高考改革的方向与途径提出了明确要求，我们认为，高考改革的根本方向是让高考招生更适合于高等学校人才培养的需要，更有利于普通高中的素质教育，更能够导向学生全面而有个性的发展。

为此，提出如下改革建议：

一、高考改革的基本原则

（一）公平性

公平是考试赖以存在的基础。随着人们对自我权益保护意识的增强，社会对公平、公正的要求也越来越高。高考制度及其改革的生存或发展空间的大小，已越来越取决于考试的公平性和程序的公正程度。高考是我国高等教育选拔人才的一项基本制度，也是社会阶层合理流动的有效机制。中国共产党的十七大报告对深化考试招生制度和质量评价制度改革提出了明确要求，《教育规划纲要》也提出了考试制度改革要“有利于科学选拔人才、促进学生健康发展、维护社会公平”的原则。因此，在新一轮高考改革中，公平不仅是必须坚守的基本价值目标，也是判断其是否成功的一项标准。

（二）自主性

如何扩大自主性是30多年来贯穿高考改革的一个突破点，其目的是要给学生和高校更大的选择空间。招生是大学办学自主权的一部分，一方面要加强大学的社会责任承担，关心和引导学生的全面成长；另一方面要还招生于学校，使学校可以通过多样化的选拔方式自主录取。学生要能够有更多机会表达自己对学校和专业的选择意愿，以考试成绩和综合素质评价等自身条件为基础，在一定的学校范围内具有自由选择的权利，进入适于自身发展的学校及专业。高校与学生之间的双向选择逐步走向开放、走向自主，这将是必然的改革趋势。

（三）透明性

透明性是指过程和信息公开，便于社会监督。近几年教育部实施的高考招生“阳光工程”是向透明性迈出的一大步。“阳光工程”是普通高校招生史上具有战略性的重大举措，是提高招生录取工作诚信度、国家教育考试公信度、人民群众满意度的民心工程，是维护广大考生和群众切身利益的根本要求。“阳光工程”的核心是公平公正，要素是制度建设、公开、严格管理、优质服务和有效监督。增强透明性的关键是要公开。公开包括：招生政策公开、高校招生资格及考生资格公开、招生计划公开、录取公开、考生咨询以及申诉渠道和重大违规事件及处理结果公开。

（四）科学性

高考改革方案必须符合教育规律，以先进的教育理论、考试理论为基础，确保方案实施过程、方法和结果的科学。科学性是要求高考能够反映出选拔人才的本质和内在规律。高考不是孤立的活动，高考招生制度也不是孤立存在的，而是受到教育和社会各种因素影响，受各种规律制约的。高考招生制度的科学性，可以从教育和社会两个层面来看。从教育上看，考试制度要符合学生发展的规律，高等教育选拔人才的规律和基础教育改革发展的规律。从社会上看，高考招生制度要符合国家人才培养的要求，社会人才结构的需求等各种社会发展的规律，还要符合社会心理的接受和认同规律。我国高考招生经过30多年的改革实践探索，不断总结经验教训，总体上形成了一套科学的制度。但必须看到，由于教育改革和社会进步的变化，高校招生从计划经济到市场经济、从封闭到相对开放，考试从旧课程到新课程，新情况新问题不断出现，要不断深化认识这些规律，不断探索改革，才能够保证具有充分的科学性。

（五）导向性

具有良好的导向性是高考改革的一项重要目标，是衡量高考制度设计成功的一个重要标志。高考是双刃剑，人们承认高考的不可替代性，是肯定其正面功能，而对其负面作用从未中断过批判。现行的高考招生几乎以分数做唯一标准，忽视了学生的整体素质和个性特长，因此在很大程度上不利于素质教育的实施和学生的全面发展。高考改革要在深化考试内容改革上下功夫，更加注重对考生素质能力的考查，在招生录取中加强评价学生的全面素质，使高考招生的导向与素质教育要求充分结合起来，通过高考促进素质教育各项要求的贯彻落实。

二、对高考改革的具体建议

（一）采取分类分层的高考模式

（1）将高考招生分为本科院校和高等职业院校两大部分。本科院校以国家统一组织的学科组合考试为基本模式，考试题目突出能力和必要的基础理论知识；赋予高职院校更大的考试招生自主权，主要以会考相关科目的成绩作为是否具备进入某专业学习的基本条件，同时根据专业特点进行考查，如面试、动手操作和必要的笔试，并自主决定录取。

（2）国家统一组织的本科院校高考，不同的学科，可分别采用不同的考试科目组合。学科多种组合可分为：普通文科、普通理科、工程技术类、生物医学类、商科和管理类、艺术和体育类等。

（3）5个高考的主要学科，语文、数学、历史、物理、化学考试内容可以区分不同难度，例如语文1、语文2；数学1、数学2；等等，考生可根据自己的学科特长和专业要求选择不同类别、层次的考试。

（4）从学科难度分类的角度，可以将学业水平考试分成最低难度层次，是考查基础知识和基本能力的最基础的一类。这样，语文、数学、历史、物理、化学5个学科可以分为三个难度层次，其他学科可以分为两个难度层次。

国家制定一个对于学科和难度层次选择组合的原则性要求，学校在这个框架下进行组合选择。在满足选择组合原则的情况下，不同学校的相同专业可以产生不同的组合。各学校各专业的组合选择应当提前一年向社会公示。

在此基础上，也可以采用超市式考试测试平台，即各省、直辖市、自治区考试院或考试中心，根据高中课程计划和标准，开考所有的核心学科。高校各专业根据各自不同的培养目标自主设立录取科目组合，学生根据自己的特长和心仪高校的要求，自主选择考试科目。

（二）逐步扩大高校招生自主权

在高校自主招生成熟的时候可以取消分数线，允许高校在公开、公平、公正和社会监督的基础上，参考包括社会考试机构有关考试成绩在内的多种评估指标，根据专业特性、社会需要和人的发展需要，通过综合考核选拔人才。

允许高校自行组织与统一高考存在一定功能重合的各类考试，逐步向采信社会考试机构成绩或委托社会考试机构组织特殊考试的方向发展，提高我国人才选拔机制的运作效能。

（三）改革高考志愿填报和录取机制，真正实现学生和学校的双向选择

学生根据自己的兴趣特长、考试成绩等填报多所院校，院校通过综合评价确定一定数量的学生发放预录取通知，一个学生可以收到多所学校的预录取通知，从中选择适合自己的院校办理正式录取手续。改革目前学生过于被动的录取状况，给学生更多选择院校和专业的权利，在人才选拔过程中努力实现学生个性特长和专业发展相结合。

（四）谨慎而积极地使用综合素质评价

（1）将综合素质评价“及格及以上”作为高校录取学生的必备条件之一。

（2）学生在综合素质评价中的特长优势作为高校在自主考试时选择考生的重要依据。

（3）普通高中要认真做好学生的综合素质评价工作，高考改革要以积极的态度对待综合素质评价结果的使用。

（五）严格限制并逐步取消关于高考加分政策

任何加分都意味着对其他考生的不公平，应严格审查和公示制度。随着区域教育逐步均衡发展，应取消加分制度。

（六）建立健全学业水平考试制度

建立健全学业水平考试制度，并将其定位为国家级考试。

（七）实施法定的定向配额政策

为了保证教育资源不利群体的子女上大学，应该通过每两三年一次的系统评估，科学判断不同少数民族、老少边穷地区等教育资源不利群体毛入学率的变动情况，实施法定的定向配额政策，保证这些群体有与其同龄人口相同的接受高等教育的机会，帮助他们走出“经济落后—教育落后—经济更落后”的怪圈。

（八）关于高考时间安排到六月第二个公休日

为了减小高考对社会日常生活的干扰并保证高中课程计划的完整实施，建议将目前高考由6月7日、8日、9日三天变更到6月第二个公休日。

（九）在高中教育阶段建立大学课程先修制度

为加快实现人才强国战略，建议在高中教育阶段建立大学课程先修制度，这项制度也作为高考改革的一项内容。允许有兴趣、有特长、学有余力的高中学生通过校内选修、跨校选修或在附近大学选修等多种形式，在高中阶段学习部分大学基础课程。所修高校课程的学习水平及学习能力鉴定可以作为高考录取的参考，修课相应学分可以转入高校学分记录，大学学习期间免修相应课程，从而尽量给青少年学生创造充足的自由发展的空间，努力做到不拘一格降人才。

（十）改革高考一次考试为多次考试

当高考改革为“分类考试”或“超市式测试平台”后，就为多次考试在制度上扫清了障碍。可考虑先在英语等条件成熟的学科开展，然后逐步拓展到其他学科。

（十一）停止在高考中实行按平行志愿投档录取的方式

平行志愿投档以分数作为唯一的依据，完全排除了将高中学业水平考试和综合素质评价结果作为录取的重要依据和参考的可能。这种方式背离了高考招生改革的目的和原则，从导向上背离了素质教育的要求，背离了要求学生德智体全面发展的教育方针。过度强调分数的绝对优先作用，也将导致人才培养结构的扭曲。

（十二）建立符合终身教育理念的高考评价标准体系

在高考过程中，及其后续的高等教育阶段，加强与普职之间的融通与互认，并通过高职自主录取的探索，扩大对中职毕业生的选择。

（十三）进一步加强对高考的社会监督

保证考试和录取的公开透明，公布考试和录取（包括加分）的所有过程和依据，为扩大社会监督提供可能；建立由政府相关部门、纪检监察部门、学生、学生家长和人大代表、政协委员等共同组成的考试巡查和投诉处理委员会。

（十四）关于尽快出台《考试法》

该法包括对高考的原则、程序、人员、标准、监督、法律责任、罚则等具体规定。《考试法》的规定，应该根据社会各界的共识，由教育、人事、法律、安全、技术等多部门共同参与协商，并广泛征询社会意见，使《考试法》能够成为“有效法”。

（十五）推进高考社会化和高考中介机构的建设

在《考试法》和相关政策的约束下，允许民间或行业组织参与，形成有助于公开、公平、公正、专业的第三方，能通过民间专业化、多元化的探索为改革提供多方面的经验和参考，还有助于从民间的、专业的角度加强社会监督。而作为政府主管机构，可以转为退居二线，成为政策制定者、监督者和指导者。（2012年，感谢北京考试院臧铁军副院长，辽宁师大教育学院傅维利教授，中国人民大学教育学院项贤明教授、程方平教授，和民进中央“高考改革研究课题组”的帮助与支持）

46. 加强高校图书馆建设

高校图书馆是学术与文化资源的积淀之地，也是学校形象、气质、品位的集中展示之所。但调研发现，当前高校图书馆建设仍然面临不少问题：

一是场馆等硬件设施差异巨大。从场馆面积来看，馆际差别显著。面积最小的图书馆仅为 640 平方米，最大的馆舍面积 11.7 万平方米，相差 181.3 倍。场馆建设中投入不足和资源浪费并存。一个极端是长期投入不足，馆舍陈旧，面积小，新增图书量不够，难以满足基本需求。另一个极端是设计施工标准过高，且大多为高耗能建筑，后期运营维护费用很高，资源浪费严重。

二是馆藏资源配置存在问题。高校图书馆的经费投入非常不均衡，采购费用离散度极大，馆际差别显著，且呈扩大趋势。电子资源同质化且外文资源经费负担沉重。

三是现行图书采购和资产管理模式不合理。低折扣中标采购严重影响图书馆入藏图书质量。好书往往被挡在图书馆外，新书到馆周期长。一些高校片面追求基本办学条件达标而不重视馆藏质量，导致每当评估年到来之前，就大量采购低价图书，或者图书复本量大大增加。

四是人力资源建设严重滞后。近年来，高校图书馆在编职工人数处于下降状态，而且馆际差异巨大。在馆员职业准入方面，职业门槛过低，馆员素质能力参差不齐；图书馆职业认可度比较低，馆员工作岗位发展空间较小，在工资待遇、职称评审等方面普遍被边缘化。

五是高校图书馆开展社会化服务难度大。我国高校馆的公共服务水平大多非常低。我国缺乏任何与高校图书馆社会化服务相关的指导性法规和制度，向社会开放难度大、积极性不高。

为此提出如下建议：

第一，分类制定高校图书馆建设标准。对不同类型的高校，制定生均面积的最低标准。在审批新的高校图书馆建设项目时，应加强监管，对明显超出使用要求的规划设计要严格把关，避免浪费。在校内基本建设资金使用方面向图书馆建设倾斜。

第二，加强高校特色化馆藏建设。政策引导各高校以人力、物力、经费的保障来推动自有特色资源的建设以及本校科研数据的管理。融入资源共建共享理念与知识图谱服务功能，逐步形成具有我国自有知识产权的科学数据与特色文献服务系统。

第三，改变高校图书馆资源配置和管理方式。建议教育部支持图工委启动以质量为核心、以发展为导向、以事实为基础的新型高校图书馆评估指标体系研制，支持 CALIS 按此评估方法开展高校图书馆第三方评估工作。推进评估数据共享，在高校普遍重视的高校办学条件评估中，增加图书馆质量评估指标。同时建议中宣部和教育部支持建立统一的国家标准书目数据，共同实现书目信息标准化。支持出版行业和高校系统共同建设、维护一套我国学者唯一标识符系统，打破国际学者标识符系统 ORCID 的垄断性发展态势，掌握对全国学术产出进行分析评价的主动权。

第四，加强电子资源建设，努力改变外文数据库购买中的被动局面。组织专门机构研究数据库订购中的法律问题，防范法律风险。调动科研力量运用技术手段规避数字版权风险、避免版权纠纷。建立政府级别的数字图书馆保存方案，以国家财政作为后盾，一次性付费获得永久使用和长期保存权，通过自建保存系统和服务平台为全国学术机构提供在线永久使用。高校图书馆之间全面合作，加强长效互利、行之有效的组织管理运行机制与制度保障，提高图书馆联盟与数据库商谈判的能力。

第五，加强高校图书馆的人才队伍建设。在人才引进、培训等方面向高校图书馆倾斜。在图书管理员的待遇、薪水、职称评定等方面改进工作，增大图书管理员岗位的吸引力。

第六，引导有条件的高校图书馆向社会开放。政府提供适当的优惠政策或资金支持，引导高校图书馆向社区和中小学开放。鼓励高校图书馆与社区工作机构、社会公益机构合作，探索适当的开放服务模式。（2019 年）

47. 推动高校学术期刊高质量发展

高校学术期刊是中国学术期刊最主要的三大出版系统之一，推动我国高校学术期刊高质量发展，对于聚焦国家重点领域及优先主题、前沿技术、基础研究和重大专项，引领和带动原始创新研究、工程应用研究和哲学社会科学研究成果的批量产出，培养高校科研人才队伍，提高自主创新和成果转化能力意义重大。

近年来，国家及相关部委、协会联合出台了一系列有针对性的部署和举措，有效地推动了高校学术期刊高质量发展，出现了一批专业性和竞争力强的高校学术期刊。但一直以来，高校学术期刊中存在着“全、散、小、弱”问题，低水平发展的状况没有根本性改善。表现在：

一、很多高校都办学报，都是多学科、综合性的学术期刊，趋同性高，没有特色。

二、高校学术期刊在学科、地域等方面布局分散，虽数量众多，但管理粗放、运营分散，没有形成规模效益，整体影响力弱。

三、高校学术期刊普遍人员少，发行量小，体量不大。

四、学术期刊出版质量差、整体实力弱，核心竞争力和学术影响力不强，高水平期刊、高水平论文与国外相比有数量级上的差距。

高校学术期刊发展质量较差，导致优质稿源、一流作者大量外流，科研成果的首发权和话语权严重受制于人。与国外发达国家相比，我国高校学术期刊的差距很大。如剑桥大学出版社出版140种以上的期刊，其中有许多被认为是所在领域的核心期刊；爱思维尔出版公司平均每年出版科学、技术和医学方面的期刊1800多种。国外一家公司的学术期刊数比我国全部高校期刊总数还要多。我国每所高校大多仅主办一种或几种学术期刊。我国SCI收录期刊论文产出规模小，高水平论文不多，且仅有9%在国内SCI期刊上发表；我国科技期刊没有“走出去”，国际影响力较弱。我国学术期刊在数字化转型和融合发展方面超前性规划布局不足，数字期刊平台还比较落后，CNKI尚不具备与ESI、Scopus等竞争的水平。

为此提出如下建议：

第一，推动高校综合性学报向专业性、学科性刊物转型。以重建专业化、规模化、体系化、国际化的高校学术期刊集群为目标，调整高校学术期刊的整体布局和结构，分类分块支持，避免同校、同行业期刊的重复雷同。引导各高校把优势学科资源和发展基础转化为办刊优势，突破“校名+学报”的命名模式，邀请优势学科领域的顶尖专家学者担任主编和组稿专家来吸引优质稿源，向专业化、特色化方向发展。

第二，促进高校学术期刊编辑部的股份制改革、集团化发展。对高等院校主管主办、不具有独立法人资格的期刊编辑部进一步实施体制改革，对各高校学术期刊编辑部进行资源整合，支持鼓励人民教育出版社、高等教育出版社等实力较强的出版单位，重点大学和重点学科参与高校学术期刊股份制改革，通过并入、新建等方式整合成跨行业跨领域跨媒体经营的现代出版集团，切实有效地把改制后的学术期刊资源集中起来，着力解决主管主办单位如何作为、编辑部何去何从、编辑人员如何安置等问题。

第三，加快高校学术期刊数字化转型。落实数字化出版模式，引导作者用多媒体的形式，更加全面、准确地表达科学思想和科技成果，促进论文写作方式和发表方式的变革，提高科技论文发表的效率和效益，从而使科技成果快速转化为现实生产力。发挥数字平台的支撑作用和教育系统的技术、人才优势，充分利用高校的基础条件，整合分散的科技期刊出版资源，形成合力打造具有全国甚至世界品牌影响力的、全新的学术论文发表平台、学术期刊数字出版平台及学术交流监管平台。

第四，强化学术评价的引导作用。制定不同层次、不同级别的学术水平及学术标准评价体系，特别是有利于重点期刊、重点栏目产生的国家级评价体系，从而为一流期刊脱颖而出提供参考依据，为高水平专业期刊的产生提供基础条件。（2021 年）

48. 加强国家开放大学建设 构建适应网络时代的终身教育体系

开放大学是以开放的理念和方式，充分利用技术手段开展远程开放教育，向一切有能力、有意愿接受优质教育的社会成员提供高等教育机会的新型教育机构。

1979 年，邓小平同志亲自倡议，向英国开放大学学习，批准成立包括中央广播电视大学（国家开放大学前身）在内的一批广播电视大学。近 40 年来，我国的广播电视大学系统，充分利用广播电视技术推进大学发展和人才培养工作，形成了一个覆盖全国城乡的远程高等教育办学体系，增加了高等教育机会供给，为社会培养了近千万的应用型人才，对我国终身教育体系建设作出了应有的贡献。

2010 年，为适应国家经济社会发展、终身教育体系建设、现代信息技术发展趋势，促进广播电视大学系统的改革和转型发展，国家教育规划纲要明确提出要“办好开放大学”，并确定中央广播电视大学为“探索开放大学建设模式”试点单位。2012 年，教育部正式批准，在中央广播电视大学基础上建立国家开放大学，并在人民大会堂召开成立大会暨揭牌仪式，刘延东同志出席大会并为国家开放大学成立揭牌。

成立 5 年来，国家开放大学以促进终身教育体系建设、服务全民终身学习为宗旨，适应互联网时代的发展要求，以现代信息技术为支撑，大力推动各项改革建设工作，取得了不少阶段性成果。如在“互联网 +”

教育方面，初步建成了一个集教、学、管、研、服于一身的远程开放教育云平台，在西部地区部署300多个云教室，体现教育与技术深度融合的以网络学习空间、网络核心课程、网络教学团队、网络学习支持、网络学习测评、网络教务管理为主要特征的“六网融通”人才培养模式。数字化学习环境不断优化；建立了一个数字化学习资源中心，在全国设立了247个分中心，整合了国内外高校优质课程4.4万门，建设了3万门适应网络化、碎片化学习需求的5分钟课程，通过建设数字化图书馆、中国普法教育、中国社区教育、滇西学习、三农远程教育等专题网站，免费向社会成员开放学习资源，数字化学习资源集聚、建设、推送上了一个新台阶。

此外，构建了一个集约集团办学、主体多元多样、共建共治共享的开放性“办学共同体”，在全国建立了44个分部、1125个地方学院、1827个学习中心，与行业协会合作建立了社会工作学院、物流学院、软件学院、循环经济学院、汽车学院、纺织学院、铸造学院等10多个行业学院，办学网络覆盖全国城乡；初步建成了一个可以实现不同学习成果认定、积累和转换的学分银行，在全国设立70个学习成果认证分中心，为近千万学习者建立了学习账户。

目前，国家开放大学在校生达350万人，70%以上学生来自中西部地区和社会基层，其中农村农民学生20万人，部队士官学生10万人，残疾人学生1万人。

在国家开放大学建设过程中，由于没有现成的理论、经验和模式，以及内外部环境的迅速变化发展，也面临不少需要进一步研究解决的问题和挑战。而最突出的问题是经费投入问题，最大的挑战是互联网时代的教育技术环境的变化，以及优质数字化学习资源的集聚、建设和共享等。

在经费方面，长期以来，国家开放大学来自政府的经费投入每年只有 4000 万元左右的人头费，没有生均拨款，也没有专项投入，仅靠微薄的学费收入维持生存，根本无法支撑庞大的办学体系和办学规模，不能在教师队伍、教学改革、教育信息化等方面加大投入，加强内涵建设，不断改善办学条件和提升质量。这一情况与英国开放大学形成了鲜明的对比。英国开放大学按照普通高等学校管理，政府拨款约占学校收入的 50%，在教学、科研等方面均获得政府经费保障。

在教育技术环境方面，随着互联网、云计算、大数据等信息技术的飞速发展，慕课平台、反转课堂、移动学习、AR、IR 技术应用等，对国家开放大学的适应、应用能力，以及包括各种类优质教育资源的集聚、建设、共享等方面，尤其是如何利用互联网、移动互联网将各种类优质教育推送到广大农村地区、西部地区、边远少数民族地区，实现共享，促进教育机会公平和教育水平提升面临巨大挑战。

国家开放大学对于构建我国终身教育体系，促进全民终身学习和学习型社会具有重要地位和作用。在网络改变世界的时代，如何重新定位国家开放大学，发挥其作为国家教育资源平台的特色作用，需要引起决策部门的高度重视。

因此，提出以下建议：

（1）加大国家财政经费投入

建议财政部设立终身教育专项，以及采购全球优秀教育资源专项，同时参照高等学校和高职院校生均经费和专项经费支持标准，加大对国家开放大学的财政经费投入，用于改善办学条件，加强内涵建设，不断提升办学水平和人才培养质量。

（2）设立“全民终身教育服务公共平台”和“学分银行”项目

建议发改委针对国家开放大学的性质、特点、优势，设立“全民终身教育服务公共平台”专项，加大项目经费投入，促进国家开放大学的教育信息化建设，尤其是各种类层次优质教育资源的集聚和共享工作，并通过互联网、云教室、数字电视和各种移动终端推送到中西部地区和广大农村地区，不断提升这些地区的教育教学水平和质量。设立“学分银行”建设项目，鼓励国家开放大学先行先试，为社会成员各种类学习成果进行认证、积累与转换服务，为建立国家学分银行制度提供经验和基础，促进全民终身学习，促进终身教育体系建设。

（3）明确相关政策

建议教育部按照“新型大学”的定位明确国家开放大学的属性定位，在机构和人员编制、管理体制等方面给予更多的政策支持；鼓励985、211等大学与国家开放大学在课程学习资源建设、师资队伍建设等方面开展合作，推动优质资源向社会成员共享开放；鼓励社会机构与国家开放大学跨界合作，优势互补促进国家开放大学发展；推进以国家开放大学为龙头的中国特色开放大学体系建设，引导广播电视大学系统的转型发展。

（4）加快立法保障

研究出台“终身学习法”，为我国终身教育体系构建和学习型社会建设提供相应规范，促进我国实现2030年全民享有终身学习机会的全球可持续发展重要目标；在终身学习相关法律政策中明确开放大学的重要作用，将其作为我国构建终身教育体系的重要抓手和载体。

（2017年）

五

职业教育与民办教育政策建议

职业教育直接影响到经济发展方式转变和人才强国战略的实现，在经济社会发展中具有重要作用。校企合作是决定职业教育质量的根本性因素，也是发达国家推进经济发展和培养高端技能型人才的重要手段。我国校企合作制度的深入、持续、健康发展，对于建设人力资源强国，转变经济发展方式，实现科学发展、和谐发展具有重要意义。

49. 加快出台《职业教育校企合作促进条例》

职业教育直接影响到经济发展方式转变和人才强国战略的实现，在经济社会发展中具有重要作用。校企合作是决定职业教育质量的根本性因素，也是发达国家推进经济发展和培养高端技能型人才的重要手段，例如美国的合作教育、德国的双元制教育、英国的三明治制度、日本的产学合作、新加坡的教学工厂等。

我国校企合作制度发展至今，合作范围和内容不断扩大，对推动职业教育的发展起到了重要作用，但还存在着诸多不完善、不健全的地方。主要表现为：

（一）国家和地方政府在推进校企合作方面缺乏法律、政策、制度的鼓励、保障，行业、企业参与高职院校的办学以及人才培养的积极性不高。目前只有《中华人民共和国职业教育法》和国家教育行政部门颁布的职业教育规章和一些地方性法规、规章，其中对校企合作缺乏刚性的规范和要求，因此对学校和企业均没有太大的约束力。

（二）校企之间缺乏利益的驱动和有效的互惠互利的动力机制。在实际操作过程中，对责、权、利的规定比较模糊，双方无法建立起长期、稳定、互利互惠的合作机制。

（三）目前学校与企业的合作处于自发状态，普遍存在“短期利益最大化”和“重复单一技能训练、轻视基础理论学习”等现象，校企合作形式松散、水平较低。

这些现象严重制约了校企合作的深入、持续、健康发展，日益成为制约职业教育发展的瓶颈，阻碍了我国建设人力资源强国，转变经济发展方式，实现科学发展、和谐发展的步伐。

从世界的范围来看，发达国家十分重视发展职业技术教育，对校企合作都制定了完善的法律法规，例如：美国制定了《国防教育法》《高等教育法》《国家科技政策、组织和重点法》等一系列法规；德国制定了《职业教育法》《改进培训场所法》《职业学院法》等。德国双元制是一种国家立法支持、校企合作共建的办学制度，企业承担的职业教育经费是国家承担费用的 4 倍。日本有《职业教育法》《职业训练法》《职业能力开发促进法》等。在校企双方的责权利及实习生的劳动报酬、劳动保障等方面，这些国家都有相应的法律法规作为约束。

在我国，2009 年宁波出台了《宁波市职业教育校企合作促进条例》，这是当时国内唯一一个以促进校企合作为主要内容的地方性法规。在该条例的推动下，宁波各职业院校已与 1000 多家企业建立了合作关系，但在开展校企合作过程中，还存在着一些亟待解决的问题，2012 年 2 月 1 日正式实施的《宁波市职业教育校企合作促进条例实施办法》提出了更加明确的解决方案和措施。

目前，国内一些地方如厦门、深圳、苏州、无锡等地方也已出台了一些有关校企合作的政策与规范制度，在法律、政策建设上进行了初步的探索，并取得了一定的成效。但这些政策还仅仅是一些初步的探索与尝试，尚未构建起完整的政策规范体系。而校企合作如果无法有效上升到国家层面的法律、政策与制度规范，就只能是浅层的、零散的、不系统、不可持续的，无法推进校企合作长期有效开展。

加快职业教育校企合作的制度建设，保证职业教育校企合作的有序进行，必须以立法形式明确中央和地方各级人民政府采取激励、保障、约束等措施，从法律法规和政策支持、组织协调和信息服务、监督管理等诸多方面给予职业教育校企合作扶持、引导和规范。所以，我们建议尽快出台《职业教育校企合作促进条例》并将其内容纳入《职业教育法》修订稿，主要应包括如下内容：

（一）促进职业教育校企合作的财税信贷政策

①实行促进职业教育校企合作的财政支出政策。中央以及地方各级人民政府应当在财政预算中安排职业教育校企合作发展专项资金，用于支持职业教育校企合作事业的发展，而且该专项资金应当随着经济和社会的发展逐步增长。

②实行促进职业教育校企合作的税收政策。中央以及地方各级人民政府应当鼓励企业与职业院校合作开展职工培训，其发生的职工教育经费支出可以按照国家规定在计算企业应纳税所得额时扣除；企业与职业院校开展订单培养、吸纳职业院校学生顶岗实习，并按照一定比例接受顶岗实习学生就业等的，应当给予税收优惠。

③实行促进职业教育校企合作的信贷政策。鼓励金融机构改进金融服务，开辟校企合作信贷业务，如对企业，尤其是中小企业与职业院校合作设立实训基地、合作建设实验室和生产车间提供支持；鼓励商业保险公司联合推出职业院校学生实习险种，以加强对职业院校顶岗实习学生在实习期间的社会保障。

（二）进一步明确政府、行业组织、企业、学校、师生等相关主体的责任或义务

①明确地方各级政府在校企合作中的主导责任。各级政府及其职

能部门应当着重加强职业教育校企合作办学体系、机构、制度和章程的建设；加强对校企合作教育的指导和协调，统筹协调本区域校企合作的规划、资源配置、经费保障、公共服务、督导评估等一系列具体工作，优化校企合作环境。

②强化行业组织的管理和监督作用，形成行业组织对于企业的约束机制。政府通过立法赋予行业组织应有的法律地位，充分发挥行业组织作为连接企业、政府和学校之间的桥梁作用，使行业组织成为校企合作的推进者、监督者和评价者。

③明确企业必须担当校企合作的社会责任。企业应当接纳职业院校学生顶岗实习、教师进行实践锻炼，按照与职业院校签订的合作协议，为实习学生和实践教师提供各项实训保障和服务。

④全面推进职业院校加快工学结合人才培养模式改革，优化应用型人才培养模式的专业设置与课程体系，提高人才培养与产业发展的匹配度。

⑤明确实习学生和实践教师必须遵守国家的法律、法规以及企业所属的行业规定，遵守社会公德和职业道德，在校企合作中应当遵守企业规章制度和劳动纪律，保守企业的商业秘密。

（三）强化政府各职能部门的公共服务保障

①政府要“搭台”构建校企合作的公共网络信息平台，顺畅校企合作的信息交流，促进校企双方信息资源的共享，建立学校与企业双向互通互动的“双通道”，为职业院校与广大企业的沟通提供有效的公共服务，支持校企双方在合作中互通互动、互利共赢。

②成立专门的校企合作指导机构。各地应在省一级由经贸、教育、人事、劳动等部门联合设立“校企合作工作领导小组”，研究制定校

企合作的政策措施，协调解决校企合作中的各种实际困难。例如，在苏州工业园区就因为外资企业捐赠给学校的设备使用不满5年，受到海关政策限制，由于缺乏专门的机构参与协调，致使这家企业无法与当地的院校开展合作。

③建立科学的评估机构和评价体系。政府应成立由教育部门、行业或行业协会参与的评估机构并构建科学合理的校企合作评估指标体系，对校企双方进行严格的监控和考核评估，主要评估各方是否严格遵守国家的政策法规和对地方、区域经济的贡献力度，推广成功的校企合作模式和经验。（2012年，感谢苏州工业园区职业技术学院原院长单强博士提供有关资料）

50. 加快发展我国老年教育

根据国家统计局发布的第六次全国人口普查数据，截至 2010 年 11 月 1 日，我国 60 岁及以上人口占总人口的 13.26%。据此测算，我国老年人口已接近 1.78 亿，中国成为世界上唯一老年人口超过 1 亿的国家。据预测，2014 年中国老年人口将超过 2 亿，2025 年达到 3 亿，2042 年老年人口比例将超过 30%。我国人口老龄化的问题日渐突出。

人口老龄化是全球共同面对的一个严峻课题，西方发达国家应对人口老龄化的战略概括起来可归纳为“照料和教育”。各国除了社会保障制度（照料）外，更突出强调了大力发展老年教育。美国、德国、日本、法国、瑞典、西班牙等国老年教育都是由政府组织开办，学校开支列入政府财政预算，并得到社会各界的大力支持。如：美国老年教育经费主要来自联邦政府、地方政府、基金会及学费四个方面；德国老年教育是随着联邦德国福利制度的建立而产生的，政府为其提供了极大的经费投入资助；日本老年福利事业与老年教育紧密结合是日本老年教育的一大特色。另外，我国香港地区和澳门地区的老年教育也是当地老年福利的组成部分，资金投入在制度上得到保障。规划、法律等制度保证，使发达国家和地区的老年教育迅速发展。

当前，我国正在“建设全民学习、终身学习的学习型社会”，老年教育作为终身教育的最后阶段、学习型社会不可或缺的组成部分，在社会建设的构架中具有重要的地位。近年，我国在老年教育上有很大的进展，自全国第一个老年教育地方性法规《天津市老年人教育条例》在2002年颁布实施以来，已经有上海、福建等多个省市出台了老年教育的地方性法规，开始从法律方面构建终身教育体系。同时，我国老年大学也进入快速发展阶段，据不完全统计，我国老年大学也已经发展到4万多所，学员500多万人，并在“十二五”期间有望翻番。

但是，与发达国家老年教育水平相比，以联合国提出的健康老龄化标准衡量，我国还相去甚远。究其原因，既有主观因素，又有社会因素。主要问题表现在：

（一）老年教育未确立社会地位使其本质被“集体误读”

当前社会各界对老年教育的本质均存在不同程度的偏见：“到老年学校去是因为在家无聊”；老年教育就是“老年人闲着没事找事干”；“老年大学（学校）是老年人唱唱跳跳、寻开心的地方”；“老年教育不是涉老问题，不是老龄委和民政局的工作范围”等观点屡见不鲜。对老年教育本质如此多的偏见使老年教育在整个社会中不能树立起应有的“形象主权”，同时反映了广大干部群众无视我国已进入老龄社会及面临的严重挑战。

（二）老年教育管理体制混乱使其“群龙无首”

对老年教育本质的误解，造成了老年教育管理体制的混乱。根据某市老年教育状况的调查显示，老年教育的管理体制混乱。如：民政局作为民生事业的主管部门，不管老年教育，其所属的老龄办也不管老年教育，只有老干部局一个处主管市老年大学。区级政府对老年教育的管理更是五花八门。老年教育管理体制的混乱，导致老年教育处于“人治”状态，不仅相关法律法规无法落实，而且遇到实际问题很难解决，最严重的是，这大大降低了老年群体心理诉求的实现度。

（三）老年教育立法工作滞后使老年教育“无法可依”

西方发达国家的政府在老年教育初创时期首先做的就是为老年教育立法，保证老年教育的健康发展。而我国迄今为止，虽然有部分省市有关于老年教育的法规出台，但是仍然没有全国性的老年教育法规。以老年教育的重要载体老年大学为例，老年大学创办已有 20 多年的历史，并且不断发展。从目前制约老年大学发展的因素看，都与老年教育缺乏专门法规做保障有关。从健全和完善终身教育法律法规体制的角度看，我国已经就幼儿教育、义务教育、高等教育等制定了一系列法规，唯独作为终身教育最后环节的老年教育，至今还没有专门的法规。

（四）老年大学的一些具体问题

随着老年大学影响的不断扩大，要求入学人数日益增多，也随之出现诸多困难：一是供需矛盾突出，老年大学还远远满足不了广大老年人就学的实际需要；二是师资力量难以保证，由于没有固定的师资来源，使老年教育缺少一支稳定的高素质的教师队伍；三是老年教学的基础设施仍较薄弱，有的教学设施、设备与现代教育还有较大差距，无法适应新形势的需要；四是课程设置随意性大，教学大纲和教材编写滞后，跟不上老年教育的发展；五是经费投入不足，没有固定的经费来源。

为此提出如下建议：

（一）正确认识老年教育本质，使老年教育确立应有的社会地位

老年教育作为应对老龄化的一项战略，本质是生命教育。应对人口老龄化，大力发展老年教育是构建和谐社会、发展民生事业的重要内容之一，是政府的主要职责。这要求各级政府正确把握我国人口的现状及其变化趋势，准确把握 1.78 亿老年群体的心理诉求，正确认识老年教育的本质，在全社会对老年教育实行“形象授权”，从而使老年教育回归到应有的社会地位。这是老年教育可持续发展的思想保证。

（二）加快政府体制改革，在改革中理顺老年教育的管理体制

发达国家的成功经验证明，管理体制明晰是老年教育可持续发展的制度保证。从我国具体国情出发，老年教育作为一项重要的民生事业，其责任主体是各级政府。为此，必须加快政府体制改革，切实落实老年教育的归口管理。建议由民政局、老龄委（办）、教育局、财政局、市科协、计生委、人口协会等政府部门与社会组织联合组成专门办公机构，负责领导、研究、支持老年教育。这是老年教育可持续发展的体制保证。

（三）为老年教育立法，从制度上保障老年教育的顺利发展

从国家层面，建议研究出台《老年教育法》，从法律层面保证老年教育工作的顺利开展，在国家还没有正式出台《老年教育法》之前，也可以参照天津、上海、福建等省市的例子，各省市制定老年教育法规，走依法办学的路子，使老年教育有法可依，有章可循，逐步走向规范化、科学化、法制化的轨道。这是老年教育发展的制度保证。

（四）改革社区老年教育的教学方式和管理方式

从某种意义上说，老年教育的本质就是老年人为了改善和提高生命质量而进行的自觉、自主和自由的学习活动。调研数据显示，南京社区老年人渴望的教学方式是：规范教学占31.13%，街道居委会开设讲座占16.79%，老年文艺团队活动占16.04%，远程教学占14.72%，参观旅游占12.26%，社团活动占6.42%，个人自学占2.64%。以上多样性的教学方式构成了一幅多维的社区老年教育教学写实图。调研数据还显示，我市社区老年人所希望的老年教育管理“不要压力太大”（占77.96%），甚至希望教学“不要有任何压力”（占18.04%）。这论证了老年教育是老年人为了改善和提高生命质量而进行的自觉、自主和自由的学习活动。老年教学管理规范而使老年学员没有压力是各国老年教育的一个共性。

（五）关于老年大学具体问题的对策

一是出台各种政策，鼓励多种社会力量办老年教育机构。老年大学作为一种非营利性机构，有一定的社会价值和宣传价值，在政府政策的倾斜下，鼓励企业和慈善机构积极参与，调动社会各方面的力量，通过各种形式的老年教育机构，加大覆盖面，方便老年人就近就学。二是加强师资力量的配备和管理，采用引进和培养、专职和兼职相结合的方法，特别是要鼓励志愿者加入老年教育的行列，使老年大学的教学质量能够跟上时代发展的步伐。三是建立完善的学校经费来源制度，特别是把老年教育经费列入当地当年财政预算，并对老年大学、老年学校的开办、设备添置提供专项补助，对于老年教育机构采取政府购买公共服务、免税、政府补贴等各种政策支持。四是课程设置和教学方法要注重多样化，使各阶层各类型的老年人都能找到喜爱的专业，同时采取多种教育方式和手段，发展广播、电视、网络和函授教育，扩大老年教育受众面。（2012 年，感谢中共南京市委党校教授、金陵老年大学研究员周朝东先生对于本建议的帮助与支持）

51. 建立被征地农民长效再就业培训机制

目前，我国正处于城镇化发展的关键时期和加速期。在快速城镇化的过程中，不可避免地会出现农业用地向工业与城市建设用地的转换。许多农民也不可避免地成为了被征地农民，并因为失去土地而需要面临再次就业的问题。如果不能解决他们的再就业问题，就很可能形成一个无法适应城镇生活的边缘化社会群体，并因此成为影响社会和谐稳定的不安定因素之一。因此，帮助这一群体中有就业意愿、就业能力的劳动力人口快速、有序、稳定地再次就业，是各地各级政府的责任，也是他们的历史使命。

毫无疑问，各地各级政府也已经充分认识到了这一责任与历史使命。绝大多数的地方政府，都在努力开展工作促进这部分群体有序就业。而在被征地农民中，有一部分人由于年龄大、就业观念落后、文化水平低，又缺乏在第二、第三产业中进行就业的技能，以致要促进这部分人就业，必须要对其进行再就业技能培训。然而，在具体的实施过程中，存在着很多瓶颈因素，制约了培训效果的实现。如果这些瓶颈因素无法消除，久而久之，被征地农民就会觉得培训无效而失去参与培训的意愿和积极性。

调研发现，目前各地被征地农民的再就业培训工作中遭遇到的瓶颈因素主要有以下6个方面：（1）部分地区缺乏师资，无法开设出足够多的课程，使得被征地农民很难有较大的选择空间；（2）再就业培训项目上的人均补贴标准过低，一般情况下，在200—1000元，这一费用标准很难支持一些个性化的、更专业或更深入的再就业技能培训工作的开展；（3）再就业培训补贴仅仅局限于学费，缺乏一些配套的支持性、保障性的补贴，例如，受训者要参与培训往往还需要自己贴上一些交通、餐饮等费用，职业生涯评估与咨询、技能鉴定、岗位开发、就业推荐与安置等，也都有相应的人力成本；（4）培训的形式比较单一，多是通过政府所属的培训机构或委托有资质的社会培训机构，通过开班办学的方式进行的，而用人单位对培训的介入度不够，这使得培训的内容与企业的用人需求可能会脱节；（5）一些地方政府将再就业培训补贴的发放与就业率挂钩，但由于就业岗位开发、就业推荐与安置并非培训机构的专长，将这部分的重任压在培训机构上，实际上就是一种错配，而且这在一定程度上也增加了培训机构的投入成本，降低了他们的积极性；（6）培训之后，政府部门或委托机构，向受训人员推荐的岗位，与培训内容之间的相关性不高，或不够优质、稳定、富有吸引力，这又在一定程度上，影响到了后期学员报名参与培训的积极性。

为此提出如下建议：

被征地农民再就业培训工作，并不是一项简单的工作，不是简单找几家机构，聘请几位老师，开几门课，组织一些学员，集中几天上上课这么简单。它是一个系统工程，涉及再就业培训系统中诸多要素是否齐备充分，以及各要素之间的作用机制是否顺畅、能否取得协同效应等。

第一，鼓励各级政府，组织教育或管理学专家就被征地农民再就业培训效果的评价指标、评估工具及影响机制进行系统的研究。

第二，鼓励各级政府，组织政策、理论及实务专家能基于系统论，设计出一套始终以就业为导向、具有长效作用的被征地农民再就业培训机制。这套机制应遵循如下原则：培训内容要实用，符合社会需求，学完后，学员就能从事某项具体的工作；培训机构应具有培训资质，应优先考虑那些知名度、信誉度高的技能培训学校承担再就业技能培训任务；经认定，鼓励并允许一批有培训条件的大中型企业，采用“先聘用、后培训”“半工半读，工学结合”“上岗培训”或“学徒制”等形式，承担再就业培训任务；应重视并努力加强培训前的职业生涯评估与咨询服务，培训课程的选择应结合个体的兴趣、能力水平（含学习能力）及职业期待；要鼓励形成开放式的、灵活的职业技能鉴定机制，对于有相关工作经历或特定岗位的带岗培训经历，应能直接认定；政府应认定一批专业的职业中介机构，为培训合格的学员提供就业推荐与安置服务；要有充足的、稳定的专项经费，除了直接的培训成本之外，专项经费要充分考虑到职业生涯评估与咨询、职业技能鉴定、就业推荐与安置服务的成本，并能适度补贴学员因参与培训而承担的交通与餐饮费用；应积极为困难就业人员建立培训档案，提供长期的、主动的职业生涯评估与咨询服务；出台相应的政策鼓励用人单位积极参与被征地农民的培训与雇用。

第三，鼓励各级政府建立被征地人员再就业技能培训办法及服务标准，形成明确的政策文本，以及可操作的、标准化的服务手册。

第四，建议国家相关部门尽快调研出台《职业能力开发法》，从法律层面为职业技能培训提供制度性的保障。（2017 年，此建议借鉴了苏州科技大学邵爱国博士的研究成果）

52. 鼓励中国民办学校“走出去”

党的十九大报告提出，推进国际传播能力建设，讲好中国故事，提高国家文化软实力。《中国教育现代化（2035）》提出开创教育对外开放新格局，加快建设中国特色海外国际学校。教育部《推进共建“一带一路”教育行动》也提出，各级各类学校要与沿线各国学校有序扩大合作交流，整合优质资源走出去。

民办教育走出去的意义与必要性主要表现在以下几个方面：

（一）中国外派机构工作人员子女华文教育的需要。我国各类机构派驻海外人数不断增加，其随迁子女对优质教育机会的需求也不断增大。习近平总书记在2018年教育大会上指出：“要加快建设中国特色海外国际学校，解决各类驻外机构、海外中资机构工作人员以及赴海外经商、务工人员随居子女在国外接受汉语教育的问题。”而我国基础教育走向国际舞台的身影寥寥无几，直到2020年9月，首个中国国际学校才在迪拜正式成立，这是第一所海外全日制中国国际学校。规划我国基础教育在海外的办学布局迫在眉睫。

（二）教育为“一带一路”建设的深入推动注入力量。由于中国国际地位的日渐增长和“一带一路”倡议的开展，中文和中华文化越来越受到“一带一路”国家国民的关注，逐渐成为他们培养下一代的优先学习目标。同时，“一带一路”国家海外华侨华人数量庞大，他们在当地拥有巨大的人才资源、资本优势和商业网络，也形成了“走出去”的巨大市场。两者不仅给教育“走出去”创造了良好机遇，教育也势必夯实“一带一路”国家的国民文化认识，为“一带一路”的深入和持久增添更持久的力量。

（三）民办学校“走出去”有自身的优势和特点。一是按照WTO的“服务贸易规定”，各国义务教育并不属于成员国必须开放、外来教育机构能获得“国民待遇”的教育领域，因此，公立教育学校走到国外，容易发生意识形态和民事主体方面的矛盾和问题。二是民办学校资源配置，特别是师资配置相对较好，又拥有较大的办学自主权和较灵活的体制机制。一些民办学校已经试用一些发达国家课程、教材和教学方法，拥有一些外国教师，管理团队中也有一些外籍工作人员，他们到国外容易适应国际环境。

为此提出如下建议：

（一）规划民办学校在海外的办学布局。民办学校海外办学的选址和区域布局应契合国家地缘政治与国家安全、外交与文化传播的需要，兼顾民办学校自身经济利益及可持续发展。国家应从海外战略布局的高度出发，指导民办学校在海外的布局。同时，要考虑到民办学校自身的特点和条件，对于单独走出去的民办学校，国家应鼓励其选择发达国家和国际大都市。对于与企业一起走出去的民办学校，应鼓励其优先考虑在“一带一路”国家和企业发展需要的地方。

（二）给予民办学校走出去相关的政策指导和支持。一些校长反映“走出国门难，不知道去哪里、干什么，缺乏有效的境外信息和媒介”。外交部、商务部等相关部门要主动与这些学校对接，对“一带一路”国家政治格局、法律问题、环境问题、劳工问题等进行仔细研究，出具相关报告，定期进行信息披露，为民办教育“走出去”提供咨询、指导和助力，教育部对民办学校在海外办学提供优惠的办学资金政策和适当宽松灵活的学校认证政策等。

（三）加强对民办学校的海外援助。建议在国务院侨办或教育部成立以中国国际学校为主要工作内容的国际教育合作协调部门，协调处理外交部、教育部、商务部、公安部、国侨办等部门需要通力协作的事宜。国际教育合作协调部门对海外国际学校办学的选址、基础设施、课程建设、师资培训与招募、市场风向评估、招生宣传、校舍安全等方面予以帮助，减轻海外国际学校办学前期的经济与地域压力。（2021年）

53. 建设中国特色特许学校

特许学校是英文Charter school的译称，它是自1990年以来，在美国兴起的众多公办民营学校之中的一种学校类型。之所以被称为“特许”学校，是因为它是经过法律授权而诞生的新兴学校，它的经费由政府根据在校生人数进行拨款，经营却由专业团体或其他非营利机构等私人主体开展，除了必须达到双方预定的教育成效之外，不受一般教育行政法规的限制，为破例特别许可的学校。近年来，世界上很多国家和地区也都对此做了相关探索，瑞典和英国开办了一批公办民营的自由学校，中国台湾也开办了一批公办民营的特许学校。

与传统的公立学校和私立学校相比，特许学校有其独特的优势。

其一，它有利于推进教育公平，提升教育质量。特许学校优先开办在公办学额不足和教育质量相对较低的区域，由政府出资建设，避免了前期高额的投入，为有教育理想和教育情怀的民间力量提供了进入教育领域的渠道和机会，也避免了资本前期高投入后，在后期以收回成本和营利为目的，扰乱办学行为。

其二，它在管理方面比公办学校更灵活，在课程设置、教师招聘、工资发放和招生等方面拥有更大的自主权，有利于激发各种创新的教育实验，提升教学质量，为学生和家庭提供了更多自由选择的机会。并且可以透过竞争压力，刺激一般公立学校提升学校管理水平及教学质量。

其三，特许学校的教师全部实行聘用制，不占用编制，可以有效破除当前束缚学前教育和教育发展的教师编制瓶颈问题。学校可根据教学水平等实施差异化的教师待遇，实行更彻底的绩效激励政策，促进教师提升水平。

自2005年起，我国义务教育均衡发展被摆在教育工作的重中之重，而学校教育的地域差别、城乡差别、校际差别、群体差别依然显著。同时，随着学前教育事业的发展和小班化要求的提出，教师编制日益成为瓶颈性制约因素。

为此提出如下建议：

其一，立法先行，建议教育部出台特许学校设立和管理办法，规定特许学校的开办条件、设立流程、考核办法和必须遵守的规范，为中国特色特许学校的开办设置法律依据。建议在管理办法中明确：特许学校在公用经费方面，由政府按照当地生均公用经费和在校生人数进行拨款；在课程设置方面，特许学校可自行制订学生培养方案，自行开设课程，可以参照国际学校课程管理办法，不完全受国家课程标准和课程体系的限制；在教师配置方面，特许学校的教师按照生师比足额配置，但不占用编制，实施编制外管理，这有利于缓解当前教师编制不足的状况；在教师工资发放方面，政府通过购买服务的方式发放教师工资，按照当地教师平均工资和特许学校的教师人数给学校拨款，学校内部可制定激励性的工资发放制度，这有利于打破公办学校教师吃大锅饭的状况，激发教师队伍的工作积极性；在监督监管方面，虽然特许学校不受一般性教育法规的约束，但其也要接受特许学校设立和管理办法中规定的考核，达到教育行政部门规定的教育目标，遵守相关法律和财政制度，因此特许学校必须建立合法合规、公开透明的内部决策机制，接受监督和审计。

其二，开展将部分公办薄弱学校改为公办民营特许学校的试点工作。随着全面改善贫困地区义务教育薄弱学校基本办学条件工作的不断推进，农村薄弱学校的办学条件不断改善，可以说从硬件上来看，薄弱学校已经很少，但是无论在农村还是城市都还有很多师资和办学水平相对薄弱的学校。建议从这类学校中选择一部分开展特许学校试点。

其三，考虑在公办学校学位不足的区域开办特许学校，或者将一部分新建小区配套幼儿园和学校建成特许学校。在开发商建设完毕并移交给政府后，由政府选择条件较好的主体进行办学，特许学校探索。（2019 年）

54. 落实民办学校招生自主权

尽管中国民办教育近年发展成就可圈可点，但民办教育在发展中还存在一些共性的问题，《民办教育促进法》及其实施条例很多具体条款得不到落实，民办学校的办学权益不能得到充分保障，基层民办学校的生存境况仍显逼仄，严重影响着我国民办教育的进一步发展。

2010年《国家中长期教育改革和发展规划纲要》(以下简称《纲要》)公布，《纲要》充分肯定了“民办教育是教育事业发展的重要增长点和促进教育改革的重要力量”，并明确提出大力支持民办教育，“依法落实民办学校、学生、教师与公办学校、学生、教师平等的法律地位，保障民办学校办学自主权。清理并纠正对民办学校的各类歧视政策”。据网络调查和实地调研情况来看，民办学校对学校权利和教师权益问题反响最为强烈，其中民办学校自主招生权得不到保障的问题普遍而突出。其主要问题表现为两个方面：

一是实施学历教育的民办学校招生计划和招生方式缺少自主权。全国大部分地区民办学校招生仍采用计划方式，基本按照公办学校招生政策执行，并受到很多限制。对各级各类民办学校，行政部门大多简单套用公办学校模式，对民办学校下达年度招生计划，确定其生源比例、招生范围和录取标准，对民办学校实际办学条件和办学机制缺乏尊重。由于近年适龄学生数量锐减，民办学校招生生源空间受到严重挤压，造成了一些民办学校校舍设备大量闲置、教学资源浪费严重，甚至因生源不足而倒闭。

二是实施学历教育的民办中小学（重点是民办高中）跨地区招生受到封锁。因高考模式及教学内容的不同，省份之间的跨地区生源已不可能。而同一省份内民办学校跨地区招生也大多因市、县行政部门的地方保护而根本无法实现。以经济和教育较为发达的江苏省为例，江苏省教育厅于2010年1月5日出台《省教育厅关于进一步规范义务教育阶段和普通高中招生工作的意见》（苏教规〔2010〕2号文件），文件一方面明确民办学校可自主确定招生范围，但同时又规定：跨市招生必须由生源地市级招生工作管理部门办理录取手续。此政策成为各地保护生源的重要政策依据，各地出台了许多对民办学校，尤其是外地民办学校跨区域招生的限制性政策，有的甚至公开禁止外地民办学校来本地招生，极大限制了民办学校的基本生存空间，严重侵害了民办学校的招生自主权和学生家长选择教育的权利。据了解，这样的限制跨区域招生政策在全国比较普遍。

招生权是民办学校一项重要的权利，它是民办学校开辟生源、维护学校正常运转和促进学校发展壮大的重要保障，是民办学校赖以生存和发展的基础，也是民办学校吸引优秀生源，办出水平和特色的前提。基于这样的重要性，《民办教育促进法实施条例》明确规定："民办学校享有与同级同类公办学校同等的招生权，可以自主确定招生的范围、标准和方式。""县级以上地方人民政府教育行政部门、劳动和社会保障行政部门应当为外地的民办学校在本地招生提供平等待遇，不得实行地区封锁。"

为此，提出建议如下：

第一，应明确要求各级政府部门规范管理与服务，充分尊重民办

学校自主招生权。作为直接面向市场配置资源的自负盈亏的民办学校，应该比公办学校享有更充分的办学自主权，尤其是更充分的自主招生权，从而能够发挥自身优势，满足家长和学生多元选择教育的权利，为教育事业的发展作出更大的贡献。《国家中长期教育改革和发展规划纲要（2010—2020）》要求“各级政府要把发展民办教育作为重要工作职责，鼓励出资、捐资办学，促进社会力量以独立举办、共同举办等多种形式兴办教育”。大力发展民办教育，需要少一点“行政干预”和“计划分配”，需要从根本上尊重关乎民办学校生存的招生权等基本权益，确立民办学校自主办学和自治的地位。

第二，应明确要求各级政府尽快清理、取消限制民办学校招生的各种歧视性政策。在符合国家规定的条件下，取消地方政策壁垒，允许民办学校与学生可以进行双向选择，学生来源不受学生户籍限制。在学籍管理，招生考试办法方面，给予民办学校必要的政策空间。不断扩大民办本科院校自主招生权，探索“校考 + 高考”“联招联考”“单招单考”“注册入学”等多种招生模式，民办中小学招生实行“学校保障条件、政府核定总规模、学生自由选择学校、学校自主录取”的办法，学生可去就读学校所在地办理学籍，报教育主管部门备案。任何部门不得设置地方保护性或限制性政策。

第三，对民办学校依法管理，引导民办教育健康有序发展。政府在对民办教育积极鼓励、大力扶持、提供服务的同时，还要依法对民办学校加强管理。民办学校发布的招生简章、信息，要依法管理。督促民办学校在课程开设、教育管理、招生、收费等方面，严格遵守国家有关政策和法律法规。同时，积极引导民办学校建立健全现代学校制度，走特色立校、依法治校、规范办学、内涵发展的道路。政府要增强服务意识，从管理监督，走向服务激励。（2011 年）

55. 加快发展普惠性民办幼儿园

随着学前教育三年行动计划的实施，我国的学前教育事业有了快速发展。但是，在很多地方仍然存在着民办园太贵上不起、公办园“拥挤”不易进的现象。同时，很多城市因为历史遗留问题，有很多集体或者街道办园，这部分幼儿园既非完全意义上的公办园又非民办园，身份不清晰，不仅教师编制难以解决，体制性障碍也妨碍其教育质量的提升。

普惠性民办幼儿园，是指幼儿园的创办主体属于民办，但收费相对低廉，具有公益性、普惠性的幼儿园。在目前难以实现学前免费教育的背景下，明晰普惠性民办园身份，一是可以在硬件上要求其达到办园基本标准，提升整个地区的学前教育水平，并为普通群众提供更多的入园机会，缓解“入园难”；二是可以在收费上实行政府定价或接受政府指导价，缓解“入园贵”；三是可以在教师编制及培训等方面给予其公办园的同等待遇，提升其办园水平。

在这方面，成都市已经探索出创新普惠性学前教育发展机制的路子。到目前为止，成都公益性幼儿园学位覆盖率已经超过60%，对就近、方便入园感到满意的市民达80%以上。成都市的主要做法：一是限价收费。明确规定中心城区公益性幼儿园保教费标准为每月600元/生，其他区（市）县由当地在不高于中心城区收费标准的前提下研究确定。二是建立“以县为主”财政补助机制。一、二、三圈层（含青白江区）

分别补助2000元/年·生、800元/年·生、600元/年·生，市级补助比例分别为30%、30%、70%。区（市）县对公益性幼儿园教职工参加城镇职工基本养老保险的单位缴纳部分给予40%的补贴。三是建立倾斜扶持的奖补机制。市财政对三圈层县（市）、青白江区自筹资金完成新建（改、扩建）的农村公益性标准化中心幼儿园，分别给予每所70万元、50万元的补助。四是按照“专业领办，环境安全，配置达标，管理规范”的要求，建立起了市、县、乡三级办园标准。制定下发《成都市公益性幼儿园管理暂行办法》（成教发〔2011〕8号），从申报、认定、招生、收费、办园、退出、监管等方面，规范了公益性幼儿园管理行为，初步构建起了公益性幼儿园准入与退出机制。

建议教育部推广成都经验，进一步推进公益性民办幼儿园建设的步伐。建议如下：

第一，推动各地进一步明晰普惠性民办幼儿园的身份。加快梳理公办园、民办园与普惠性民办园，并出台相应的政策法规，明确其公益性质，给予其与公办园的同等待遇，扫除普惠性民办园发展的体制性障碍。

第二，出台鼓励性政策，支持社会公益组织、慈善机构和个人创办符合标准的幼儿园。并且通过免费提供场地、提供专项经费、补助建园费用、补贴生均经费、提供专业师资等办法，加大政府购买公共服务的力度。

第三，建议设立普惠性民办幼儿园发展专项经费。在新增教育经费中设立专项经费或基金，一方面通过政府购买公共服务的方式，让一大批高收费的民办幼儿园转型为普惠性民办园，满足普通市民的上学需求；另一方面用于改善普惠性民办园的办园条件，提升部分普惠性民办园的办园水平。（2011年）

56. 支持小微型民办学校办学

近年来，我国的民办学校蓬勃发展，既满足了特殊区域、不同群体的教育需求，又为我国的教育发展进行了有益探索。

但由于政府设置过高的办学门槛，造成了办学权实质上并未能得到有效分散，没有能够真正释放教育活力，没有能够更好地促进民办教育的发展，导致民办学校特别是小微型民办学校办校难问题比较严重。

第一，民办学校、幼儿园的注册门槛过高，资金、规模等要求过高。民办小学的设置标准，最低规模要求 12 班，以每班 40 人计，需 480 人，注册资金要求 1000 万，担保金 150 万。但现实中，农村大量的村小，学生数都在 200 人以下，在家庭少子化、农村空心化的背景下，维持现有标准显然不合理。幼儿园亦是如此，2011 年北京市开放主要面向农民工子女的小规模幼儿园，是一个制度创新。但是，规定办园需要至少 4 个班及以上、40—100 人的规模，这显然也不具备实际的操作性。正如一些民办教育家说的，对资金、用地的高标准，吸引的主要是资本家，而不是教育家。

第二，小微型民办学校、在家上学等无法合法化。目前，民间的教育机构、父母自办的自助或新理念的学校、幼儿园，包括“在家上学”在各地广泛存在，它们满足了公众对个性化、多样化、选择性教育的需求。中国人自古以来就有很高的兴学办学的热情，如今，乡村的小微学校有效解决了偏远地区儿童的求学问题，城市中也有许多高学历、高收入的父母们为了自己的孩子兴办小微学校，满足自己追求个性化教育的需求。然而，这些事实上已经存在的小微学校都是非法的，是“黑学校”“黑幼儿园”。这既造成了违法办学成常态，也使得教育部门的相关法律法规失去了严肃性，相关管理监督机构也就形同虚设。

第三，“借学籍”造成教育资源的浪费并易滋生腐败。由于民办学校没有办学资质，为解决学生的学籍问题，大多采取向管理监督松懈的学校“借学籍”。这是民办学校的无奈之举，但也造成了一定教育资源的浪费，同时也给教育部门进行权力寻租提供了可能，滋生了腐败。

现在，要想进一步发展民办教育、允许营利性民办教育，很大程度上阻力已经不在资源供给上，而是增加“制度供给”，释放“制度红利”，释放民间强大的教育热情，鼓励有教育理想、热爱教育的教育家办学。

为此提出如下建议：

一是降低民办学校获取资质的门槛，促进民办学校合法化。办学的根本是在教书育人，而非比拼形式化的办学硬件规模。改变现有以正规教育、学历教育为主的教育管理模式，放宽办学资格门槛，使教育制度和政策更为灵活和富有弹性，在“包容性增长”的概念中，接纳正在出现的多样化教育创新，从而改善教育创新的环境和土壤，方为教育改革的正解。

二是参考小微企业的做法对小微教育进行扶持。将小微学校、微型幼儿园、在家上学合法化，鼓励更多的小微学校出现，不仅可以弥补公办学校在推动素质教育上的不足，满足家长选择性需求，还可以吸引大量就业。其功能与在经济领域发展小微企业相类同，可在教育领域也进行相应的扶持政策尝试。在具体管理中，可借鉴中国台湾地区将“非学校形态教育实验”合法化的经验。

三是加强并创新评价监督体系。在释放民办学校活力的同时，加强对教师素质、课程内容方面的监督监管，防止虐童、传播不良信息的违法事件发生，以促进民办学校规范化发展。同时，引入第三方进行教育评价监督，并充分尊重父母们和学生们的评价监督权利，积极构建父母们和学生们的评价监督机制。真正发挥全社会，尤其是相关各方的监督权利，真正实现学与教的平等。

四是开展中小学办学体制改革，试行委托管理、契约式管理。可以在北上广这样具备条件的大城市先行试点：不改变学校的公办性质，政府全额拨款，由民间具备相应资格的教育家团体与教育局签订协议，确定办学理念和要达到的目标，同时在课程、人事、教师等方面给予学校较大的自主权，三年后验收，合格者继续签约，不合格者收回。切实解决民办学校学生学籍问题，疏通民办与公办学校的学籍对接渠道。

五是鼓励小微学校以各种形式联盟，共谋发展。相关部门在对小微学校除了正常管理外，应鼓励有着类似背景与愿景的小微学校或者小微学校与周边一般规模的学校，在课程、师资等方面联盟互助，共同解决办学过程中遇到的问题，同时取长补短，进一步提高教育质量。（2015 年）

57. 试行公办学校托管

随着“十三五”规划的实施，全面深化改革的步伐将进一步提速，而作为百年大计的中国教育更应在新一轮的改革大潮中披荆斩棘，不断释放教育活力，以满足人民群众对优质教育资源的需求。教育改革的根本在于教育资源的优化。在公办名校集团化办学中，优质资源不断摊薄，弊端频现的情形下，如何吸引民间社会力量加入，形成优势互补，已成教育改革的共识。

随着上海、浙江等地优质民办学校来托管公办学校的有益尝试，公办学校托管在短时间内缓解群众对教育资源需求的作用被广泛认可，但在尝试过程中，个别地方也出现了因政策变化导致改革的夭折，极大地挫伤了民办教育的积极性。

公办学校托管在发达国家和地区已是常态，美、英以及中国台湾地区都有相关的成熟经验和法律。我国教育目前仍有着较为明显的计划经济痕迹，教育的改革亦如当年国企改革一样，关键在于“盘活现有资源，激发社会活力”。由于我国教育机构对于学校设立的限制，以及随着城镇化不断深入土地资源的稀缺，很多民间社会力量有资源而无场地，相反一些公办教育有场地却机制不活，公办学校托管恰恰成为了它们资源互补的有效途径：既充分激活了现有教育资源，又发挥了民间社会力量的热情和活力，从而促进公办和民办教育资源在合作竞争中不断优化、相互促进，有利于推动我国教育领域的深化改革。

为此提出如下建议：

第一，为公办学校托管提供法律保障。借鉴发达国家和地区的成熟经验，借鉴我国国企改革的宝贵经验，结合我国实际，建立健全公办学校托管的法律保障体系。以法律清晰界定被托管学校的公办属性，避免公办教育优质资源的流失；以法律界定政府应承担的责任与义务，保障民间社会力量的权益；以法律约束民办学校的责任与义务，保护教师、学生的权益。从而以健全的法律法规体系为教育改革保驾护航，引导公办学校托管规范有序开展，以法律保障教育改革的连续性，促使教育改革有法可依。

第二，改变行政管理思路，管理、监督、扶持共进。教育主管部门在推动过程中，应避免因循守旧、害怕担责的行政管理思路，应勇于进行公办学校托管的尝试。要清醒地认识到被托管学校与托管学校在具体办学过程中需要一个融合的过程，充分重视和尊重其办学的独立性。既要把好准入的第一道关，更要重视日常的相关监督责任；既要做好对民办资方的服务，也要做好学校教师的服务工作，更要重视学生权益的监督保护。最终，做到管理、监督、扶持共进。

第三，以薄弱校为试点，托管循序渐进。任何一项教育的改革都牵扯教师、学生和父母的切身利益。虽然公办学校在一些发达国家和地区已较为成熟，但要充分尊重国情、地情、校情，中央教育部门在政策制定上，应给予地方政府一定执行和调整的空间，鼓励地方政府以区域薄弱校为试点进行探索。（2016年）

六

乡村学校是村庄的灵魂

——教育公平政策建议

乡村振兴战略的实施，基础在教育。乡村学校是村庄的灵魂，乡村的精神寄托在于乡村学校，乡村文化的传承也依靠乡村学校。振兴乡村教育是实施乡村振兴战略的必由之路。乡村教育不振兴，就难以实现乡村整体的振兴，难以从根本上提高贫困人群脱贫的内生动力和发展能力。

58. 实施“乡村教育振兴行动计划”

乡村振兴战略的实施，基础在教育。乡村学校是村庄的灵魂，乡村的精神寄托在于乡村学校，乡村文化的传承也依靠乡村学校。振兴乡村教育是实施乡村振兴战略的必由之路。乡村教育不振兴，就难以实现乡村整体的振兴，难以从根本上提高贫困人群脱贫的内生动力和发展能力。

目前，乡村教育存在较多问题，已经成为制约乡村振兴的重要因素。主要表现在以下几个主要方面：

一是乡村学校的定位不清。在城乡一体化的过程中，乡村教育资源配置处于劣势，乡村教育处于应试水平低下和素质教育缺乏的双重矛盾之中，教育质量不高导致生源不断流失。其中重要的问题就是乡村教育的定位不准，我们习惯于用城市学校的标准去衡量、评价乡村教育，认为乡村教育的目标是为了“逃离”乡村，缺乏对乡村教育的本质研究和准确定位，曲解了城乡教育一体化的实质。

二是乡村教育难以留住人。乡村教育发展的核心在于留住人，一要留住学生，二要留住老师。但是，学生随着家庭的迁移大量流往市、县、镇，乡村教师流失问题依然严峻。

三是技能人才培养与乡村发展需要不匹配。乡村振兴战略的实施需要的大批懂农业、爱农民、爱农村的专业人才，在我去调研的云南昭通农校，其农林类专业即使联办专科也无人问津，不得不裁撤或合并，而同时当地万名劳动力中只有 0.067 个技术人员，涉农人才严重匮乏。

为此提出如下建议：

第一，根据乡村的特点，构建异于城市教育的"自然—人文—灵活—小规模"的乡村教育。乡村教育不应该照搬城市教育，应该拥有自身的独特内涵、价值、文化性格和表现形式。国家教育行政部门应该研究乡村教育特点，准确定位乡村教育发展方向，明确乡村教育的培养目标。将乡村学校的重建置于优先地位，在制度、人才、财政上给予优先而合理的安排和配置。

第二，切实为乡村教育提供保障，在留住人上下功夫。在留住学生方面，要办好一批优质的基础教育学校，依托乡土文化、社会与自然，建筑起温馨的校园，形成本土特色的校园文化，吸引儿童回乡就学；在中考改革中向乡村学校倾斜。在留住老师方面，大幅度提高乡村教师岗位的薪资水平和社会保障条件；设置乡村教师高级教师与特级教师的专门岗位；有计划地培养、培训一批本土教师，强化教师的地域认同、文化认同与身份认同；为乡村教师开辟多元发展空间，激励教师对教育事业的追求。

第三，大力发展涉农中等职业教育。中等职业教育是离乡村、农民最近，短期培养大批涉农人才最可行的教育供给。发展好中等职业教育中的涉农专业，发挥中等职业教育的涉农培训，对培养大批用得上、留得住的乡村实用人才，培养有文化、懂技术、会经营的新型职业农民，都具有可预期的效果。（2018 年）

59. 统筹城乡教育资源配置 促进农村教育发展

工业化、城镇化和市场化，已经成为拉动我国发生巨大变迁的三驾马车，城镇化将继工业化之后成为我国经济社会发展的巨大引擎。据中国社科院预测，如果未来中国的城镇化以每年 0.8 个百分点至 1.0 个百分点的速度快速推进，到 2020 年前后中国城镇化率将超过 60%。

在这一进程当中，农村教育在规模、形态上都发生了较大变化，农村教育呈现出一系列新的特征。一方面，部分地区实施“农村教育城镇化”运动，大量撤并乡村学校，把重点力量、资金投放在城镇，建设高度集中的教育园区；另一方面“冷漠对待”乡村学校，对尚存的农村学校投入少，对乡村教师关注少，透露出“农村学校消失是早晚的事情”的潜台词。

在这种背景下，城乡教育呈现出“城镇大班化，乡村空校化”的两极分化现象，特别是对农村教育而言，客观上已经造成了投入少导致条件差，继而引发质量低，最终被撤并的循环怪圈。这种非正常撤并，不仅在短期内引发如校车事故等诸多问题，从中长期来看，也形成了城乡教育新的不均衡。

为此提出如下建议：

第一，需要继续把农村教育置于教育工作重中之重的位置，不错位、

不动摇。对于农村教育发展的关键领域、薄弱环节，要实施政策再倾斜。国家要出台硬性规定和农村学校办学标准，补齐其中诸多薄弱的“短板”，防止城乡差别再扩大。在实施城乡统筹过程中，要建立和完善各项帮扶农村教育的制度，向郊区、边远民族地区倾斜，向薄弱学校（教学点）倾斜，向农村困难群体子女倾斜，从根本上弥补不同区域、学校和群体之间的教育差距。

第二，对教育城乡一体化发展进行再谋划。要遵循“就近入学”的基本原则，合理规划好农村学校。没有农村教育的发展，城乡教育均衡发展就无从谈起；没有好的农村学校规划，也无法推进一体化发展。探索形成以城带乡、城乡一体的区域教育发展新格局，探索城乡互补的新机制，并对已经形成的区域教育规划作出必要调整，突出一体化发展总体思路。

第三，切实推进农村地区的教育改革。要把农村学校办成区域文化中心，打破农村中小学封闭办学的现状，充分利用学校的教育功能，实施“一校挂两牌，日校办夜校”，充分发挥其文化传播、体育活动等功能，丰富区域内农民的精神文化生活。部分出现“空校化”的农村校可以强化其教育服务“三农”功能，强化发展涉农职业教育，广泛培养农村实用人才。

第四，着力补足农村教师队伍的短板。制定和实施切实可行的倾斜政策，有计划地培养“本土型”“骨干型”的农村中小学教师，并在国家层面调配全国师资，加大培养农村“定向”师范生。同时建立切实可行的区域内城乡教师互动机制，城镇教师要派下去，农村教师要进城来，确保教师流动的效果，可以尝试规定城乡教师流动比例，并对农村教师的编制设置、评奖晋升、工资待遇、工作条件等实施倾斜政策，增加农村教育岗位的吸引力，形成农村中小学教师可持续发展的良性机制。（2014 年）

60. 加强西部农村校外住宿生安全工作

20世纪90年代以来，伴随着我国农村人口自然增长率的有效控制，农村适龄儿童入学人数出现了持续减少的态势。同时，伴随着农村劳动力向城市的转移，大批农村适龄儿童开始流入城市。因此，农村学校生源开始萎缩，在此背景下，我国一些农村地区开始对中小学布局进行适当调整，同时建立了一批寄宿制学校。2007—2010年间，国家发改委安排100亿元专项投资，推动中西部地区改善农村初中的学生生活设施。2010年，《国家中长期教育改革和发展规划纲要（2010—2020）》也明确提出，“加快农村寄宿制学校建设，优先满足留守儿童住宿需求”。

西北师范大学西北少数民族教育发展研究中心王嘉毅教授对西部农村学校学生校外住宿的现状及其存在的问题进行调查时发现：

一、目前有超过2/3的在校初中生需要寄宿，但是只有不足1/3的学校能够全部满足自己学校学生的寄宿需要，其他学校的寄宿生只能选择在校外自己租房。如甘肃静宁县现有初中36所，只有10所学校的寄宿生全部在校内住宿，在校外住宿的学校有26所，占72.22%；全县有初中生33074名，寄宿生19615名，占59.31%；寄宿生当中在校外住的是9037名，占46.07%。

二、校外寄宿生的安全现状不容乐观。在西部农村的乡镇街道较少，学校基本都是紧邻国道、省道修建，许多出租屋也都是紧邻道路。

19.9%的学生认为周边社会治安很差，有80.9%的学生认为学校周边的商店很多，并且在出租屋周围会有一些不该出现的娱乐场所和网吧存在，这都是引发问题的根源所在。学生在出租屋的经常性流动引发了一些抢劫事件、严重伤人事件的发生。在一些社会游民和无良店主的撺掇下，一些学生养成了吸烟、喝酒、泡网吧的毛病，一些学生会无端出走，在一些出租屋内会留宿外人或被人强行留宿；当地治安部门安全意识不强，有95.0%的学生表示当地派出所没有检查过出租屋；出租屋内秩序混乱，98.7%的学生反映出租屋内没有配备灭火器材。学生私拉电线现象较为普遍，火炉和煤气灶的存在更是普遍，极易发生触电和煤气中毒事件；还有不该发生的学生偷电和被殴打事件；有43.9%的学生反映在出租屋内丢过东西；有21.6%的学生发生过在出租屋内留宿他人的情况；还有让人难以启齿的性侵犯事件。

三、学生在校外租住的一些民房条件比较差，存在着安全隐患；还有一些距离学校较远，给学生及时回校学习和学校的管理带来了不便。尽管大部分学生们租住的是砖木结构和砖混结构的房屋（43.3%和36.7%），但是也有土木结构的房屋（20.1%），还有的学生住在破旧的窑洞中（5.3%）。土木结构的房屋存在或多或少的安全隐患；并且全部被租住的房屋多半临街（63.3%）。临街的房屋虽然方便了学生出行，但是由于过往车流、人流量大，这无形间增添了学生的安全隐患；虽然，学生选择的出租屋多在离学校比较近的地方（5—10分钟），但也有需步行10—20分钟和20—30分钟（9.4%和2.8%）。

四、校外住宿的花费增添了学生家庭的经济负担；校内缺少食堂和一些宿舍无法取暖是驱使学生校外住宿另外的两大动因。同时，寄宿生的饮食和交通问题比较突出。校外寄宿学生饮食可以分为三种情况，第一种是学生自己做饭吃（28.2%），第二种主要是从家里带饭吃（61.4%），第三种情况是在学校食堂或餐馆小摊上买饭食用（只占10.3%）；从做饭的工具来看，使用柴火做饭的学生至少占49.6%，使用液化气的学生至少占21.2%，使用电磁炉的学生至少占17.5%，这三种方式占了总数的88.3%。简单饮食对学生的健康带来了许多不良影响，初中生正是生长发育的关键期，加上繁重的学习劳动，如此单一的饮食搭配，使学生容易产生感冒、头晕、腹泻等不良身体状况。

五、学生在出租屋内学习是一种普遍现象，但嘈杂的环境并不利于学习。调查显示，从不在出租屋内学习的学生人数只占1.9%。学习1小时以内的学生占了50.8%，1—2小时的学生占23.5%，2—3小时的学生达15.0%，3小时以上的占8.8%；但是嘈杂的环境并不利于学习，认为出租屋内学习环境好的学生所占比例为16.3%，83.7%的学生不同程度地认为自己学习时周围环境嘈杂；49.7%的学生反映用电时会受到房东的限制；在外住宿滋生了一些学生懒散成性、无所事事或拉帮结派、无事生非的坏习惯，对学生的成长尤为不利。

总之，作为在国家学校布局调整背景下大规模发展起来的西部农村寄宿制学校，在软、硬件建设等方面存在着许多问题。

一是硬件设施不到位。虽然先后出台了《国家西部地区农村寄宿制学校建设工程项目学校管理暂行办法》和《西部地区农村寄宿制学校建设工程实施方案》，但由于受地方经济发展水平的影响，农村寄宿制学校仍然面临许多困难，尤其是硬件设施（如食堂、宿舍、文体设施等）不到位。

二是教师素质跟不上。校长与教师的专业化发展水平在一定程度上影响着学校的管理水平，也影响着学生的学业成就、学生对学校的归属感与幸福感。寄宿制学校的教师除了正常的教学工作外，还要兼职做生活辅导老师，疏导学生心理，晚上查自习、宿舍，时刻留心一系列突发性的事件。这对寄宿制学校教师的专业能力和水平提出了更高的要求，也为教师产生专业倦怠感埋下隐患。从目前的情况看，存在着农村寄宿制学校教师素质跟不上的问题。

三是学生身心健康状况问题多。受办学条件与管理水平的影响，寄宿制学校学生的身心发展都受到了一定的影响。由于受校园周边环境、学生身体状况、学校食堂条件和住宿条件、饮用水等问题的影响，以及离开父母与家庭等情感的交流因素，学生在身心发展方面出现了多种问题，如孤僻、冷漠、等心理障碍。

四是学生管理不到位。部分学校在学校管理制度建设、家校沟通、活动开展等方面比较薄弱，也没有条件配备生活老师，寄宿制学校的管理主要还是依靠班主任，不少学校的管理还处于较低层次的水平，即对学生的管理处于“看管”或“不出事”，或者管理处于“维持”秩序层面，努力使学生的正常学习不受干扰。同时由于学校管理制度中学生视角的缺失与成人视角的强势，在一定程度上影响了寄宿制学校管理制度的有效落实。

为此提出如下建议：

第一，提高对改善西部农村学生住宿条件重要性的认识。解决好学生的住宿问题，事关学生的健康与发展，事关学生的安全和家庭的幸福。逐步改善西部农村学生的住宿问题，使他们安心学习、健康成长，不仅仅是教育发展的需要，也是建设小康社会的重要基础。因此，要进一步提高认识，高度重视学生住宿问题的重要性，并积极采取行动，努力解决西部农村学生校外住宿问题。

第二，明确各级政府和学校的责任。在国家层面上，要积极推进农村寄宿制学校管理标准化建设，制定寄宿制学校建设“级差分类标准”，并按照各所学校达标的程度给予相应的支持。要加大对农村寄宿制学校的经费支持，对一些西部农村地区要提供学校建设的费用，同时还要解决学生入学之后的水、电、暖等相关费用。要增加农村寄宿制学校编制，解决由于教师的紧缺，课程开不齐、课时不足的现象。

在地方教育行政层面上，要加强对校长和教师的培训，尤其是对生活教师的培训。要加强农村寄宿制学校硬件设施建设与保障。除了国家划拨的经费，地方教育部门也应筹措相应的经费，进一步支持寄宿制学校硬件设施建设。要加强校长教育领导力的建设，充分发挥校长在提高学校的校园文化环境，鼓励学生参与学校的管理，调动师生员工的积极性等方面的作用。要加强教师专业能力建设，以提高他们自我专业效能，以有效解决在日常教育教学中、寄宿制管理中以及学生学习与心理等方面的问题。

在学校管理层面，要丰富校园文化生活，从校园到宿舍，要努力创设适合寄宿制学校学生学习生活环境。要加强寄宿制学生心理健康的疏导与干预，由心理学或相关心理咨询行业工作人员介入中小学，对已经出现心理障碍的学生进行干预。要整合资源，改善学生营养状况。学校既要利用各方面的资源，比如社区群众的志愿帮扶、公益组织或爱心人士的捐助等方式和途径筹措经费，改善学生的伙食状况；也可以结合我国从 2011 年秋季学期起实施的“农村义务教育学生营养改善计划”，切实改善学生就餐条件。

第三，建立学校、房东、家长和当地派出所齐抓共管保安全的机制。 于学生来说，教师、房东、家长和当地派出所分别代表了四个方面的监护力量。在《未成年人保护法》中，可以清楚地看到，对于未成年人的保护，学校、家庭和社会都有着各自清晰的责任划分。所以各方要提高责任意识，以保障安全为根本，形成齐抓共管的良好局面。当然，由于学校有着管理上的便利和人员上的优势，在工作上就要作出较多的努力，学校要根据实际情况选派教辅人员做好专项工作，从源头做起，防患于未然。当地公安部门要定期检查，狠抓落实，确保校外寄宿生的安全。

第四，改革寄宿生生活补助发放方式，变“货币发放”为“伙食补助”，保障学生饮食安全和健康成长。学生在外食宿的另一大诱因是在外边做饭比较节省，这与一些地方落后的经济条件不无关系，但是国家已经在这些地区为学生发放了生活补助，部分学生家长把这部分钱挪作他用，使得学生继续过着这种“自给自足”落后的饮食生活。还有一些学校虽有食堂但由于管理不善经营惨淡，使得学生就餐者少。解决此类问题的方法：第一，鼓励学生在学校食堂就餐；第二，实施给食堂补贴代替货币发放的补助形式（将原来发给学生的寄宿补助或生活补助直接补贴给学校食堂，降低学校食堂饭菜价格）。学校要定期不定期地对食堂饭菜质量和价格进行检查，严格控制饭菜价格。（2012年，感谢西北师范大学原校长王嘉毅先生给予的帮助）

61. 妥善解决农村“撤点并校”遗留问题

2001年，国务院《关于基础教育改革与发展的决定》（以下简称《决定》）中提出要“因地制宜调整农村义务教育学校布局”。近年来的农村中小学布局调整，优化了农村教育资源配置，提高了中小学教育投资效益和教育质量，促进了农村基础教育事业健康可持续发展。但在“撤点并校”过程中，存在部分地区操作不当，工作简单化、程序不规范，以及撤并后办学条件没有跟上等问题。不少地方不顾客观实际，提出“小学进镇”“初中进城”等口号。

其实，《决定》中对“撤点并校”是提出了明确要求的：“在交通不便的地区仍需保留必要的教学点，防止因布局调整造成学生辍学。”但是，由于许多地方政府盲目跟风，不顾学生就学路程、寄宿条件等，为合并而合并，给广大农村学生及其父母带来了更重的负担。2006年6月，教育部出台了《关于实事求是地做好农村中小学布局调整工作的通知》，要求防止“过度调整”，但是通知出台之后“撤点并校”的步伐并未完全停止，而对之前“一刀切”做法造成的后果，地方政府也未作出相应的补救措施。仅2000年到2010年十年间，我国农村小学就从55万所减少到26万所，初中从6.4万所减少到5.5万所。更加值得深思的现实情况是，越“交通不便的地区”，撤并的力度越大，甚至发生过强行撤并事件。

除了校车问题，这一公共政策的盲目执行还衍生了诸多问题，如：

农村、山区孩子上学难、辍学率回升；无法就近上学，导致学生住宿费、伙食费、生活费、交通费等家庭教育费用增加；低龄寄宿衍生严重心理问题；大量巨型学校、巨型班级，严重影响教学质量；教职工承担了过多的养育教育任务，精神压力大等。

为此提出如下建议：

为规范农村学校的布局调整与建设，妥善解决农村“撤点并校”的遗留问题，我们建议国家教育主管部门尽快出台《关于农村学校布局调整若干规定》。在该规定中对以下方面作出明确的规范：

一、明确调整重点，完善补偿机制

农村学校布局调整的主要矛盾在小学，应重点对小学布局调整作出明确规定；阐明保留部分教学点和村小的战略意义与重要价值，不能搞“一刀切”；对因布局调整导致的弱势群体上学成本增加，政府应建立相应的补偿机制，对由此产生的额外负担进行补偿。

二、突出因地制宜，规定撤并的必要因素和标准

《规定》中应对农村自然地理状况、社会治安、学生身心发展等各种因素综合考虑，并详细规定撤并标准，不具备撤并条件的学校予以保留，决不能再发生强行撤并事件。

三、强调基本程序，保证公开、民主

必须做到撤并信息公开、多方参与、过程民主、决策科学。其一，要保障受决策影响主体实质性地参与撤并过程，对其意见要有“听”有“取”；其二，建立撤并过程的科学论证机制，公开撤并全过程；

其三，对经过科学论证和严格程序予以撤并的学校，必须事先考虑到学生住宿、交通、生活保障等问题，先建后撤。

四、恢复必要的教学点和村小，并改善办学条件

对于不符合撤并标准而已经被强行撤并的教学点和村小，必须恢复重建。重建时应该按照服务半径、服务人口、学校规模、资源配置、占地面积等指标全面考量。重建后要努力改善其办学条件和师资水平，可以建立学区中心校总法人制度，实行教学点和村小教师“中心校管，统一使用”。

五、多措并举，应对布局调整带来的新情况

必须配套支持性举措，如改善寄宿学校的办学条件，加大学生的宿舍、食堂等生活设施的建设力度；建立和完善校车制度，规范校车的运营管理，解决好学生的上下学交通安全问题等。

十年树木，百年树人，教育不是一块试验田，每一个教育政策出台前都必须在着眼长远的基础上认真全面调研、小心论证，出台后紧密关注、及时出台配套措施。希望看到不论在城市还是农村，每一个孩子都能踏踏实实地去上学，每一个家庭都能安安心心等着孩子放学回家。（2012 年）

62. 改善农村小规模学校管理

随着人口出生率的整体下降和人口流动，农村教育中小规模学校（村小和教学点）数量仍然很多并会长期存在，它满足了农村“后20%”弱势人群的教育需求。我们需要立足这一现实，努力改善和提升农村小规模学校的教育水平。但是，目前各地普遍实行的“县教育局—乡镇中心校—农村小规模学校”的垂直式分包分管教育模式，对小规模学校的发展造成诸多困扰和问题。

首先，中心校普遍截留农村小规模学校的生均公用经费。中心校作为镇级教育唯一的事业法人主体，有权统筹管理中心校、村小和教学点的人、财、物、教学等各项事宜。为了保障小规模学校的正常运转，教育部明确规定对不足100人的学校按100人核定公用经费补助资金。然而，由于教育公用经费被下拨到中心校账户，中心校采取“集中记账，分校核算”的方式，并不按规定标准足额拨付给农村小规模学校，截留村小、教学点的经费用于自我发展，这是许多农村小规模学校仍然小而弱、小而差的重要原因。

其次，县教育行政部门依托中心校对乡镇教育实施间接管理，造成中心校既是裁判员又是运动员的角色错位，难以做到管办评分离，导致基层教育官僚化的加重。由于县和乡镇需要大量借调教师应付日常行政事务，中心校被借调教师的缺口，主要从村小和教学点再借调教师，致使村小和教学点不得不使用代课教师或临聘教师，教育质量更为低下。

再次，农村小规模学校缺乏科学的底线标准。在硬件建设上，村小的学校校舍建设没有统一规划和建筑标准。物品配置方面也十分简陋，各类专用教室，尤其是计算机教室无法配置。国家的师生比标准只能适用于城镇较大规模的学校和班级，一所再小的学校或者班级因为要兼顾性别、学科教学、管理和安全的需要也要至少两位教师。但是这些特小规模的学校、班级只能实行最低标准的“校—师比”和“班—师比”，增加食宿方面非教学编制人员的需求就更难满足。

最后，受教师配置和资源条件的限制，农村小规模学校很难开展正常的教育教学，管理水平低下。如缺乏规范的作息时间和课程设置，学校的作息制度形同虚设，教师上下班、上下课都缺少时间概念。囿于老师和教学条件的限制，很多课程不能正常开设，尤其是外语、计算机，还有自然、体育、音乐等学科的专职教师极度匮乏，教师几乎无法得到正常的教研学习和培训，也得不到起码的教学评估和检查，更不可能实现教师的流动。

由于缺乏硬性的规定和标准，导致办学水平严重下降，生源严重流失。许多学生不得不离开农村，到城市学校就读，这样又导致了城市学校大班额和巨型学校的产生，形成恶性循环，加重了教育不均衡。

这些处于国家教育体系最边缘的学校，是分散的、边远的、人数不多的，但它们作为教育最短的短板，是国家判断义务教育实施标准和质量的关键所在。

为此提出如下建议：

第一，加强对中心校教育经费使用的监督和审计。在教育公用经费短期内仍由中心校继续统筹管理的情况下，需要上级教育督导部门和审计部门加强监督，按照年度或学期定期分账核算，并实行严格的公示、申诉和追责制度，确保公用经费统筹使用的公平合理，确保国家保障农村小规模学校发展的政策得以落实。

第二，为农村小规模学校设立公用经费专项独立账户。从发展的观点看，需要改变这一管理模式，剥离中心校对农村小规模学校的人事和财务控制权，仅保留教育教学业务指导权。小规模学校在项目建设上的统筹配置权，应逐步由中心校转移至县教育行政部门。

第三，逐步提高农村小规模学校经费标准。在贯彻落实教育部关于农村学校学生不足 100 人按 100 人拨款政策的同时，在可能的情况下应逐步提高小规模学校的办学经费。例如四川阆中市规定，学生规模不足 300 人的学校按 300 人拨付生均经费；四川广元市利州区规定不足 150 人的学校年拨付教育经费 10 万元；广元市剑阁县规定不足 150 人的学校年拨付教育经费 20 万。

第四，实行中心校与村小教学点统一评价。由于办学水平、教育质量的评价，是以学校为单位进行的，从而使中心学校在挤占小规模学校经费的同时，并不对小规模学校的办学水平负责。因此，按照责权利统一的原则，在小规模学校由中心校统筹的情况下，其考试、升学等评价也应当与中心学校捆绑，使学区成为一个评价单元，使得中心校承担起改善小规模学校教学的责任。

第五，设置科学公平的办学标准。统一的办学条件标准是保证义务教育公平性的前提，国家已经颁布了相关标准，诸如：校舍建筑标准、教学设施设备配置标准、学校编制及师生比标准等。实践证明，这些标准是以城市学校的适度规模标准为参照的。在边远地区的规模特别小的学校，在学校建设、上学距离、编制、师生比等问题上，在满足最基本的教学条件的保障上，坚持国家标准的根本原则并且有所变通，因地制宜制定切合实际的底线标准，实事求是地保障最基本的办学条件，底线不能突破，不能迁就。（2014 年、2016 年，感谢 21 世纪教育发展研究院院长、北京理工大学杨东平教授的贡献）

63. 利用社会智力资源支持农村边远地区教育

城乡教育的均衡发展是《国家中长期教育改革与发展规划纲要》明确提出的重要目标。为缓解城乡间教育发展与教师资源配置的不平衡，教育部门近年来实施了免费师范生以及惠及几百万乡村教师的国培计划等一系列政策并取得了一定成效。但是，免费师范生杯水车薪且很少到乡镇以下，农村边远地区缺少优秀教师的问题仍然严重。仅仅靠国培计划培养农村教师，中国教育最短的这块短板，也很难在短期内拉长。

如何解决这个矛盾？实践表明，利用全社会的智力资源尤其是退休教师志愿者支持农村边远地区的教育，是一种行之有效的办法。据统计，我国 60 岁以上的老年人口已达 1.43 亿，城市退休人员也近 6000 万人。这是一笔巨大的人力与社会资源财富，应该寻找一种有效的方式加以充分利用。

在这方面，已经有一些民间团体和个人自发的探索和成功的实践，其中以友成企业家扶贫基金会在广西等地开展的“常青义教”项目最为典型。这个以退休教师为骨干，以城乡对口支援为抓手，社会组织配合的多方位、有规模、可持续的支教模式，不仅是对国培计划的一个有益的补充，也对整体提升农村教育的品质，具有十分重要的作用。

“常青义教”项目是在广西教育厅和南宁市教育局的支持与指导

下，由友成企业家扶贫基金会发起，组织城市退休教师到贫困地区学校进行教学管理提升和师资培训的老龄志愿服务项目。该项目自 2010 年 3 月启动，一批广西南宁的退休教师到广西河池地区巴马瑶族自治县甲篆乡中学开展支教活动。到目前为止，常青义教已经扩大成广西、云南、河北、内蒙古、辽宁等省的九个支教项目。仅在 2011 年度，常青义教就招募了城市退休教师志愿者 578 人，志愿服务时间达 47156 小时，影响辐射 297 所学校，直接受益教师 3185 人，间接受益学生 52346 人。退休教师以志愿者身份工作，不拿任何报酬。支教活动所需的交通费、食宿补助以及意外伤害保险由友成基金会提供。

常青义教模式与传统的支教模式相比，有以下几个不同点：

（一）传统支教以一线在职教师为主，由于城市的优秀师资也十分紧缺，这就造成了这种模式很难大规模推广。而常青义教以退休教师为主体，他们数量巨大，而且有时间、有专业、无负担、无后顾之忧。特别重要的是，他们有用自己的经验与知识回馈社会的强烈愿望，同时，也有对退休后被社会“边缘化”的担心。他们到贫困地区去志愿支教，不是“利益”或“利润”的驱动，而是“使命”的召唤；不是“要我”支教，而是“我要”支教。老有所为，发挥“余热”，是很多退休教师支教的一个最大动力。正如常青义教支教老师潘玉钗所说：“没退休时，身心俱疲惫的我们天天盼退休，但当真的退休了，离开三尺讲台，心中除了欣喜外还有一丝牵挂。欣喜的是终于可以轻松一下，但没过多久，竟发现自己还是有些惦记着那三尺讲台，牵挂着那些孩子们。为使山区的孩子共享蓝天，为了了却自己的牵挂，我们自带行李、风尘仆仆去支教。”

（二）与传统支教以个别教师到农村学校顶岗上课，直接面对学生不同，常青义教的工作重点是多方位、多模式地提高乡村教师的教学水平。他们组织了德育、政史、语文、数学、英语、理化生、体卫艺等若干支教小组，通过听课、评课等形式对乡村教师一对一地帮助。他们还通过上示范课、分析教学案例、培训班主任等，手把手地提高乡村教师的教学与学生管理水平。参与常青义教的还有一部分是退休的校长、书记，他们工作的重点是指导与协助当地学校管理层抓常规管理、制度建设、教研组建设等，全面地提高学校的管理水平。

（三）常青义教根据退休教师的特点，每次支教不超过一个月，采取多批次、轮流下乡支教的方式。他们还以支教点为基地，通过上示范课，到周边学校支教以及定时开展给全县教师上集体培训课等方式，把支教活动的影响辐射到更大范围。在退休老教师的带动下，一些城市在职的中青年教师也放弃了休息时间，利用周末与无课日配合老教师下乡志愿支教。

（四）常青义教不仅采取送教下乡，还采取了“走出去，请进来”的模式，把乡村教师带到退休教师所在的城市学校观摩学习。例如，河北滦平的常青义教点就组织了当地教师到北京海淀区的学校听课学习，短短几天就使乡村教师对先进教学方式的认识有了一个很大的飞跃。南宁四中与马山县林圩一中，南宁十四中与田东县上法中学结成了对子，以退休教师为骨干对口开展支教活动。

（五）常青义教还动员了一些社会组织与社会资源参与支教活动。常青义教活动是在友成企业家扶贫基金会支持与协调下开展起来的。社会组织的参与，不但减少了教育部门和学校的很多组织、协调工作，还动员了大量的民间资金与资源的参与。例如，广西阳光100公司等企业就通过友成基金会为开展常青义教捐献了近300万人民币。社会组织的参与还带入了很多有创新、创意的支教方式。

总而言之，常青义教模式一方面缓解了城乡教育资源配置极不均衡，特别是在教师数量和素质、教育理念、教学手段、教育管理水平等软性资源上城乡差别巨大的矛盾；另一方面也满足了城市的退休教师热切希望发挥余热，丰富了退休教师的生活，实现了退休教师的公益情怀和社会价值的愿望，可谓一举多得。

为此，我们建议进一步在全国完善和推广常青义教模式，并形成一个制度性的安排。

（一）把城市学校对贫困地区农村学校的支援形成一个制度性的安排，列入教育部门的年度工作计划中。以校际对口支援为主要模式。支教活动以退休志愿教师为骨干，带动在职老师短期参与。这种支教安排不会过多地影响城市学校的正常教学秩序。原则上支教活动应该优先在国定贫困县或省定贫困县的乡一级及以下的学校中开展。

（二）采取政府资助、社会募集、教师自费等多种模式。经费保证是支教活动长期可持续进行的一个必要条件。可以考虑在现有的教师培训经费以及未来培训经费的增量中拨出一部分经费支持支教工作，配合社会资源来支付志愿教师的路费、生活补助及意外伤害保险。也可以发挥社会公益组织和支教教师本人的积极性，进行多样化的经费保障。

（三）退休教师教学经验丰富，但面对新的教育环境和教育变革，也需要继续充电，先行业务培训。各地在组织教师课改等各种培训时，可以考虑把参加支教的老年教师列入培训计划中。

（四）建立验收与奖励机制。针对常青义教开展后的效果，可以动员一批退休教师志愿者担任验收与评估工作。老年志愿服务也应该得到社会的承认及精神上的回报。政府有关部门可考虑对执行较好、效果显著的支教学校及老师给予奖励。中央及地方媒体也应进一步加大宣传力度，引起社会各界对支教活动的关注、支持与参与。

（五）鼓励社会各方更加积极有效地参与支教的支持与协调工作。通过社会组织来动员更多的企业资源以及其他社会资源，配合国家的投入，支持支教工作。有关部门在退休教师成立的支教组织的审批上给予特别的支持。各地老龄办、关工委、老教师协会等机构可更多地参与支教工作。

（六）进一步扩大试点，并在条件成熟时尽快推广。迄今为止常青义教的试点规模仍然较小，还需要摸索在更大范围内的推广经验。可以考虑在广西南宁及内蒙古呼和浩特市等推行常青义教已经有了一定基础的城市进行支教扩大试点，把全市的中小学以及师范院校都动员起来开展支教工作，也可以在退休教师的基础上招募退休的科技人员、医务人员、艺术家等学校需要的人才。取得面上的经验后，再向全国推广。（2012 年，感谢国务院参事、友成基金会副理事长汤敏提供相关资料）

64. 完善外来务工人员子女就学政策

近些年来，外来务工人员子女就学问题受到了社会和各地政府部门的重视，很多地方对解决他们的就学问题做了很多努力，一些外来务工人员子女得以进入城市公办学校就学。但是，外来务工人员子女就学难的问题仍然没有得到彻底解决，在一些地方特别是大城市仍然是呼声很高的教育难题。

以北京市为例，2011 年暑假期间对一批打工子弟学校实施了关闭的措施，并承诺开学时“不会让一个孩子失学”。然而，到了 9 月 1 日开学时发现，涉及需要分流和转移安置的 1.4 万名外来学生中，去公办校报到的仅 8000 余人，约有 6000 名学生“不知所终”。经媒体调查发现，其中将近一半的外来学生几乎都是因无法进入本地公办学校而被迫回乡就读了，这些孩子孤单地离开在城市务工的父母，回到遥远的家乡读书。很多家长说，他们是无奈将孩子送回了老家，跟随爷爷奶奶或者是外公外婆生活，重新成为缺乏父爱母爱，重新适应新的环境的“留守儿童”。

为什么这些孩子被迫要回老家读书？因为打工子弟学校被取缔后，这些孩子要进入城市公办学校有几道“坎”仍是他们难以逾越的。如城市有关部门一般需要通过“五证”（包括暂住证、实际住所居住证明、务工就业证明、户口所在地乡镇政府出具的在当地没有监护条件的证明、全家户口簿）才能够允许报名，有的地方甚至还有独生子女证、高额赞助费等，这些限制性的政策，使打工子弟难以入学。

随着经济的发展，城市间的打工人员流动将越来越频繁；随着城市化进程的快速发展，城市里的外来务工农民也将越来越多，他们的子女入学问题解决的好坏也将影响着中国教育的整体发展。

为此提出如下建议：

第一，应该加快户籍改革的步伐。务工人员子女教育的问题，从根本上来说是我们的户籍制度问题。面对许多外来务工人员长期工作居住在本地城市，事实上已经成为城市“新市民”的现实，应该加快启动户籍制度改革，这是解决打工子弟教育及其他社会保障问题的一个基本前提。在此基础上，引起高度关注的外来务工人员子女的中考和高考问题也会因此得到较好解决。

第二，认真落实流入地政府为主的政策。流入地政府为主的政策，刚性规定了政府的职责与义务。在这方面，上海市作出了很好的表率。2008 年起，上海市制订了一个打工子弟学校“关停并转”的三年计划，市政府扮演了政策倡导者以及实际出资人的角色。规定初中阶段禁止开设务工人员子女学校，原有学校的中学部全部转入公立学校；小学达标的直接发办学许可证，不达标的规模小的学校由乡镇主导收购和合并，可以扶持的给予几十万元补助经费改善条件后再发证。

在一些地方，流入地政府往往囿于财政能力不可能大幅度增加投资和大量建设新校，在公办学校无法立即全部解决务工人员子女就学的同时，还需要扶植和改善符合条件的务工人员子女的学校。要采取各种优惠政策积极吸引、鼓励社会力量举办主要接收流动儿童的民办学校，形成公办学校、民间组织、打工子弟学校三方面的合力。

第三，加大投入，建立解决外来务工人员子女的教育问题的财政

经费保障机制。仍然以上海市为例，2008—2010年，市政府共投入资金103.79亿元，建设中小学和幼儿园363所。同时，为鼓励公办学校招收务工人员子女，教育部门按实际招收学生人数核定教师数，下拨公用经费。在公用经费方面，上海市一级财政自2008年开始每年都按照公办学校招收务工人员子女实际人数来划拨经费，2008年是1000元/生，此后每年分别提高至1500元、1800元、2000元。与此同时，上海市要求各区按照1∶1的比例出配套资金。有的区外来人口子女数量多，区一级财政收入又不是太强，市里就采取转移支付的方法。至此，上海市基本建立了办学经费全部由财政负担，市和区县共同分担经费，全部农民工子女接受免费义务教育的经费保障机制。

第四，有效解决务工人员子女教育经费分摊机制问题。对部分外来人口较多而且增长速度很快的城市来说，全部承担务工人员子女的教育费用是有一定难度的。而现行解决流动儿童教育“以流入地为主”的方针，没有涉及义务教育经费如何随儿童的流动而转移，从而加剧了流入地政府财政压力的问题。对此，一方面流入地政府有责任主动承担流动儿童的教育责任；另一方面也可考虑通过试点，建立流动儿童义务教育“教育券”的制度，流动儿童持券到城市学校就学，在省市之间集中兑换教育经费。城市则应建立市、区、镇三级政府分担的财政机制，使各级政府共同分担流动儿童的教育责任，为农民工子女接受平等的教育提供充足的资源，避免财政压力集中在部分县区。

“同在蓝天下，共同成长进步。”只要国家、流入地政府和流出地政府在政策、财政等方面加以重视，外来务工人员子女就学问题是能够得到有效解决的。（2012年）

65. 妥善解决非户籍常住人口子女入学问题

近年来，非户籍常住人口子女的教育问题，已经引起社会的广泛关注。虽然《国家中长期教育改革和发展规划纲要（2010—2020）》提出，要尽快解决进城务工人员随迁子女接受义务教育和在流入地升学考试问题。但是非户籍常住人口子女教育问题，与现行的户籍制度、教育资源配置方式和招生录取制度紧密相关，其中的问题错综复杂。由于纲要并没有设立具体详细的解决途径与时间进度，纲要本身又不是法律法规，不具有强制性，因此各地执行起来随意性较大，存在不少难题。

非户籍常住人口子女教育问题，是社会转型期各种社会问题在教育层面的并发症。表面上看，造成非户籍常住人口子女不能平等地接受教育的根源是户籍制度和教育拨款制度；从深层次来看，非户籍常住人口子女的受教育问题反映了社会转型时期二元经济结构解体与二元社会结构、教育结构调整的滞后性之间的矛盾。现行的教育体制钳制了非户籍常住人口子女应享受与当地儿童少年相同的接受教育的权利。当前，主要问题集中体现在：

（1）非户籍常住人口数量庞大，带来数千万的留守儿童和一系列社会问题。以北京为例，截止到 2011 年，北京共登记常住人口 1961.2 万人，其中外省市来京人员为 704.5 万人，占常住人口的比重为 35.9%。而在全国，根据第六次全国人口普查的数据，目前居住地与户口登记地所在的乡镇街道不一致且离开户口登记地半年以上的人口

（即非户籍常住人口）为26139万人，同2000年人口普查相比，增长81.03%。这主要是多年来我国农村劳动力加速转移和经济快速发展促进了流动人口大量增加。这些人口中，学龄阶段的孩子有很多，这直接导致了非户籍常住人口子女教育问题更加严重。由于在工作居住地不能正常入学和参加高考，为了孩子的将来，很多家长不得不忍痛割爱，从小把孩子留在户籍地上学。这些孩子普遍缺失正常家庭生活，缺少家庭教育，缺少安全保护，大量的孩子存在心理健康问题。

（2）非户籍常住人口子女入学规模日趋庞大，不仅使输入地教育承载能力面临严峻挑战，还影响了很多孩子的发展前途。以北京为例，2011年北京市入小学人数约9.5万人，非京籍学生比例为47.6%。2011年北京市小学毕业班学生人数为102194人，其中非京籍学生34181人，占毕业学生人数的33.4%。这对北京的教育承载能力来说压力很大。而这些孩子由于不能在北京参加高考，所以他们中的大部分只能在初中或者高中回户籍地就读，这对很多已经熟悉了城市生活的孩子来说是人生的重大转折。由于远离父母，教材不同，甚至语言不通等一系列问题，使很多原本成绩优异的学生回到陌生的户籍地成绩一落千丈。

（3）引发犯罪率增加等社会不稳定因素。户籍歧视带来的严重不公平感引发很多孩子对社会不满，一些孩子因为户籍歧视被迫失学过早走上社会，留守儿童缺少家庭温暖带来心理健康问题，这些因素导致外来人口第二代犯罪成为严重社会问题。根据北京市海淀区法院2010年工作报告，外来人口第二代犯罪问题日益突出，在未成年人犯罪中所占比例由2006年的12%上升到2009年的52%。

户籍制度的改革是一个复杂的社会系统工程，尤其是大城市的户籍改革将是一个逐步推进的长期过程。然而非户籍常住人口子女接受教育是刻不容缓的大事。我们不能寄希望于户籍制度的改革来保障非户籍常住人口子女的教育权。所以，在户籍制度尚存的前提下，通过法制建设、政策配套和财政筹措制度等各种政策方式，促进和保障非户籍常住人口子女接受教育的问题显得迫切和重要。

教育作为实现和谐社会的基础和重要保障，应该把教育的公平性作为制定教育政策的出发点和重要目标，完善和改进一些已经不合时宜的政策。当前，要重视教育政策与教育发展战略规划，中央和地方应抓紧制定保障非户籍常住人口子女教育权可行性高的政策法规，要求国家从立法上完善教育权利的保障和监督机制。明确中央、地方各级政府对教育的法定职责，逐步建立符合社会主义市场经济体制和政府公共财政体制的教育分担与补偿机制。

（1）出台政策规范非户籍常住人口的管理。面临日益加剧的人口流动形势，必须根据国家有关政策，加快改革健全和完善户籍管理制度和非户籍常住人口的管理办法，为解决户籍管理和非户籍常住人口子女教育问题提供可靠的法制保障。制定和完善对非户籍人口或暂住人口的管理和服务办法，包括对暂住人口的教育管理和服务的政策，促进非户籍人口子女教育问题得以落实，这样既有利于非户籍人口子女能够接受教育，又有利于城市化进程健康顺利进行。

（2）政府应把非户籍人口子女教育纳入国民经济社会事业发展规划，统筹规划建设和安排。根据实际学籍人数而不是户籍人数划拨教育各项经费。教育主管部门制定具体政策，保障非户籍人口子女教育的落实，同时加强教育主管部门与相关职能部门的配合，明确各成员单位的职责和分工，使各部门在解决非户籍常住人口子女教育问题上相互配合，齐抓共管，采取多种措施保证非户籍常住人口子女与户籍人口子女享受完全同等待遇，平等接受教育。以上政策应制定具体实施时间表，并通过立法强制落实。

（3）出台相关法规规范学籍管理，在全国建立统一的电子学籍信息管理系统。推动将非户籍常住人口子女纳入电子学籍管理系统，同时对电子学籍进行实时更新和管理，将全国电子学籍管理系统与全国电子户籍管理系统联网互通，为中央教育经费划拨、地方教育资源配置、高考招生比例分配等工作提供科学依据。

（4）建立中央财政对非户籍常住人口子女义务教育的转移支付制度。在欧洲多数国家，中央政府负担基础教育经费的比例一般达 50% 以上，有的高达 90%。鉴于我国是“分级办学——分级管理”体制和“实施义务教育所需事业费用和基本建设投资，由国务院和地方人民政府负责筹措”的实际，为彻底保障非户籍常住人口子女接受义务教育所需的经费，建议设立专项的教育经费预算，国家考虑列出专项经费，划拨给非户籍常住人口密集的省区，以帮助解决费用缺口问题。总之，要建立起以国家投入为主体、地方政府为主渠道、国家和各级政府专项资助以及社会捐助等为副渠道的经费筹措体制。

（5）为满足多数非户籍常住人口子女在居住地接受教育的诉求，结合历史形成的教育水平和高考录取率的差异，建议设置限制条件，逐步放开非户籍常住人口子女参加高考。设置限制条件要平等、科学，满足非户籍居民的需要。如：父母至少一方在经常居住地工作五年以上且有完整的纳税记录；子女有当地完整的学籍三年以上（特殊地区可以适当延长），可以选择在居住地参加中考和高考。并且这些限制条件应当随着教育均衡化的发展逐渐缩短。（2012 年）

66. 进一步支持西藏地区教育发展

近年来，西藏地区的教育事业取得了很大成就，如在全国率先实现了学前阶段、9 年义务阶段和高中阶段 12 年免费教育等，各类举措切实推进了西藏教育的发展。但由于起点低、底子薄，目前还存在一些问题和困难，主要表现在：

一是学前教育入学率不高，尤其是学前双语教育的普及程度不高。2016 年学前三年毛入园率的官方数据为 66%。以日喀则市为例，学前教育的毛入学率仅为 54.72%，学前教育师资缺乏，幼儿教师的工资每月仅为 1400—1600 元，教师队伍难以稳定，更无法吸引优秀双语人才从事幼教工作，学前双语教育开展困难。

二是义务教育发展不均衡，水平有待提高。西藏区内义务教育发展水平差异巨大，从小学学业水平测试的结果来看，很多地区还面临消除零分和个位数分数的严峻任务。受到师资和语言环境等因素的影响，双语教育开展困难。初中阶段的巩固率不高，日喀则地区仅为 85%。

三是职业教育发展困难重重。受到区域自然环境和产业发展等因素限制，中等职业教育出口不畅，招生困难，2016 年高中阶段在校生中仅有 24.2% 的学生就读中职学校。日喀则市 2016 年有中职毕业生 330 人，就业仅 56 人，就业率不到 20%。公务员、事业单位等考试要求学历最低为大专，而西藏地区的企业对就业的吸纳能力不足，相当一部分中职毕业生很难就业。从高职院校来看，西藏地区共有高职院校3所，全部集中在拉萨市，昌都市和日喀则市这两个常住人口超过拉萨的地级市都没有高职院校。而在内地一些高水平中职学校就读的西藏学生毕业后，因为对气候、环境等的不适应，他们更愿意回到西藏工作，但是他们在内地学习到的专业技能，在西藏却很难用得上。

教育是民生之基，发展教育，是全面稳步发展的基础，是“十三五”期间实现全面建成小康社会的关键因素，建议进一步加大力度，支持西藏地区教育事业发展。

第一，以提升教师待遇为重点支持西藏学前教育发展。持续稳定加大对学前教育的财政性投入，并从新增财政性投入中拿出较大比例用于提高教师待遇，尤其是要加大双语学前教师队伍建设的力度，以较好的待遇吸引更多优秀双语人才；对长期在农村和边远地区工作的学前教师，按国家规定实行工资倾斜和津补贴政策。

第二，以提升质量为重点支持西藏义务教育发展。在进一步加大义务教育学校标准化建设、全力改造薄弱学校的同时，加大教育组团援藏的力度，组织更多内地的优秀校长、教师到西藏薄弱学校进行教育援助，切实提高教师队伍整体的教育教学能力和综合素质水平，提高义务教育阶段的教育教学质量。完善双语教师培训和教研工作体系，努力提升双语教育水平。针对西藏地广人稀的特点，加大教育信息化和优质教育资源建设的力度，通过教育云平台建设推进西藏义务教育均衡发展。

第三，加大对西藏中等职业教育发展的支持力度。以完善职教对口援藏和内地西藏中职班制度为抓手，在两地建立联合领导机构，规划教育方向、引入相应的合作企业，使学生或者能够学习家乡产业发展急需的职业技能，或者能够学习藏区异地急需的职业技能。灵活安排学制，允许一部分中职学生前两年在本地就读，第三年前往内地就读和学习，提升学生职业技能水平。

第四，以高等职业教育发展为重点支持西藏高等教育发展。高校对于区域经济社会发展和科技进步有重要带动作用，全自治区只有拉萨市有高校的局面，必须尽快改变。建议先期在人口较多的日喀则市和昌都市各建设一所高职院校，结合当地的产业结构和产业特色，培养高层次应用型人才，也为这些区域的中职学生提供更多的上升通道。（2017 年）

67. 大力发展特殊教育

特殊教育是促进残疾人全面发展、帮助残疾人更好融入社会的基本途径。党中央、国务院高度重视特教事业，统筹规划、系统推进，取得明显成效，但仍存在发展不够平衡、体系有待完善、经费投入总量不足、师资队伍不强等问题。

一是特殊教育区域发展不平衡。全国仍有 589 个 30 万人口以下的县没有特教学校，这些县多属于“老少边穷”地区。全国仍然有近 10 万适龄未入学残疾儿童少年，其中 80% 以上分布在中西部农村地区。相比盲、聋残疾儿童少年，孤独症、脑瘫、重度和多重残疾儿童少年教育难度更大、费用更高，接受教育人数更少。

二是特殊教育学前、高中和大学阶段发展严重滞后。虽然残疾儿童接受义务教育的比例达到了 90%，但在幼儿园和高中阶段严重滞后。如盲、聋初中毕业生升入高中阶段的比例仅为 30% 左右，进入高等院校的残疾学生比例则更低。残疾人职业教育发展相对缓慢，布局不合理、办学规模小、专业设置窄，让每个受教育的残疾人有一技之长，还有很长的路要走。

三是特殊教育师资队伍相对薄弱。特殊教育的教师队伍数量严重不足，质量有待提高。大多数特教教师是从普通教师转岗而来，男性教师比例偏少。职后培训覆盖面小，且缺乏系统性和针对性。职称评审没有专门通道，特教津贴标准已 59 年没变，仍为 1956 年规定的基本工资的 15%，基数小、比例低，已很难发挥激励作用。

党的十八届五中全会提出了共享发展的理念和在 2020 年全面建成小康社会的目标。全面小康，一个也不能够少。办好特殊教育是实现残疾人小康的关键一环。应站在全面建成小康社会战略目标的高度来认识特殊教育的重要性，把特殊教育作为促进社会公平、实现共享发展的神圣事业，在“十三五”期间大力发展特殊教育事业。

第一，完善特殊教育法律体系。建议国家尽快出台《残疾人教育法》，用法律法规保障残疾人受教育权利。在对《特殊教育提升计划（2014—2016）》实施情况进行全面评估验收的同时，尽快出台并实施《特殊教育提升计划（2017—2020）》，提高特教事业发展水平。

第二，加大融合教育和医教结合力度。要树立零拒绝观念，扩大普通学校随班就读规模，加强资源教室、无障碍设施建设。研究随班就读教师岗位条件，改革教学教法，突出针对性，建立随班就读质量监控体系。同时积极开展医教结合。在教育教学中有机融入医学康复的理念、内容和手段，对残疾孩子进行教育和干预，以实现缺陷补偿和潜能开发。建议在制度和经费方面加大支持力度，建立学校与医疗机构的合作关系，根据不同残疾类型，由相应专业知识医疗人员定期到校进行康复指导或学生定期到医疗机构进行康复训练，让专业的人做专业的事，避免重复建设和设备设施空置。

第三，尽快实施特殊教育全免费。建议加大特殊教育的财政保障力度，增加特教学校生均预算内公用经费标准，对残疾学生实行全免费、全救助。明确残疾人就业保障金用于特殊教育发展的比例，并落实到位。同时出台鼓励民间力量参与残疾人教育事业的具体办法。

以进一步将特殊教育从义务教育向两头延伸。建议在学前教育阶段，重点完善“三早”体系，通过网络、广电、宣传册、海报等形式，提升大众对各类残疾儿童致残原因和早期表现的认知，借助社区医疗机构、残联康复机构等部门，及早筛查出残疾儿童并提供针对性干预。加大特教高中和特教学校高中部建设力度。在高中阶段，重点发展职业教育，尽快出台提升发展特殊职业教育的政策。与普通职业技术学校联合办学，充分利用其实训基地和专业师资，提高特教职业教育水平。推行残疾人职业资格证书制度，实现特殊职业教育培训正规化、专业化、学历化。科学合理设置专业，探索校企合作、定岗定向培训等方式，为残障学生提供更多就业机会。大力发展高等特殊教育，让残疾人人尽其才，才尽其用。

第四，加强特教师资队伍建设。一是进一步提高特教津贴水平，支持地方根据自身经济发展情况提高特教津贴比例。二是建立特殊教育职称评聘体系，将特教教师职称评定从普教教师中分离。三是建立多元化特教师资培养模式。一方面通过在有条件的师范类学校学院增设特殊教育系、适当降低特教专业录取分数线、选派学生进入特教高校或专业进行定向培养等方式，从源头上扩大专业教师来源。另一方面，落实好在普通师范类院校课程设置上增加特殊教育课程的要求，让普通教师也掌握一定的特教专业技能。四是做好职后培训，将特教教师培训全面纳入各级各类教师培训规划，根据实际教学需要安排培训内容，注重增加对中重度智力残疾、孤独症、脑瘫、多重残疾等残疾儿童少年教育干预的专业技能培训。五是根据实际情况变化，按照师生比或班生比重新核算所需编制，督促和推动各省出台特教教师编制标准。六是研究建立特教教师职业准入制度，逐步实行特教教师资格证书制度。免去聋人申请教师资格证的普通话考试，以手语技能测试取代，为聋人从事教师职业提供便利。（2016 年）

68. 有效提高残障儿童入学率

保障残障儿童受教育的权利，促进残障儿童义务教育的均衡发展是国家和社会的共同责任。根据教育部《第二期特殊教育提升计划（2017—2020）》，明确提出要将残障儿童义务教育入学率在 2020 年提高到 95% 以上。据有关数据表明，当年全国包含特殊学校就读和普通学校随班就读在内的残障儿童在校生仅为 57.88 万人。残障儿童入学就学仍面临重重困难。

造成这一问题的原因有三：

首先，残障儿童的入学保障机制薄弱。具体问题包括：（1）入学登记机制不完善，残障儿童入学数据不完整。（2）教育及残联等部门未能面向残障儿童家庭开展有效的政策宣讲，学校与片区 / 学区内残障儿童家庭缺乏沟通。（3）针对残障儿童的入学情况，缺乏系统性核实和督导。

其次，入学安置环节忽视残障儿童的需求。在残障儿童入学前，小学和幼儿园之间缺乏沟通，小学普遍忽略专业的教育观察和评估，因此无法在残障儿童入学前后建立有效的个别化教育计划。围绕残障儿童的选校及入学，地方行政管理部门缺少合理、有效程序保障残障儿童及其监护人的知情权、参与权、选择权和同意权。

最后，由于特殊教育支持资源配备不足，残障儿童被学校拒绝或退学风险居高不下。由于特殊教育专业资源普遍匮乏，许多学校以资源不足为由拒绝招收残障儿童。第二期特殊教育提升计划指出："各省(区、市)可结合地方实际制定特殊教育学校教职工编制标准"，但融合教育实施过程中的责任、工作量以及"绩效工资分配倾斜"方法不明确，使得普通教师、随班就读教师以及资源教师开展融合教育缺乏积极性。据调查，大部分教师认为特殊需要学生应该进入特殊学校或者由专业特教老师辅导，但如果提供适当支持、培训、考评和激励机制，则其中超过三分之一的老师愿意担任随班就读的教学工作。

为此提出如下建议：

第一，多方联合收集残障儿童信息和数据。教育部门牵头，联动卫健委、残联等多部门，梳理残障儿童入学登记机制，整合入学数据采集接口和渠道，加强政策宣传，为残障儿童父母主动登记提供渠道，落实入学状况核实和督导机制，确保管理部门掌握全面的残障儿童信息和数据。同时，积极宣传融合教育理念，敦促普校主动与残障儿童家庭建立直接的对话和联系。

第二，细化流程，完善法规，解决具体问题案例并及时公开。遵从"零拒绝"和"最少限制环境"原则，对义务教育阶段的残障儿童入学采取"融合教育"导向，细化残障儿童幼小衔接、入学评估、个别化教育计划等重要步骤的落实与监管，逐步完善相关法规。针对残障儿童未能入学或者被退学的案例，教育行政部门应当建立公正的争议解决机制，以政策文件形式明确争议解决的依据、流程、结果及复议办法，并将政策信息向社会公开。

第三，加速推动特教相关师资配备。加快推动特殊教育教师、资源教师和相关专业人员的资格认证制度，确保专业师资的合理薪酬，以此保障残障儿童能够享受公平、高质量的教育。合理配置特殊教育资源，可以参考中国台湾地区的做法，设定普通学校专职特殊教育资源教师。确保普通学校开展优质融合教育所需的专业师资编制，包括资源教师、特教助理等。

第四，敦促各地教育行政部门组织专家制定适合残障学生发展的评价标准和融合教育教师的教学质量评价体系。省市级教育部门及区县政府尽快督促区县级教育行政部门成立融合教育师资流动岗，明确其对普通学校开展巡回教学指导、督查、评估、反馈、咨询的责任。根据普通学校招收的残障学生情况灵活机动地配置融合教育师资，使用特教经费及专项经费保证融合教育师资的待遇及其开展融合教育所需的其他经费支持。（2019 年）

69. 调整特殊教育的战略定位与发展方向

残疾人接受教育是其摆脱困境、融入社会的根本措施。但特教发展到今天，在康复水平、教育教学质量和满足多样化需求方面，仍与我国的经济社会发展状况不相适应，与残疾儿童的教育需求不相适应，是我国教育事业中的短板。

特殊教育资源不足、教学质量不高，政府财政拨款机制、管理机制等尚未建立和完善，残疾人非义务教育阶段教育的发展水平低，“医教结合”推进困难。这些特教发展困境，与特教发展战略目标不明确、政策方向不清有关。

目前，国家对残疾儿童义务教育的政策导向是以特教学校为主体，普通学校随班就读和设立特教班为辅助，送教上门为补充。近年来，我国投入了54亿元新建、改扩建了1182所义务教育阶段的特教学校，解决了一大批残疾儿童就学问题，但仍有589个人口在30万以下的县没有设立特教学校，实名登记未入学的适龄残疾儿童还有十多万人。单靠发展特教学校是不可能实现普及残疾儿童九年义务教育目标的，世界上也没有任何一个国家能够依靠特教学校完全实现残疾人的教育权利。

从残疾儿童自身发展角度看，特教学校的教育在帮助残疾儿童融入社会方面并无优势。传统观念认为残疾儿童是特殊人群，需要特别的关爱和照顾——单独的学校、专任的教师、互不歧视的同类群体。

而现代观念认为，残疾只是生命的一种形态，残疾人与普通人权利平等、地位平等、机会平等。残疾儿童如果能够从小在普通学校环境接受教育，长大后就能更充分地参与社会生活，实现个体和群体的最优发展。意大利残疾儿童在普通学校就读占比是99.03%，美国是94.80%，法国是84.26%，而我国这一比例仅为54.21%。

我国特教发展的战略方向，现阶段当然有必要建设更多的特教学校、扩大特教学校规模，尤其在广大农村地区、中西部欠发达地区和贫困地区还需要加强，但从未来而言，更重要的是城乡一体推进特教内涵发展和质量提升，进一步扩大残疾儿童随班就读的规模和比重，坚定地走融合教育之路，尽可能地让残疾儿童进入普通学校学习；同时，现有的特教学校要适时转型，从单一的学校功能转型成为融教学、研究、指导、培训为一体的特教资源中心，承担示范性实验性教学、区域融合教育指导、特教发展研究、残疾儿童诊断评估、残疾儿童康复、特教师资培训等职能（新建特教学校也应该以此为职能定位和发展蓝图）。这个远景目标是必须达成共识的战略目标，由此才能选择正确的政策方向。

为此，提出以下几点具体建议：

第一，在第二期“特殊教育提升计划”中，明确把融合教育作为中国特教事业发展的战略方向，并调整经费投入结构，加大对随班就读的保障力度。适时出台《促进残疾儿童融合教育的意见》。

第二，建议全国人大尽快启动新修《残疾人教育条例》实施工作的督导督查，敦促县级人民政府教育部门依法落实成立残疾人教育专家委员会。同时，规定县级残疾人教育专家委员会应当依据如下原则处理入学争议：普通教育优先原则，就近入学原则，最少限制原则；

建议在县一级残疾人教育专家委员会的成员构成方面，至少三分之一为残障人士及父母代表。建议全国人大联合国务院法制办、教育部共同启动《义务教育法》修订工作，深化法律层面的改革，全面保障残障儿童受教育权利。

第三，进一步完善融合教育的支持体系。

（1）要明确残疾儿童进入普通学校学习的程序。目前，普通学校的校长教师对接收残疾儿童还有顾虑，如教师工作量成倍增加，残疾儿童学习康复等保障设备不足，普通学生家长对与残疾儿童共同学习有抵触情绪，等等。但不能因为前端准备工作没做好，就拒绝残疾儿童的入学要求。

（2）持续推动特殊教育学校向特殊教育资源中心转型，重视资源中心和特殊教育学校在开展职后培训方面的重要作用，通过特殊教育教师、巡回指导教师加强对普通学校融合教育教师的职后培训，定期进行巡回教学指导、督查、评估、反馈、咨询等工作。

（3）要支持普通学校做好融合教育的准备工作。拨付专项经费支持普通学校设立资源教室，设置无障碍环境，配备学习辅助器具，发放责任教师专项补贴，购买专业的“康复—治疗”教育团队服务，或将随班就读学生的康复治疗费用纳入医保报销目录。

（4）要组织专业力量进行融合教育的教学研究。普通学校接收了残疾儿童入学，不能仅仅停留在保证安全的水平，要在科学评估、医教结合的基础上，对残疾儿童一人一案、因材施教。这是融合教育的一个难点，相关的教学研究应尽快加强，同时要对教师进行专业培训。

（5）新闻媒体要加大融合教育的宣传力度，努力消除对融合教育的观念障碍，增强全社会对于融合教育意义的共识；教育部门通过生命教育课程、校园文化实践教导普通学生认识生命的平等、多元和包容，提升所有学生对残障的理解、尊重和包容，减少校园歧视和欺凌，建设友好校园环境。

随班就读和融合教育是最好的生命教育形式，可以教育普通儿童认识生命多样性，内化平等理念，学会尊重和友爱，意识到残疾人并不特殊，才能让残疾儿童不再被排斥被忽视，而是被接纳被正视，才能让残疾儿童和普通儿童在同一片蓝天下接受合适的、正确的教育。（2017 年、2018 年）

七

好教师才有好未来

——教师教育政策建议

百年大计，教育为本。教育大计，教师为本。

教师的质量是决定教育质量的关键，而面广量大的农村教师，又是中国教育的中坚力量。他们的素质和能力直接影响到我国基础教育的水平。

70. 妥善解决中小学教师队伍性别结构失衡问题

《中共中央、国务院关于全面深化新时代教师队伍建设改革的意见》明确提出："经过5年左右努力，使教师队伍规模、结构、素质能力基本满足各级各类教育发展需要。"近年来，在各级党委、政府和社会各界的支持下，教师队伍建设得到全面加强，教师队伍年龄和学科结构得到明显优化。但调研发现，教师队伍性别结构问题日益突出，男女教师比例失衡问题日趋严重。

根据教育部公布的统计数据，2018年我国小学、初中和高中男教师的比例分别为31.25%、43.22%及46.11%，较20年前累计降低了近20个百分点。尤其是北京、上海、天津、杭州、武汉等发达城市的男教师比例急剧下降。上海初中男教师比例（28%）已经低于经合组织成员国平均值32%，低于日本（58%）、澳大利亚（38%）、新加坡（37%）、英国（36%）等国家。而且，从趋势看，大城市中小学男教师比例还在进一步下降。武汉市2015—2017年中小学和幼儿园教师中男教师占比分别为30.72%、28.9%、26.9%，下降趋势明显。同一时间段取得教师资格的人群中男性比例从17.38%下降到11.28%。杭州市小学目前在职男教师数量占比约为20%；年龄在30岁以下的年轻教师中，男教师仅占5%。这说明随着年长男教师的退休，男教师比例偏低的问题将更加突出。

中小学教师队伍性别结构严重失衡是经济社会发展到一定程度后，教师队伍建设不平衡、不充分的重要表现，它制约教育质量提升，影响人民群众对教育事业的满意度。产生原因包括：一是社会经济发展水平提升，择业观念日趋多元化。教师职业发展和收入上涨空间有限，部分家长并未将师范专业作为子女尤其是男孩就业的优先选择。二是女性天然具有感情细腻、观察敏锐、亲切温和等适宜于从事基础教育学生工作的性别优势。三是教师收入水平偏低，职业吸引力不足，导致男生报考师范院校和参加教师招聘的内驱力不足。四是现行的教育培养和考试选拔方式更有利于女性脱颖而出。

基础教育阶段是学生身体发育和心理成长的关键时期，对学生性别角色定位和品格发展有十分重要的作用。女性教师占绝对主导地位的教育环境，不利于学生性格、心理和行为方式的健全发展。世界各国也意识到了教师性别比失衡可能带来的不利影响，纷纷出台了一系列应对措施。美国有鼓励军人当教师项目；英国也开展退伍军人培训项目；澳大利亚昆士兰省曾实施“男教师行动”项目，把每年增加 10% 的男性大学师范生入学率作为项目考核指标；加拿大安大略省实施“吸引男教师从教研究”。

建议在借鉴世界各国经验的基础上，采取有效措施，提升我国中小学男教师比例。

1. 实施退伍军人教师培养计划。师范院校开通退伍军人师范生的专门招生通道，每年招收一定数量的退伍军人师范生。国家通过奖学金、助学金等方式支持有从教意愿的退伍军人进入师范院校就读。地方教育和人事部门在教师招聘中，要优先考虑退伍军人师范生。

2. 切实提高教师待遇水平。督促地方政府切实将教育放在优先发展的战略位置，坚持软硬并举，拿出真金白银提高教师待遇保障水平，落实“教师的平均工资水平应当不低于当地公务员的平均工资水平”，吸引优秀人才争相从教。

3. 改革师范教育招生和培养体制。抓住实施“教师教育振兴行动计划”契机，高度重视教师队伍性别结构失衡问题，进行顶层政策设计，创新师范男生招生、培养机制，为男教师的补充建立稳定渠道。加大师范教育宣传和资助力度，吸引和动员更多男生就读师范专业。

4. 营造尊师重教氛围。各级党委和政府要认真贯彻落实习近平总书记关于“让教师成为让人羡慕的职业”重要指示，让重视教育、尊重教师成为社会共识和自觉行动。建议人社部、教育部联合建立健全教师表彰和奖励制度，选树优秀教师典型，加强教师职业正面宣传，增强百姓对教师职业的信任感。（2021 年）

71. 加强县级教师培训机构建设

百年大计，教育为本。教育大计，教师为本。

教师的质量是决定教育质量的关键，而面广量大的农村教师，又是中国教育的中坚力量。他们的素质和能力直接影响到我国基础教育的水平。

县级教师培训机构是教师培训体系的基础组成部分，在中小学教师全员培训尤其是农村教师培训中发挥着核心作用。进入新的历史时期，基础教育改革发展尤其是全面推进新课程改革和实施素质教育的新任务，对广大教师素质和能力提出了更高要求。所以，县级教师培训机构的建设，对中小学教师队伍建设具有重要的基础作用。

国家中长期教育改革与发展规划纲要明确提出，对教师实施五年一周期的全员培训，提升教师的师德素养和业务水平。我国现有中小学（含幼儿园）教师1200多万人，如此大规模的教师全员培训，必须有健全完善的培训体系加以支撑。我国现有师范院校（专科及以上）161所，按每所院校平均每年培训2000名教师计算，可培训教师32万人，仅占教师总数2.7%。可见，师范院校能够承担的教师培训任务非常有限，教师全员培训工作的开展必须要发挥县级教师培训机构的基础作用。

20世纪90年代，我国中小学教师学历合格率逐渐达标，教师培训开始从以学历补偿为主的培训转向以能力提升为主的非学历培训。原来以学历补偿为主业的县级教师进修学校面临更复杂的任务，更大范围的培训对象，培训内容、方式、方法的要求更高。面对新的挑战，县级教师进修学校必须要转型，转变职能。但是，在县级教师进修学校转型过程中，由于各地重视程度、建设力度的不同，导致学校的发展出现极大分化。部分学校与教研、科研、电教等部门整合，成立新的教师培训机构，基本上解决了发展的困境。根据2011年统计，全国县级教师培训机构有2370个，已经整合的机构1000所左右，仅占40%左右，而其中发展较好的仅有700所左右。余下的多数县级教师培训机构普遍面临三大发展难题。

第一，经费投入严重不足。由于国家对各地政府教师培训经费投入缺乏明确约束，导致政府专项培训经费投入不够，据不完全统计，2010年，全国县级教师培训机构年均培训经费不足70万元，直接影响了机构的发展，甚至部分机构面临着生存危机。很多机构基本没有公用经费，教师生活和工作条件较差，与本地区中小学相比差距在不断拉大。

第二，师资力量薄弱。专职教师配备不足，幼儿园和初中学科专业教师、音乐、美术、体育等学科师资尤其缺乏。教师队伍结构不合理，年龄结构的老年化、高学历教师比例和高职称教师比例偏低，甚至明显低于当地重点中小学。教师缺乏学习培训机会，自身素质和能力不能适应新的培训要求。

第三，办学条件落后。普遍存在教学办公设施简陋，实验室、教室设备陈旧，计算机、图书、报纸、杂志普遍不足，不能适应教师培训的需要。

以上发展难题导致教师培训机构人才大量流失，高水平人才引进困难。机构的硬件和软件与当地重点中小学的发展差距在拉大，根本无法支撑教师全员培训工作的开展，更不能在基础教育改革发展中发挥引领推动作用。所以，县级教师培训机构的生存与发展危机，必须得到国家的高度重视，县级教师培训机构的改革势在必行，县级教师培训机构的建设必须得到加强。否则，其影响的绝不是某一机构的存亡，而是将使1200多万中小学教师的专业发展没有依托，直接影响教育公平和质量，进而影响数以亿计儿童的受教育机会。

建议从三个方面加强县级教师培训机构建设：

第一，由教育部会同财政部、发改委、中编办等部门出台全面推动县级教师培训机构建设的文件，加强硬件建设、经费投入、编制配备等，全力推动教师培训机构与教研、科研、电教部门的整合，明确县级教师培训机构的定位与职能，安排专项经费，配全专兼职教师队伍，改善培训条件，加强机构能力建设。

第二，加强县级教师培训机构教师培训力度，全面提升县级教师培训机构教师的专业素质与能力。要推动县级教师培训机构信息化建设，探索新的培训模式，以更好利用信息技术手段，整合外部专家力量和优质资源，创建区域性教师网络研修社区，推动教师专业发展常态化，更好地服务于教师全员培训。

第三，加强县级教师培训机构的评估考核工作。继续组织示范性县级教师培训机构评估认定工作，用更加科学合理的评估，采取以评促建的方式，推动各地政府加强本地教师培训机构建设。（2013年）

72. 建立县域内义务教育学校教师、校长交流轮岗制度

师资是推进教育公平中至关重要的“软件”。全国各地近几年推行的“义务教育标准化建设”有效地推进了城乡学校在经费投入、硬件资源配置方面的均衡发展，但是师资却很难在短期内实现城乡均衡配置。

近年来，《国家中长期教育改革与发展规划纲要》《国务院关于深入推进义务教育均衡发展的意见》《国务院关于加强教师队伍建设的意见》《中共中央关于全面深化改革若干重大问题的决定》等重要文件都提出，要实行县（区）域内义务教育学校教师、校长交流，均衡配置城乡义务教育资源，提升教育质量、促进教育公平。

然而，全国教育统计数据和课题组实地调查发现，目前全国各地县（区）域内城乡教师、校长在学历、职级、待遇方面差距仍然较大。除沈阳、成都等少数部分地区外，我国大部分地区城乡交流率均在5%以下，离教育部提出的10%—15%的交流率目标相去甚远。

为了解决这个瓶颈，曾经提出的“县域内城乡教师、校长交流”的措施，在实施过程中遭遇了多种障碍，包括经费不足、配套保障措施不到位、交流轮岗组织管理不力、监督评价缺失等，因而造成教师、校长交流率低、交流效果差、交流难以推进的困难局面。

如何解决城乡之间师资的均衡配置，的确是关乎诸多社会因素而

形成的难题。但是我们只能迎难而上，尽快破解，绝无回避的可能。

具体提出以下建议：

一、将“县域内义务教育学校教师、校长交流轮岗”作为一种制度，明确交流轮岗工作的目标、范围和策略

推进教师、校长交流应遵循“国家主导、省级统筹、以县为主，双向交流、共同发展，以人为本、分类指导”的基本原则，要采取切实措施，进一步扩大教师、校长交流覆盖面，力争用3—5年实现县域内教师、校长交流制度常态化、制度化，率先实现县（区）域内教师、校长资源的均衡配置，逐步在更大区域范围内推进。

交流主体方面，以城区名校与农村薄弱校间的校长轮岗和骨干教师与薄弱教师间的交流为主，确保师资在城乡间的均衡分配和优质师资向农村的交流。交流时限可为小学校长6年制、中学校长3年制、教师1—3年制。教师、校长交流的具体实施策略由地方教育行政部门结合本区域实际情况，在国家层面政策的统一要求下制定具体多样的实施办法。

交流方式上，可以通过组建教育集团或对口结对的一体化等形式，在集团内部或对口学校之间相对固定交流，用统一标准评估教育质量。

二、建立“县管校用”的义务教育教师管理制度

建立“县管校用”的义务教育教师管理制度，由县级教育行政部门会同有关部门统一管理教师人事关系和聘任交流，委任学校对教师进行日常教学事务的管理。强化县级教育行政部门对县域内义务教育教师的统筹管理，为教师资源的均衡配置和合理流动提供制度保障。这样还可规避与《教师法》第十七条中教师与学校聘任关系的冲突，实现教师由“学校人”向“系统人”的转变。因此，应尽快在全国范围内建立健全“县管校用”的教师管理制度，为推进县域内义务教育学校教师、校长交流提供根本的组织保障和法律依据。

三、成立专门机构并完善工作机制

建议成立强有力的组织领导机构，由各级政府一把手领导或分管领导亲自负责统筹，会同教育、财政、人社、编制等部门形成联动机制，协同制定政策和规章制度，全面系统地在全国部署县域内义务教育学校教师、校长交流轮岗的战略规划和行动方案，将县域内教师、校长交流轮岗成效作为问责和考核各级政府和相关部门政绩的重要指标。

四、设立专项经费推动交流轮岗工作

专项经费可以为县域内教师、校长交流轮岗制度的推进提供财政保障。建议设立由中央到地方不同配额构成的专项资金，为教师、校长提供交流经费补贴。经费划拨与支付由各级财政部门掌控，由专门机构小组监督管理，实行透明公开的自地方到中央的申报、审批、发放、汇报一体化专项经费管理机制。

五、建立交流轮岗工作的监督评价机制

有效的监督评价机制是确保和提高教师、校长交流轮岗成效的制度保障。建议由交流目的地学校作为考核单位，成立由校行政管理团队和在校教师、学生代表组成的专门督导评价小组，为教师、校长分别制定一套交流工作评价指标体系、评判标准和评价策略，对交流工作绩效进行实时监督与评价，确保交流的效果，并为交流制度的完善提供反馈和依据。

六、建立全国义务教育学校教师、校长电子档案库

建立全国义务教育学校教师、校长电子档案库，实时掌握关于教师校长的基本情况、工作活动与表现、专业发展历程等信息，为师资资源配置和人事管理提供现代化的基础信息平台。在教师、校长交流制度建设中，该电子档案库可以成为专门机构小组进行城乡师资资源调配和交流情况监督管理的基础数据库，可以成为专项经费划拨和审核的数据依据，可以成为教师校长交流轮岗工作的监督、评估、反馈平台，可规避交流后离岗、渎职等不良现象。

七、完善交流轮岗教师、校长的激励机制

完善激励机制，建立奖惩制度，对于积极参与轮岗的教师、校长，在职称评定、各种评优评先、求学深造等各种事务中，相对于同等条件下的其他人，给予各种制度上的倾斜与扶持，同时做好优秀轮岗教师、校长的宣传报道工作，吸引更多教师、校长自觉自愿主动加入轮岗。（2014年，本建议参考李玲教授的研究成果）

73. 规范公立学校职称结构　促进优秀教师流向基层和薄弱学校

中小学教师职称评定制度是20世纪80年代我国教育改革的一项重要内容，对我国教育的发展起到了积极的推动作用，但近几年，中小学教师职称评定制度的一些负面效应不断显现，尤其是农村教师在职称评定中的劣势使得优秀农村教师纷纷进城,严重影响了义务教育均衡发展。

在实施教师职称评定制度以前，农村教师队伍相对稳定，制度实施后，各地教师职称评定的多数名额集中在城市重点中小学校。农村初中的高级职数设置比县城初中少8%—13%，农村初中的中级职数设置比县城初中少3%—8%，农村小学的中级职数设置比县城小学少8%。实行评聘分开后，取得高、中级职称资格的农村中小学教师获得相应聘任的概率远低于县城同等条件的教师。很多农村中学高级教师的比例只有2%—3%，每年可能只有一个甚至没有名额，大家就通过各种关系，采取各种正当和不正当手段，拼命往城里挤，往重点中小学钻，农村教师队伍难以稳定。根据《中国教育统计年鉴（2013）》数据显示，2013年除自然减员外，乡村流失教师31.4万人，占上年乡村专任教师数的13.9%。

教师职称评定制度的实施使得大量优质教育资源——教师，迅速集中到城里，城里的学校，主要是重点中小学教师大量超编，高级教师甚至是特级教师扎堆。

教师迅速向城市和重点学校集中，而偏远地区和乡村学校教师严重不足，尤其是优秀教师和青年教师很少，教师队伍年龄严重老化。在四川、山东、湖北、河南、江西、贵州、甘肃、陕西等地，乡镇、村小教师的平均年龄达四十五六岁，甚至达五十岁以上，“哥哥姐姐教高中，叔叔阿姨教初中，爷爷奶奶教小学”现象非常普遍。甚至很多学校只能聘请代课教师上课。根据教育部数据，截止到2014年年底，我国的代课教师超过38万人。优秀教师的外流使得农村教育日渐凋敝，造成了城乡教育失衡和严重不公。

2015年8月26日，国务院常务会议决定，全面推开中小学教师职称制度改革，出台的《中小学教师职称制度改革的指导意见》，明确提出教师职称评定要向农村和边远地区教师倾斜，这为稳定农村教师队伍，促进优秀教师向农村和边远地区流动带来了可能。为了推动政策真正落地，使得中小学教师职称制度改革与乡村教师支持计划一起成为促进我国农村教育发展的重要抓手，我们建议：规范公立学校职称结构，促进优秀教师流向基层、薄弱学校和农村学校。

其一，统一农村学校和城市学校的职称比例，或适当向农村和偏远地区学校倾斜，让农村教师、在偏远地区一线任教的教师、薄弱校教师在职称评定方面与城市校和重点校机会均等，甚至机会更多，吸引人才、优秀年轻教师到乡村薄弱学校任教，推进学校和区域教育均衡发展。例如，一名优秀教师在某省重点中学参评高级职称，与他条件相当的教师可能有十几个，最终只能一人当选，而如果赴该省的乡镇中学，可能符合条件的只有他自己一人，当选相对容易。

其二，严格实行评聘合一，避免少数教师在农村和偏远地区评上职称后就返回城市和重点校，促进教师队伍稳定。在薄弱学校评上高级职称的教师，如果要调入重点校工作，受到重点校高级职称比例的限制，同样要与重点校的其他老师竞争少数的名额。

其三，降低教师工资待遇和职称的关联度，实行教师工资与职称和工龄挂钩的权重相当，甚至工龄占的权重更大。使得基层教师收入待遇随着工龄增长能得到明显增加，即使在中级职称上工作一辈子，依然能够有体面地生活，这样才能鼓励一线教师长期从教，而不是为了更好的待遇转行或转而从事行政工作。（2016 年）

74. 加强幼儿教师培养

近年来，党和国家高度重视学前教育发展，《国家中长期教育改革和发展规划纲要（2010—2020）》《国务院关于当前发展学前教育的若干意见》的出台，和两期“学前教育三年行动计划”的实施使得我国学前教育发展取得了历史性的成就。2016 年学前三年毛入园率已经达到了 77.4%，提前完成了《纲要》中提出的 2020 年 70% 的目标，2017 年提出的第三期学前教育行动计划更是将 2020 年的毛入园率目标提高到 85%，学前教育将继续大踏步前进。

学前教育高速发展的背后，师资队伍跟不上，幼儿教师培养存在的问题也不断显现。首先是师资缺口巨大。根据教育部的统计，目前我国幼儿教师的缺口为 70 万，预计到 2020 年，考虑到“全面二孩”政策的影响，要达到毛入园率 85% 的目标，幼儿教师的缺口为 100 万，有一些地区甚至出现了政府建好幼儿园，却因为没有教师无法正常开班的状况。其次是幼儿教师培养的能力不足，层次偏低。当前我国幼儿教师的培养能力为每年 60 万人，其中超过半数是来自中等职业学校。以中部某人口大省为例，该省 2018 年按 1∶15 生师比测算，需专任幼儿教师 14 万人，缺额为 6 万人，而该省 2018 年学前教育专业的毕业生总数只有 1.4 万人，即使全部补充到幼儿教师队伍中去，也还有 4.6 万的缺口。这 1.4 万毕业生从结构来看，69.6% 来自中职院校，仅有 11.4% 拥有本科及以上学历，整体培养层次偏低。

教师是发展教育的第一资源，幼儿教师短缺是当前制约学前教育发展的重要瓶颈，为了实现我国学前教育发展的目标，我们建议发挥国家重点师范院校在培养学前教育阶段教师方面的主力作用，切实加强幼儿教师的培养。

一、扩大幼儿教师的培养规模

充分发挥各类有培养能力的高校的作用，提升幼儿教师的培养能力。其一要发挥六所教育部直属师范院校（国家队）的引领示范和带动作用，将目前六所院校总共600人/年的培养能力至少翻一番；其二要发挥地方师范院校的骨干作用，地方师范院校应该成为培养本地幼儿教师的主力军；其三是有条件的高职院校要进一步扩大幼儿教师的培养规模，其他有开办学前教育专业条件的综合性大学也要参与到幼儿教师的培养中来。而中职院校将逐步退出幼儿教师的培养，改为培养幼儿保育人员。因为从国际经验来看，幼儿教师至少应该取得大专以上学历，来确保工作的专业性。

二、严格控制培养质量

幼儿教师是一个专业性非常强的职业，要对幼儿的生理心理有深入了解，需要良好的师德，也要掌握一定的技能，不是所有学校都有开设学前教育专业的能力。扩大幼儿教师培养规模不意味着降低质量，尤其是高等院校新开设学前教育专业绝不能降低门槛。要严格落实2017年教育部颁布的“学前教育专业认证标准”，尤其是要确保实践环节的有效。

三、对中西部贫困地区等学前教育普及程度较低的区域加大政策倾斜力度

对中西部贫困地区等学前教育普及程度较低的区域来说，要实现85%的目标压力更大，为此建议出台专门的政策。例如实施“定向培养”或“委托培养”等方式，根据当地幼儿教师的需求确定招生名额，由当地教育部门在本地挑选有志从事学前教育的学生送到培养院校进行专门培养，毕业后回到生源地区从事学前教育工作；通过减免学费、奖助学金、贷款优惠等方式鼓励学生报考学前教育专业；参照特岗教师的补充机制，实施农村幼儿教师特岗计划等。（2018年）

75. 减少非教学任务，为中小学教师“减负”

不久前，教育部等九部门联合发文为中小学生减负。但学生不断减负的同时，教师的负担却越来越重。这些沉重的负担，相当一部分不是教学任务。有调查结果显示：在有些学校，“真正用于教学及相关准备的时间在整个工作时间中占比不足 1/4，剩下的 3/4 是更为耗时耗力的非教学任务”。这个数字虽然不一定是普遍现象，但各式各样的非教学任务的确给教师带来了额外的工作负担和极大的心理压力，造成了教师加班严重、教研时间被挤占、职业倦怠加剧等一系列问题。

教师的非教学任务主要来自以下几个方面：

一是教师的教育责任被混同于监护者的无限责任。学生在学校吃午餐，教师要对食品安全负责，要在学生用餐前先试吃；放暑假期间防溺水工作，教师要承担巡检任务；班级里有留守儿童，教师还要当兼职父母。

二是各个部门工作任务的狠抓落实被异化为“进课堂”要求。不仅仅是教育部门，各个行政部门的工作，动不动就往学校压，领导重视的工作，动不动就要求“进学校”“进课堂”，一切都要“从娃娃抓起”。卫生部门要求学校搞疾病短剧宣传，税务部门要求搞税收知识竞赛，消防部门要求搞消防宣传画比赛，法律部门要求搞普法主题教育活动等。而且还要求 100% 参与度，在过程中要拍照或录视频留痕，最后存档、上报完成情况。

三是各类评估和检查任务严重影响了师生的教育教学活动。很多评估和检查工作是浮于表面、走马观花，查档案、听汇报，但学校都要认真准备，写材料、做展板、换宣传栏、挂横幅、组织教师开会传达任务，耗费大量人力、物力、财力。有些检查，不以结果为评价依据，而过于注重落实的过程，把行政体制中“以会议落实会议，以文件落实文件”的形式主义套用在学校检查中。检查结果达标之后，又会迎来新一轮的参观学习、领导视察。

教师非教学任务过重，是我国行政体制弊端在教育领域的反映。随着我国政府职能转变的深入推进，必须不断消除政出多门、条块分割、繁文缛节，反对违背教育规律的行政任务进学校，敢于摘“稗草”、剪“旁枝”，让教师全身心投入教学核心，把更多的时间和精力用于备课、教研、培养学生以及自身的专业发展。

为了减轻教师不必要的行政负担和非教学任务，我们提出以下建议：

一是尽快启动《学校法》立法工作，以法律形式明确学校、教师的责任、权利、义务等内容，明确学校和教师的责任边界。

二是尊重教育规律，清理非教学专项工作进校园项目。严禁侵占正常教学时间、学校德育活动时间、体育锻炼时间开展各类行政系统的“任务”。设定各学校一年考核和活动的最高数量限制，超过数量学校有权拒绝。各行政单位不得发布行政命令强制要求学校和老师参与非教学任务之外的各类活动，不得动辄要求“全员参与”、不得随意要求学校增加专题教育内容。

三是减少形式主义的行政检查和督导评估。对学校开展的督导评估必须坚持随机抽取检查对象，随机选派执法检查人员，抽查情况及查处结果及时向社会公开（“双随机、一公开”原则）。不得提前通知学校准备迎接行政检查和督导评估。（2019 年）

76. 尽快整治外籍教师乱象频发

近年来，随着国民经济发展和家校、社会对外语教育的日益重视，国内外籍教师数量与日俱增，逐渐遍布公办学校、民办学校及社会培训机构。外教带来了先进的教育理念、方法，对我国的教育事业发展起到了积极的促进作用。但外教管理中也存在一些乱象不容忽视。

一是“黑外教”泛滥。所谓“黑外教”，是指那些只是持有留学、旅游或访问签证却在中国非法从事教学工作的外籍人士。据统计，2017 年国内大约有 40 万名外国人以工作签证身份从事教育工作，但符合要求的合法外籍教师只占总数的三分之一。按照国家外专局政策规定，外国人在中国从事语言教学工作，必须取得符合外教身份的工作签证，并对外教的国籍、学历、教学资质、无犯罪记录有明确的要求。但因符合有关要求的外教数量不足，“洋教师”供不应求，培训机构不惜以假乱真，以“低价聘请，高价收费”方式雇用了大量在华留学生、外籍人士、外籍华人等一批批“洋脸孔”的兼职人员进行外语教学，滋生了行内“黑外教产业链”，引发很多外籍就业与辅导教学质量问题，严重侵害了学习者的权益。

二是外籍教师行业分类设置标准较低。国家对真正拥有专业技术和教学技能的外籍教师缺乏平台认证和长期监督，给“黑外教”以可乘之机。同时，部分培训机构盲目宣传“金牌外教”等，随意编造和夸大外籍人士工作经历或者教学经验，误导甚至欺骗消费者。

三是外教资质认证机构数量严重不足。《外国专家来华工作许可》规定，外国专家受聘在中国境内工作，应取得“外国专家来华工作许可”，申办《外国专家证》、通过 TESOL（Teaching English to Speakers of Other Languages）或 TEFL（Teaching English as a Foreign Language）的认证考试。但目前 TESOL 证书的授权机构只在江苏、广州、浙江、四川等南方省市存在，北方几乎没有此授权机构。

四是民办社会教育机构外籍教师管理存在盲区。部分民办培训机构的少数外教、外方工作人员，隐性身份难摸清楚，可能对国家安全带来影响；教师及工作人员多有宗教信仰，甚至是以传教为主要目的；同时，现在还有一些一对一或者一对多的外教利用互联网直接在国外对国内学生进行语言教育。

为此提出如下建议：

第一，强化国内外籍教师管理。一是统一“外籍教师资格”和“工作签证”双重入门审核标准，建立外籍教师行业招聘准则。建立外籍教师在华教师准入资格审核和需求信息库，为在华从事教育行业的外籍教育专家学者设立教师资格与工作签证“合二为一”的签证审核标准，尽量缩短紧缺型外籍教师聘用审核时间。二是严格执行外籍教师聘用条件和从业资质规定。对外籍教师队伍情况，尤其是培训机构外籍教师人员进行排查，清理“黑外教”，净化外籍教师队伍。强化教育机构外教管理的自觉性和主动性，加强对外教身份、资质、教学内容等的管理。

第二，建立外籍教育专家公共就业平台，实施外籍教育资质评审登记和分级就业指导原则。一是深入推进外籍公共就业服务体系标准化和精准化建设，通过入境信息摸底调查、教育资格国际化互联网认证、招聘洽谈、教师资格考评测试等方式推进外籍教育专家分类管理，建立个人师资档案，实施统一资质上岗编码。二是统一实施外籍人员就业分级指导机制，帮助外籍求职者确定就业方向，并通过外籍人士就业指导平台，对国外优秀教师、教育专家、学者等开放“免签”“网络面签”等入境窗口，引入更多外籍优秀教师在华就业。

第三，发展外教资质认证机构。TESOL 或 TEFL 证书的授权机构，对区域内从事英语教学的外籍教员（含在国外通过网络进行外语教学的外教）进行考核管控，取缔“黑外教”，规范英语教学（含少儿英语教学），建设合格的外教队伍。

第四，补齐外籍教师宗教管理方面的短板。要自觉加强对外籍教师授课内容的监管，防止出现有意和无意间对学生尤其是儿童幼儿进行宗教理念灌输。（2019 年）

77. 鼓励中国台湾地区教师到大陆从教

根据中国台湾地区相关部门2015年年底的统计，从1994年起，岛内总计有18.5万人取得教师证成为合格教师，在合格教师中，仍有81414人未取得正式教职，而其中有两万多人目前担任代理代课教师。据报道，公立学校教师甄选录取率略高于一成，有人连考5年约150次仍名落孙山，教育甄试的不易，造成“流浪教师”满街跑的现象。并且一般来说，数理科目取得正式教师较易，而中文、音乐、美术类较难转正。

造成“流浪教师”问题，主要有下列原因：

一是师资培育供需失衡。自1994年新的“师资培育”文件出台后，合格教师由计划制改成储备制，非师范大学可以培育教师，导致师资培育供需失衡，培养出大量兼具教师资格及专长，却无法进入教职一展长才的待业准教师。

二是少子化冲击严重，教师职缺急剧减缩。中国台湾已成全球出生率最低的地区，人口锐减的惊人速度冲击教育市场，例如大学就学人数（一年级到四年级），预估将会从2015年的103.5万人，下滑到2020年的85.7万人，影响大学包括143所科系停招，当中有56个科系将完全消失。对此，台湾相关部门预估，在未来8年内若有60个校退场，也等同于高教师资面临失业危机，可能有1.2万名老师将没有工作。在中小学亦然，许多学校的在职教师都在面临减班并校的危机，缺乏新进教师的职位，为防范减班管控师资，甚至出现大量聘用代课教师的情况。台湾相关部门去年底报告显示，为了节省经费，台湾所有初中小学，每6个老师当中，就有1个是非正式老师（包含代理、代课、兼任老师）。近3万名的非正式老师中，有一大部分是没有教师资格、月薪低于2.2万元（新台币，下同）、来来去去的“钟点教师”。负责中小学师资的地方政府，为了节省经费及防范少子化，让非正式老师顶岗的状况严重。

三是近日民进党当局的公教退休年金改革，更加深了教师职缺的程度，因教师退辅基金即将用罄，民进党政府要求现职老师延后退休，让教育现场的新陈代谢停滞，各学校无法开出教职，更对年轻教师进入教职造成直接冲击。

在多重压力下，还有一部分已取得教师资格的“流浪教师”在多年不能入职的情况下，选择不再进行教师资格的续期。因此台湾地区“流浪教师”的数量要比官方统计数据更为众多。

台湾是中国不可分割的一部分，两岸一家亲，让台湾青年回到大陆就业是近年两岸工作的重点。国家应该支持台湾有教师资格的“流浪教师”来大陆择业、就业，一则进一步促进两岸同胞融合发展，二则带动经济发展。

目前，台湾老师虽可到大陆大学任教，但作为引进人才，集中在台湾拥有博士学位的高学历、高职称、高技能“三高”人员，而在高中以下尚无法任教。

为此，我们提出如下建议：

第一，进一步放宽大陆中小学教师资格，让台湾“流浪教师”可以在政策上有条件到大陆从教，甚至还可以考虑逐步向下开放至幼儿

园层级。

第二，提高农村教师待遇，在解决现有代课教师问题的前提下，鼓励台湾“流浪教师”到大陆农村、乡镇从教。目前，乡镇尤其是农村地区，普遍因为缺乏师资力量而缺少美育、艺术教育、国学教育等，恰恰可以成为台湾“流浪教师”主体的出口。

第三，遵循《教师法》的学历条件，参照《教师资格考试暂行办法》和《台湾地区医师在大陆短期行医管理规定》，明确台湾“流浪教师”在大陆从教的申请流程及基本条件。其中，应对有意愿来大陆从教的台湾“流浪教师”提出明确要求：一是普通话水平应当达到国家语言文字工作委员会颁布的《普通话水平测试等级标准》二级乙等以上标准，并取得相应等次《普通话水平测试等级证书》。二是参加为期一个月的思想政治培训，了解大陆政策与法律法规。三是具有良好的身体素质和心理素质，无传染性疾病，无精神病史，适应教育教学工作的需要，经教师资格认定机构组织在县级以上医院体检合格。（2017 年）

78. 尽快解决国企办职、成、幼教退休教师待遇问题

在我国计划经济时期，一些规模较大的国有企业经国家各级主管部门批准，不但举办过普通中小学，还举办过很多职业学校、职工学校、成人学校以及幼儿园。这些学校和幼儿园的老师多数都是由当地人事局、教育局从大中专毕业生以及市区相关学校调到国企所办学校的，都是专门从事教育教学工作的专职教师，属于“国家事业编制”。根据全国人大常委会关于国家办学的解释：“国企办学属于国家办学。”很多教师退休时享有 100%的补贴养老金等。

改革开放以来，随着企业办社会职能的分离，国企所办的职业教育、职工教育、成人教育、学前教育等都逐步社会化，这类学校的职能也渐渐萎缩。目前，除少量企业还举办职业学校外，其余企业都已停办，而且大部分教师已到退休年龄。

按照《教师法》第三十条规定：“教师退休或者退职后，享受国家规定的退休或者退职待遇。”然而，一些地区的国企学校退休教师纷纷来信反映，他们的退休金只有地方政府办和国企办中小学退休教师工资的三分之一。

造成此问题的原因是，在 1993 年全国工资改革过程中，国务院 79 号文件明确规定“各类企业所属的事业单位和事业单位所属的独立核算的企业，均不列入这次事业单位工资制度改革的范围”。这一规定

致使历次事业单位调资中企业办的各类退休教师（移交给地方办的普通中小学除外）被抛出了此范围。

国务院办公厅2004年下发的《关于妥善解决国有企业办中小学退休教师的待遇问题的通知》（国办发〔2004〕9号），为各地解决国有企业办中小学退休教师待遇提供了政策依据。但由于文件中待遇调整的对象仅指企业办中小学（不包括国企办的职业、职工、成人等学校及幼儿园）的退休教师，因此，各地解决国企退休教师的待遇仅限于国企办的中小学退休教师。

对于这一问题的处理，目前出现了很大的差异，分别出现了两种情况：

一种情况是一些地区如四川、宁夏、新疆、广州等省、市、自治区以及铁路系统对符合条件的国企办职、成、幼等学校退休教师给了了应得的待遇。其中，广西壮族自治区政府是在2010年7月出台文件（桂政发〔2010〕130号）彻底解决了这一问题，受到退休教师们的欢迎。广西是将国有企业举办的幼儿园、特殊教育机构、普通中小学、成人初等中等教育机构、职业中学以及其他教育机构的符合条件的退休教师（含曾为国企正式职工的专任教师、管理人员和教辅人员）均按照国企办中小学退休教师统一移交地方政府管理。

另一种情况是如江苏等省份依然没有给予解决。如江苏省的南京、苏州、无锡、常州、扬州、南通等经济发达地区，国企办职、成、幼教的退休教师的退休金仍只有地方和国企办中小学退休教师的三分之一左右，退休后都按企业待遇领取养老金（如南京市有此类退休教师约300多人，苏州有近300人，无锡有200多人等，平均每人每月领取1700元左右），而政府举办的学校退休教师和国企办中小学退休教师每月人均退休金4000元左右，两者差距较大。这些退休教师纷纷来信来访，要求政府予以解决。

妥善解决好这些退休教师的公平待遇问题，需要引起国家和各省有关部门给予重视和解决。具体建议如下：

第一，将国企办职、成、幼退休教师与国企办中小学教师同等对待。应该将国企退休教师移交地方政府管理。按照《教师法》规定，国企办的职、成、幼教等学校教师也应享受基础教育中小学教师的同等待遇。对于凡在学校实施教师职务评审工作后符合条件的国有企业办职、成、幼教等学校退休教师与国有企业办中小学教师应该一视同仁。通过退休教师身份、待遇标准认定的程序，解决这些退休教师的待遇问题。退休教师移交地方政府管理后，退休教师退休待遇由接收地政府按地方政府办同类中小学退休教师退休待遇标准予以发放。

第二，协调国有企业与地方政府的管理关系，尽快办理移交手续。应该尽快理顺国有企业办职、成、幼教退休教师管理关系，凡符合条件的国有企业办职、成、幼教退休教师的关系由企业按属地原则统一办理移交地方政府管理的有关手续。以确保退休教师按照退休待遇足额得到退休金等待遇。同时，退休教师的养老保险关系在移交地方政府时，由退休教师原保险经办机构将基本养老保险个人账户基金余额全部划拨给接收地政府。个人账户基金余额不足部分由原保险经办机构从企业职工基本养老保险基金中予以补足，由接收地政府用于支付退休教师退休待遇。移交后，今后涉及退休教师退休待遇调整所需费用由地方政府负责解决。

第三，应该明确移交经费资金来源。对于正常经营的企业由企业负责解决移交经费，在退休教师移交给地方政府管理时一并划拨。困难的亏损企业可申请省级财政给予适当补贴，其余由企业解决。对于改制为非国有性质的企业，根据相关情况由政府从财政安排资金解决。而已关闭破产的国有企业由相应本级财政安排资金解决。

第四，明确各部门的责任。企业主管部门（或承继原主管部门职责的单位）要组织和督促所管国有企业协助教育部门做好所管国有企业办职、成、幼教退休教师的认定工作。人力资源和社会保障部门要协助对退休人员身份和退休金标准进行核定，以后如遇出台调整退休金政策时要负责给予调整。财政部门要负责审核企业相关情况并将财政补助资金及时拨付到具体发放单位。

第五，部分央企所办职、成教等学校的退休教师退休待遇的遗留问题，应由国资委协调财政部等部门研究相关办法进行解决。（2011年）

79. 借鉴重庆、广东经验，妥善解决代课教师问题

代课教师问题是基础教育领域长期以来的热点问题和难点问题。代课教师是我国特定历史时空下的产物，是我国基础教育领域重要的师资补充，为我国基础教育的长足发展作出了巨大的贡献。但是，由于长期以来缺乏规范的管理，导致了一系列与代课教师相关的问题，如聘用和解聘过于随意（乃至部分地方有违反《劳动法》和《劳动合同法》的现象）、薪资标准过低、社会保障不充分、没有健全的考评和培训机制、缺乏有效的转正渠道等。随着我国社会经济的发展，为了维护社会稳定，尊重教师权益，尤其是为了稳定农村基础教育教师队伍、提高农村基础教育质量，解决代课教师队伍中存在的这些问题非常重要，而且迫在眉睫。

在解决代课教师问题上，全国很多省份都做了积极的探索，诸如重庆、广东、辽宁、陕西、安徽等省、市、自治区。其中，重庆市、广东省在解决代课教师问题上，方案设计最精细，解决力度也是最大的，其中的经验也最值得借鉴。

早在2007年，重庆市政府为破解长期困扰重庆农村教育发展的代课教师难题，出台了《重庆市在农村义务教育阶段学校代课教师中招聘公办教师实施方案》，通过公开招考的方式，从全市1万余名代课教师中招聘8000名公办教师。

重庆市的解决方案的具体做法是，代课教师被聘为公办教师后，其工资所需经费原有部分由各区县承担，增量部分由市级财政转移支付补助。对在招聘中落选的代课教师，重庆市按照有关政策予以清退和解聘，按照有关法规给予一次性补助。为此，重庆市财政每年增加投入 1.6 亿元，用以保证这批“转正”教师与正式在职公办教师享受同样的工资和福利待遇。同时，不再允许各区县新招代课老师。学校确需增加教师的，只能向教育和人事部门申请增加编制，公开招聘正式教师。

经过严格的考试筛选，8000 名代课教师被录用，全部以公办教师身份走上教学岗位。2007 年 9 月，重庆市正式对外宣布，重庆今后不再有代课教师。重庆从体制机制、财力保障、整体发展的角度来统筹解决代课教师这一历史性难题，这在全国来讲是一个先例。

而另一个解决代课教师问题做得比较好的是广东省。截至 2010 年年底，广东省有 18 个市全面解决了中小学代课教师问题，全省有 4.9 万名代课教师 (占原代课教师总数 5.9 万名的 83%) 通过招录、转岗、辞退补偿等方式得到妥善安置。其中：通过考试，将 30383 名，52% 的代课教师转为公办教师或聘为合同制教师，转岗安置占总数 8%，5000 多名未能转为公办教师的代课教师。除小部分代课教师自动离职外，全省近 1.4 万名解除劳动关系的代课教师已落实经济补偿并理顺社会保险关系，占原代课教师总数的 23%。

由此可见，在短短的几年时间里，重庆市、广东省在代课教师问题的解决上，取得了巨大的进步，同时也给我们带来许多宝贵的经验，可为其他省、市、自治区解决代课教师问题提供有益参考。

民进中央在 2010 年曾专门组织专家团队特别就广东省代课教师问题解决进行了调研。调研结果表明，广东省在代课教师问题解决上有许多经验值得我们学习和借鉴：

其一，省委省政府尤其是省级领导的高度重视是代课教师问题解决的关键。广东省代课教师问题的解决离不开省委省政府的高度重视。时任省委书记汪洋曾用“血淋淋”三个字形容代课教师的处境，在代课教师问题解决过程中，多次听取该省教育厅等有关部门关于全省中小学代课教师和工资福利待遇问题的情况汇报，并直接参加省政府召开的工作会议，部署全省解决中小学代课教师和教师工资福利待遇问题的专项工作，并亲自主持召开会议督办代课老师问题的解决。而时任省委副书记、省长黄华华，在2008年也曾郑重承诺，广东将在两年之内解决代课教师问题。这无不充分说明，广东省之所以能够较为成功地解决代课教师问题，与省委省政府的主要领导对代课教师问题解决的高度重视与周密部署是分不开的。

其二，跨部门协作是代课教师问题解决的必要手段。在广东省代课教师问题解决的过程中，教育厅、编制办、财政厅、人力资源和社会保障厅、公安厅等多个部门都参与进来了。代课教师问题的成因复杂，涉及多个部门的工作，因此，其问题的解决也需要依托跨部门的合作。

其三，省财政统筹是代课教师问题解决的物质基础。2008年，在广东省解决中小学代课教师和教师福利待遇问题工作会议上，黄华华郑重承诺：广东已下大决心，准备省财政每年拿出十几亿元，彻底解决中小学代课教师和教师工资福利待遇问题。据《羊城晚报》最新的报道，广东省两年共投入了85.1亿元用来解决代课教师问题。

其四，因地制宜、分类解决是代课教师问题解决的基本原则。广东省虽属发达省份，但辖区内地市之间、城乡之间的经济也存在着较为严重的不平衡，各地市之间、城乡之间的代课教师的成因往往也存在着较大的差异。基于此，广东省在代课教师问题的解决上，并没有采取各市、县“一刀切”的做法，而是省委省政府统一部署，但各地市可以因地制宜，采取不同的解决方案；对于代课教师问题，也没有采取“一刀切”的做法，全部转正或全部辞退，而是依据代课教师是否胜任教师岗位进行分类解决。经考核胜任教师岗位的，在政策许可的情况下积极转正，对于那些因政策原因暂时还无法全部转为公办教师的优秀代课教师，可采取“聘用合同管理办法”，为这些代课教师建档案，规范管理，同时提高待遇，达到与公办教师待遇大体相当；而经考核不胜任教师岗位的，须转岗安置或加以辞退，而辞退代课教师也必须在合理补偿、理顺社保关系的前提下进行。

其五，依法规范是问题解决的目的也是前提。广东省在解决代课教师问题上，目标比较清晰，既不是为了清退也不是为了转正，而是依法进行规范管理。从他们的解决方案中，可以看到，任何一个地市在解决代课教师问题时，首先就是要对代课教师进行严格的考试或考核，以此评估出哪些代课教师可以胜任教师岗位、哪些代课教师即使经过培训也无法胜任教师岗位。对于那些能够胜任教师岗位的、符合《教师法》规定的代课教师，要立即转为公办教师或聘为合同制教师；对于那些无法胜任教师岗位的代课教师，也要立即进行转岗安置，而实在无法安置而被辞退的，也要进行合理的经济补偿，并理顺、清欠历史遗留下来的社保问题。而这些做法，无不遵循《教师法》《劳动法》《劳动合同法》等相关法律法规。由此可见，依据相关法律法规来解决代课教师的问题，既是问题解决的目的，也是问题解决的前提。

从重庆市、广东省解决代课教师问题的过程中，我们可以获得很多宝贵的经验。希望其他省份也能积极借鉴这些经验。

为此，我们提出以下建议：

第一，省级统筹。各省省委领导班子要充分认识到代课教师问题解决的重要性，且必须要意识到，要解决代课人员问题，一定要从省级政府层面加以统筹、考量，而不能将担子抛给市、区（县）级政府部门。

第二，部门合作。在进行代课教师问题解决时，必须要认识到代课教师问题不只是教育部门一家的问题，这是一个系统的工程，涉及人事、劳动保障、编制、财政、社会稳定等诸多因素。因此，必须要组织一个跨部门的问题解决小组。教育厅、财政厅、人力资源和社会保障厅、编制办、维稳办、公安厅在整个过程中均要协同参与、积极合作。只有如此，代课教师问题的解决才能获得成功。

第三，规范操作。在进行代课教师问题解决时，必须要充分认识到代课教师问题的本质。代课教师问题的本质是规范问题，不是“转正”也不是“清退”的问题。如何依据《教师法》《劳动法》《劳动合同法》等相关法律，规范地解决代课教师问题，才是问题解决的根本。

第四，中央支持。在目前的中央—省—市—区(县)四级财政中，中央、省级财政最为充沛，市—区(县)两级财政相对贫弱，因此，对于代课人员问题解决所涉及的财政支出，要尽可能地由省级财政承担，市—区(县)两级财政要尽可能少承担。对于欠发达省份、地区，中央财政也应拿出补贴方案，并加大转移支付的力度。

第五，因地制宜。各级政府在解决代课教师问题上必须要因地制宜分类解决。受限于各省、市、自治区经济发展的水平，每个省、市、自治区的代课教师问题都不相同，因此解决方案也不应相同，即使是同一个省，不同县、市也会有所差异。因此，在具体的解决方案上，也应体现出差异。但是，无论如何解决都必须基于相关法律，并遵循公正公开、合情合理以及确保学生受教育权利不受侵犯的原则。

总之，代课教师由于成因复杂，加上涉及多个部门，是一个系统工程。因此，必须要跨部门协作、因地制宜、分类解决。但前提都是要依循相关法律法规，同时在操作上，也要遵循公正公开、合情合理以及学生受教育权利不受侵犯的原则。（2011 年）

80. 加强艺术教育教师队伍建设

艺术教育在中小学教育中具有非常重要的作用。著名教育家苏霍姆林斯基曾经说："儿童时代错过了的东西，到了少年时期就无法弥补，到了成年时期就更加无望了。这一规律涉及孩子精神生活的各个领域，特别是美育。儿童时代对美的敏感性和接受能力比个性成长的以后几个时期都要强得多。小学教师主要的任务之一就是培养对美的需求，这种需求在很大程度上决定孩子精神生活的整个结构及其在集体中的相互关系。美的需求奠定道德的美，使人对一切卑鄙和丑陋的东西持毫不调和和不可容忍的态度。"中小学阶段是艺术教育的关键时期。儿童和少年时代是对于艺术和美最敏感的时期，如果在这个时期没有充沛的艺术教育，没有音乐，没有绘画，没有戏剧，可能它们就永远与孩子们无缘。

近年来，我国艺术教育取得了长足的发展，但在发展的过程中也明显呈现出许多问题。主要表现在艺术教育功利化、儿童艺术教育成人化、学校艺术课程边缘化、艺术课堂单一化、乡村艺术荒漠化等。这些问题的背后，关键还是艺术教育的师资严重短缺。无论是从目前的教学实际需求来看，还是从现有的专业艺术师资的数量上看，学校艺术教育面临的最大问题是艺术教师紧缺。据调研统计数据表明，农村中小学的艺术教育课程，一年级至五年级徘徊在50%左右，六年级基本不开；初中一年级、初中二年级不足40%，初三基本不开；高中则低于 20%。据部分高校对入学新生调查，大多来自农村的学生在中小学没上过艺术课程，不认识简谱，不知道美术三元色，艺术素质低下。

根据 2011 年全国教育事业发展统计公报，全国小学音乐器械配备达标校数的比例为 42.85%、美术器械配备达标校数的比例为 42.41%，初中音乐器械配备达标校数的比例为 60.22%、美术器械配备达标校数的比例为 59.49%，普通高中音乐器械配备达标校数的比例为 77.56%、美术器械配备达标校数的比例为 77.67%。

毫无疑问，全国中小学，特别是农村中小学，专职艺术教师数量短缺和质量不高，是影响艺术课程开设、制约艺术教育发展的关键因素。一是艺术教师总体数量短缺。根据《义务教育课程设置实验方案》，九年义务教育阶段艺术类课程占总课时的 9%—11%；根据《普通高中课程方案》，高中阶段艺术类课程占必修学分总数的 5.2%。而根据 2011 年教育统计数据，全国中小学艺术教师为 58 万多人，占中小学教师总数的比例为 5.5%。根据教育部艺术教育委员会专家的抽样调研，被调研地区专职艺术教师仅占教师总数的 2.4%。这个比例与课程计划中艺术课程的比例显然差距甚大。二是艺术教师结构性短缺。除了数量不足，艺术教师分布极不平衡，基本上集中在城市和县城重点学校，而在广大农村和欠发达地区，兼职艺术教师比例过大，兼职艺术教师的素质亟待提升。

根据哈尔滨师范大学艺术学院教授马卫星 2009 年到 2010 年对黑龙江省部分农村中小学进行的调查，没有音乐教师的中学占 40%，没有音乐教师的小学占 30%。在调查学校 60 名小学音乐教师中仅有 9 名专职音乐教师，占 15%；20 名农村中学音乐教师中，专职教师虽然占 80%，但其中 39.6% 为非音乐专业毕业。另据扬州大学艺术学院音乐研究所副所长杨殿斛 2012 年对贵州省黔南布依族苗族自治州进行的调查，全州1477所中小学仅有音乐教师555人，几乎是3所学校才有1位音乐教师，而且大多集中在县城及条件较好的乡镇，偏僻的乡镇特别是村级小学几乎没有音乐教师。由于艺术教师缺乏，农村中小学的艺术教育课程开设普遍不足。如调查表明，一年级至五年级徘徊在50%左右，六年级基本不开；初中一年级、初中二年级不足40%，初三基本不开；高中则低于20%。

从艺术教育的需求情况来看，根据近几年的艺术高等师范教育的招生和毕业生的毕业情况分析，艺术教师紧缺的现状一时难以得到有效缓解。

如何加强我国的艺术教育，如何建设一支优秀的艺术教育师资队伍？关键是要提高对于全面加强中小学艺术教育工作的认识。由于应试教育模式的制约和人们长期以来形成的错误观念的影响，艺术教育的育人价值、人文价值和文化价值没有受到应有的重视。各级党委政府部门对于学校艺术教育的重视程度也参差不齐。这直接导致艺术教育在整个教育事业中没有摆上应有的位置，一些地方和学校对艺术教育的重要性认识不足。也直接导致许多学校和地方艺术课程没有开齐开足，艺术实践活动尚未惠及全体学生，艺术教师严重短缺、经费投入不足、教学条件滞后的状况。因此，首先应该提高认识，加强舆论引导，形成全社会关心、重视艺术教育的共识。

在此基础上，可以从以下几个方面来入手缓解师资紧缺的局面。

第一，创新艺术教育教学的课程模式。从我们的研究来看，如果艺术课程自身不创新，艺术师资紧缺的局面短时间内不可能缓解，甚至很可能没有办法从根本上得到解决。因为艺术的形式很多，再加上按照现在音乐、美术、舞蹈和戏剧各自独立的艺术课程板块来进行教学的话，无疑艺术教师永远是不够的，学校也不可能为每一种艺术形式的教学去配备一名专业的艺术教师。所以，“头痛医头，脚痛医脚”式的艺术教师配备办法已经证明行不通，艺术课程模式自身的创新就显得尤为关键。用艺术课程模式创新来解决艺术师资的紧缺问题，既能在短时间内缓解艺术师资的匮乏，也不失为治本之策中的一条。

课程是教学的核心基础，课程变，老师就变。有什么样的课程，就有什么样的老师。以新教育实验的探索为例。在新艺术教育中，无论是读写绘、晨诵还是生命叙事剧等课程，它们的共同特点是对不同学科的教学内容与形式，进行了适度综合。比如，读写绘课程，它把语文（讲故事）、美术（绘画）以及戏剧中的表演（学生讲述）有机融合起来，使得读写绘课程既有语文的要点，又有美术的元素，还有表演的参与。又如生命叙事剧课程，它既有戏剧（儿童表演）的元素，又有语文的元素（编剧本、读台词），还有音乐的元素（背景音乐）以及美术的元素（道具设计）等。

一方面，这种经过综合与创新的课程，几乎相关科任老师都可以教，如果经过适当培训则可以取得更好的教学效果，而不一定需要专门艺术教师任课。这样一来，既解放了艺术教师，又缓解了艺术教师紧缺的局面。另一方面，新的课程模式对硬件的要求也不高，完全可以在一般学校复制移植。如戏剧课，教室里或操场上都可以进行；名画课可利用学校的走廊、墙壁等空间，都可以挂上名画，供学生欣赏，等等。

第二，有针对性地培养“全科教师”。目前部分师范院校已经开始“全科教师”的培养，部分地区尤其在小学低年级段也已经有了针对“全科教师”的招聘。“全科教师”能够让欠缺艺术教师的地区尽早获得所需师资。针对当下语、数等学科师资相对较强、绝大部分学校并没有开展配套的全科课程的情况下，建议一方面在全科教师的培养中，侧重于其他学科均选修艺术学科的办法，有针对性地培养出更多具备更高艺术教育水准的教师，更快更好地推动艺术教育的开展。

第三，从行政管理上创新，让艺术师资更加合理地流动。由各教育行政管理部门牵头组建学区或教育集团，把辖区内所有的学校纳入学区或集团统一管理，把体制内的教师变为系统内的教师，并使系统内的人流动起来，打破原学校之间、教师之间的归属隔阂和限制。老师是属于学区整个集团管理的老师，而不再是仅仅某个学校的老师。如此，教育行政管理部门可以根据各学校的师资配置情况，合理调配，填平补齐。

第四，距离较近的各个学校之间，自发组建教育共同体。如此一来，各学校可以根据师资情况，充分发挥各自师资优势，进行互补。每学期，各学校的艺术教师，结合自己的艺术特长，针对其他学校教学的需要，轮流到各学校不同的班级去上课。

第五，充分挖掘和利用学校及周边的民间资源、社会资源。聘任坊间、社区以及村里的社会艺术人才和艺术家，请他们担任学校的艺术教师，进入教室、进入课堂、进入课程，支援学校艺术教学。此外，这些社会师资在开展正常的教育教学过程中，还可以通过“结对子”和“师带徒”等形式，指导和培养一批艺术教师，为今后学校艺术教育的开展储备后备力量。如一些山歌、民歌等校本课程，不管他是不是教师、是什么学科的教师，只要是会唱山歌和民歌，都可以来教。对于任何一个地方，唱山歌和民歌的人总是可以找得到的。

第六，有条件的地区可以成立专门的艺术工作室等组织机构，指导各学校的艺术教育，发挥引领作用。在不具备条件的地方，特别是只有一个艺术教师或者没有艺术教师的农村地区，可以利用暑期选派老师进行职后的艺术专业定向进修，形成“一专多能”型教师。对不会跳舞的音乐教师，可以进修舞蹈；对于不会绘画的语文教师，可以进修美术等，采取专业定向进修的方式来有针对性地培养艺术教师。

第七，持续组织艺术专题的支教、实习活动。组织艺术教师以及艺术人才进行艺术主题的支教，促进相关人才在城乡之间的交流，组织师范院校的艺术类学生甚至艺术院校的学生进入缺乏艺术教师的地区实习，让艺术教师、专业人才在更丰富的教育活动中拥抱生活，开拓视野，也让缺乏艺术师资的地区能够在最短时间里开展艺术教育。如江苏省海门市教育局的做法：专门挑选出一位音乐教师、一位美术教师，让他们在全市的各所学校，尤其是乡村学校巡回开设音乐课、美术课，确保每个学生一个学期能够上最少一节高品质的音乐课和美术课。

第八，运用现代教育技术手段，如微课程、微电影，整合网络艺术教育资源，弥补学校艺术教育师资不足的矛盾。比如，名画欣赏、名曲欣赏、经典影片欣赏等做成微课程，通过网络为缺乏师资的农村和边远地区学校提供教学资源，学校通过简单的播放即可带领学生学习，从而缓解艺术教师匮乏的压力。

第九，加强中小学艺术教师的培训。据马卫星教授介绍，在他们所调查的农村学校中，只有 3% 的音乐教师在参加工作后接受过培训。但在相同学校的其他主科，23% 的教师接受过培训。由于经费短缺和师资紧张，艺术教师几乎没有培训的机会。所以，建议在中西部中小学教师国家级培训计划中纳入艺术教师培训项目，并逐步扩大培训数量和覆盖面。各级教育行政部门要在努力对区域内中小学在职音乐、美术教师完成一轮全员培训。

第十，建立艺术教育的科学评价机制。要依据普通中小学音乐、美术、艺术学科课程标准和中等职业学校公共艺术课程教学指导纲要，研制学生艺术素质测评指标和操作办法，对学生的艺术素质进行测评，将艺术素质测评结果记入学生成长档案，作为学生毕业和升学的重要依据。要利用从 2014 年起省级教育行政部门和部属高等学校向教育部提交学校艺术教育发展年度报告的契机，全面掌握中小学艺术课程建设、艺术教师配备、艺术教育管理、艺术教育经费投入和设施设备、课外艺术活动以及实行学校艺术教育工作评估等方面的情况，并及时向社会公示。（2013 年、2015 年）

八

改变，从阅读开始

——全民阅读政策建议

小到个体成长，大到国家民族发展，尤其是当下面临的网络时代、信息时代对阅读的冲击，如何强调阅读的价值与意义，都不为过。一个人的精神发育史就是他的阅读史，一个民族的精神境界取决于这个民族的阅读水平，一个没有阅读的学校永远不可能有真正的教育，一个书香充盈的城市才能成为美丽的精神家园。共读、共写、共同生活才能有共同价值、共同语言。

81. 把全民阅读作为国家战略并设立国家阅读日

近年来，我国推动全民阅读的进程轰轰烈烈，各地区、各部门和相关机构都在阅读推动上开展了许多工作，取得了相当成绩。如2014年年底，江苏省和湖北省人大常委会开风气之先，分别通过了促进全民阅读的条例，为如何通过立法推动阅读作出了示范，树立了标杆，也为全国的阅读立法开了一个好头，对于推进全民阅读，具有重要的意义。

但是，现有的情况距离全民阅读的理想仍有较大距离。阅读作为一项精神工程，必须常抓不懈，把全民阅读作为国家战略，设立国家阅读日作为一种推动阅读的强力措施，在当下仍然有着不可忽视的重要意义和价值。

从民族来看，优秀中华传统文化和社会主义价值观的树立需具体的措施进行更好的推动。文化是民族不亡之魂，价值观是社会和谐之基。无论是对优秀中华传统文化的传承，还是对社会主义核心价值观的树立，目前已经因为缺少富有内涵的推广措施，而在很多地方形成了抄写、背诵等简单片面甚至粗暴的学习方式，不仅不利于文化的学习、价值观的形成，反倒有可能造成人们的逆反心理。我们必须强调，在这两项工作上，阅读是不可或缺的办法，而阅读节是无声引领、易于接受的措施。

从经济来看，新常态下尤其需要加强精神的引领与文化的建设。中国已经从持续多年的高速增长期，转向了平稳增长期，经济上的新常态影响着人们的生活状态。我们需要营造出全民良好的精神状态，让人们拥有平常心、进取心、自信心，才能化被动为主动，变不利为有利，将人们长期以来更多是偏向对外在物质的关注，引导到对内在精神的渴求，才能赢得新常态的挑战，在新常态下收获新幸福。阅读是更新与提升精神状态的捷径，节日则是最短时间内能够最大范围、最快速地重振群体精神状态的办法，节日需求通常会引发购买行为，还可以促进人们消费，拉动经济。

从机构来看，日常工作需要更多着力点来有力推动。阅读推广工作是一件所需时间长、结果见效慢的文化工作。无论是国家新闻出版署，还是各级教育部门，无论是官方机构还是民间组织，在具体的阅读推广工作中，必须要依靠更多抓手，才能简单高效地开展活动，才能保证阅读推动的可持续性。设立国家阅读节，正是为具体工作提供着力点的最简便易行且高效长效的一种方法。

从个体来看，心灵的复苏和成长需要仪式来唤醒与滋养。阅读是最简便的教育，对每个人心灵的成长会产生积极影响。但阅读也是最容易被遗忘的事情，尤其在电视、电脑、手机的大、中、小屏的冲击下，浅阅读流行，真正对经典的啃读形成的有效阅读，却日益式微。作为节日，阅读节将作为仪式的一种，而且把孔子诞辰日作为国家阅读节，将是中国独有的精神仪式，会给人们的心灵进行冲击。形式关乎外在，仪式源自生命。作为中国人精神仪式的中国阅读节，更容易在个体生命的成长中形成节点，对心灵会是一种强有力的唤醒，对渴望成长的心灵有着从群体对个体的激发和滋养作用。

从社会公平看，阅读一直是社会变革和社会进步的重要力量，也是改变社会分层、促进社会公平的重要工具。苏联著名教育家苏霍姆林斯基曾经说过，当偏僻乡村学校的孩子们有了与中心城市的孩子一样多的优质图书时，他们精神发展的起点就站在了同样的起跑线上。这与美国学者赫希的观点完全一致，他在《知识匮乏：缩小美国儿童令人震惊的教育差距》一书中提出："我们只有在妥善处理好阅读问题后，才能在知识经济时代的竞争中处于最佳地位，才能实现保证每位学生人生起点公平的目标。与经济繁荣和社会公平相比，解决阅读问题才是当下最为紧要的事情。"所以，他发起的核心知识运动，就是努力让所有的学生能够和那些最伟大的经典对话，用阅读填平社会的沟壑。

最近这些年，我经常考察不同区域不同类型的学校。那些注重阅读的学校，图书馆品质高、师生阅读氛围好的学校，无论是从师生的精气神，还是从学校的文化建设、各类教学品质考核上，几乎无一例外的高。这一类的农村学校，各项指标超过城市学校的，早已不是个案。事实证明，阅读是提高国民素质、缩小教育差距、推进社会公平最有效、最直接、最便捷、最廉价的路径。

从国际来看，世界各国，尤其是发达国家都举办自己的国家阅读节（日）。比如美国，2015 年 9 月 5 日举行了第 15 届国家阅读节，主题是"我的生活里不能没有书"，国会图书馆邀请 175 位作家、诗人与读者共襄盛举。除了阅读节之外，还把儿童文学作家苏斯的生日定为美国的全美诵读日。美国白宫和教育部门也把 7 月下旬的某天作为全国的阅读日，推进中小学生的暑期阅读。

比如日本。为了提高全民素质，日本针对不同群体设立了诸多阅读节：每年把世界阅读日的 4 月 23 日定为"儿童读书日"；每年的 4 月 23 日到 5 月 12 日则为"儿童读书周"；每年 10 月 27 日到 11 月 9 日为"国民读书周"；日本政府还将 2010 年定为"国民读书年"，隆重推出一年的国民读书计划。

比如德国，2004 年开始的德国全国读书日活动，在每年 11 月举行。志愿者们在幼儿园、学校、图书馆甚至火车和市区步行街上，为别人朗读书籍。如今，全国读书日已成为德国最大的读书节日，以此为荣的志愿者充满激情地捧书朗读，极大地推动了全民的读书热情，并带动孩子们进入书中的奇妙世界。

法国更是一个重视阅读的国家，仅各类文学奖就有 2000 余种，如龚古尔奖、花神奖、费米娜奖等。1989 年创办了法国国家读书节，于每年 10 月 14—16 日举行，三天的活动分别被命名为“阅读疯”“书香时代”和“欢乐中的阅读”。读书节活动很多，如“文学之夜”“一城一书”等，后来由于耗资巨大而取消。许多国家不仅有国家阅读节，而且有国家儿童阅读节。如法国 2015 年的国家儿童图书节于 7 月 17 日至 31 日举行，主题是“轻松的阅读”，全国 1200 场活动在日托中心、夏令营、海滩等一切有孩子的地方举行，有露天书摊、写作工作坊、文学野餐、与作家和插画家对话等活动。

韩国在 20 世纪 60 年代开始推进全民阅读，发起了“为提高素质而阅读”的运动。2007 年，韩国国会通过了《读书文化振兴法》，后经过几次修订为《阅读文化振兴法》并有配套实行的“总统令”。其中规定每年 9 月为读书月，地方政府每年至少举办一次阅读的大型活动。国家每年评选“阅读文化奖”。

总而言之，许多国家高度重视阅读，利用本土的资源，开展包括建立国家阅读节在内的形形色色的阅读活动，并没有把“世界阅读日”作为唯一的读书节日，而是除了这一节日外，又选定各自的日子举办庆祝活动。英国和爱尔兰是在三月的第一个星期四开展阅读活动；越南的国家阅读日定为 4 月 21 日；加拿大从 1977 年开始每年春天举办儿童图书周；等等。

所以，在人均阅读水平迄今远远低于世界主要发达国家的现实背景下，我们仍然需要重视阅读问题，在全民阅读的推动工作逐渐风生水起的基础上，我们更加需要重视阅读节的问题。

为此提出如下建议：

第一，把全民阅读上升为国家战略。自从 2006 年中宣部、新闻出版总署等 11 个部门联合发出《关于开展全民阅读活动的倡议书》以来，全民阅读有了长足进展。全民阅读被写入了党的十八大报告和 2014 年政府工作报告，《全民阅读促进条例》也正在起草之中。但是，全国各地的全民阅读还很不平衡，尤其出现了越是经济发达地区越是着力推动阅读、越是经济欠发达地区越是忽视阅读的两极分化现象，经济与精神的同时失衡让人忧心忡忡。把全民阅读上升为国家战略，对于进一步形成共识，推进全民阅读具有重要意义。

在国家层面上设立“国家阅读节”，由国家领导人亲自推动和倡导全民阅读，则是唤醒全社会的阅读意识，调动社会力量最大可能地使“以读书为荣”“以读书为乐”号召深入人心，营造良好的阅读环境和阅读氛围，从而有效推动全民阅读最关键的做法。

第二，设立国家阅读节。建议国家阅读节的时间为每年的 9 月 28 日。从文化价值上，9 月 28 日有着孔子诞辰的特殊意义。孔子已是民族文化的标杆性人物，以孔子诞辰切入，能够更好地激发人们对优秀中华传统文化的阅读与认识，激发人们进一步发展与创造中华文明的决心。另外，每年九月份，正好是大学生、中小学生秋季开学不久的好时期。九月份对于教育界来说，则是教育新循环周期的开端，是学生升入新学年或新的更高学府的新时段。这一时期，学校往往都将对新生和升入更高一年级的学生进行学习动员和指导。而此时向学生们倡导读书是非常好的时机。再者，9月下旬这一时间段距离“十一”黄金周很近，这也有利于开展阅读活动，广大国民也可以利用休闲时间进行可持续性的读书。可以开展阅读周、阅读月等形式多样的活动。

第三，发挥全国各级图书馆、城乡各图书室、各学校或教育机构等场所的作用，将其作为全民阅读基地和阅读节的主要活动场所。现在全国阅读率仍然低迷，一方面是国家财政对相关工作支持力度不够，还需要继续提升；另一方面是全民的阅读意识仍很淡薄，现有场馆及各类机构并没有真正发挥实效。以阅读节为契机，更好地规划和实施各种阅读推广活动，提高图书推介、读者交流等此类活动的品质，为现有场馆及各类机构的工作保驾护航，更好调动人们的阅读积极性。

第四，发挥政府主导作用，调动民间积极性。全民阅读的工作，应该以公益性为主，以购买民间服务为主。无论是图书出版、图书销售、图书借阅等环节，还是图书节活动举办，都是急需政策支持、急需经费支援、急需各方协力的。因此，以公益性为主，更好地增加社会正能量，辅助以商业运作，让阅读节活动更为深入人心。全民阅读需要全民，推动阅读也需要全民，从政府财政上看，尽管阅读推动所需经费并不巨大，但也无法为具体每一个活动单独增加部门、配备人员，因此以购买民间服务为主，将经费用在刀刃上，一方面让专业人做专业事，提高活动品质；一方面加强各机构间的交流，得以协作与借力。民间力量不可忽视，只有民间力量广泛进行阅读活动了，才能避免活动走向形式主义。有人担心设立了国家阅读节会沦为形式主义。事实上，在阅读研究和推广上，民间的力量近些年异常活跃，因此，政府更多地要将阅读活动经费投放在鼓励和扶持阅读研究、书目研制、阅读推广等方面，支持社会、学校、企业和民间机构去参与到阅读文化建设中去。

第五，继续推进阅读立法工作，用法律保障全民阅读的战略地位和国家阅读节的合法性。依法治国是中国的发展方向，阅读作为构建精神基石的工作也不例外。不仅要将此前列入国家立法计划的《全民阅读促进条例》及时完善、颁发，而且还要继续拟定如图书馆法等更多法规，同时各地、各相关部门都要根据这些法规继续细化和深化，为相关部门和机构提出底线、规范行为，在全社会营造出更好的阅读氛围和环境。其中，阅读节的相关工作应该是各项法规中的重要一条。依靠相关法律条文，有效推动阅读，有序推进阅读节工作，确保全民阅读的持续和深入。

第六，进一步推动各类阅读专业的研究，推动书目研制工作，对各类专业民间机构的研究成果购买服务，及时推进阅读的深化。无论是根据不同人群开展的各类人群基础书目的研制工作，还是根据学习需求开展的学科书目研制工作，或者根据地区需求开展的图书馆配书目研究等，书目研制是一项特别重要的工作。在信息时代，越是丰富的信息，越容易导致人的迷失。书目的研制是为一个人的精神提供了一份营养全面的科学配餐方案，是为一个人的成长提供了一份藏宝图，便于人们按图索骥。信息时代读什么？是一个至关重要的问题，是一个影响着民族文化传承的大问题，也是一个树立文化自信的不二法门。政府可以通过委托研究或者购买服务等方式，为不同人群定制科学合理、具有创新精神、培养创造力的专业书目。

关于把阅读作为国家战略和设立国家阅读节的提案与建议，我从2013年开始已经多次呼吁，这不是简单的“锲而不舍”，更不是“固执己见”，而是基于我长期以来对于阅读与教育问题的思考。我一直认为，相对于环境、资源等国家战略而言，阅读显得有点“软”，但它却是影响更为深远、持久的大问题。人的资源是第一资源，人的素质是第一品质，把全民阅读作为国家战略，提升国民素质，是中国当下和未来最重要的事情。（2011 年、2012 年、2013 年、2014 年、2015 年、2016 年、2017 年、2018 年、2019 年、2020 年、2021 年）

82. 设立国家阅读基金　推进全民阅读工程

全民阅读工程以推动青少年阅读、满足特殊群体阅读需求为重点，以加强阅读规划与指导、整合阅读资源、开展阅读活动为手段，以培育国民阅读习惯、提高国民阅读能力为目标，提升全民族思想道德素质和科学文化素质，增强国家文化软实力，建设社会主义文化强国，实现中华民族的伟大复兴。

从2006年国家新闻出版署、中宣部等与有关部门连续5年推进全民阅读工程建设以来，已取得5个方面的重要进展。

一是初步形成了全民阅读活动的协调机制和长效机制。在总署和有关部门的推动下，各地非常重视全民阅读活动，已经有15个省(区、市）成立了全民阅读活动组织领导机构，部分省（区、市）还制定了全民阅读活动的中长期规划。

二是全民阅读活动的社会影响越来越大，参与的地区和群众越来越多。全国已经有400多个城市开展了各种形式的阅读活动，每年吸引近7亿多读者参与各种形式的读书活动。

三是全民阅读活动的内容越来越丰富，形式越来越多样。总署举办“书香中国”全民阅读电视晚会、开展“全民阅读报刊行”“全民数字阅读活动”等。各地开展了各具特色的读书节、读书周、读书月、读书日活动，各地还开展送书、读书、换书、评书等多种活动，评选“书香家庭”，发挥示范作用。

四是在推动青少年阅读、农民阅读、残疾人群阅读方面取得重要进展。通过连续 8 年开展向全国青少年推荐百种优秀图书活动，连续两年开展“大众喜爱的 50 种图书”推荐活动，开展“百家出版社文化助残公益行动”捐赠 1300 万码洋图书，建设 50 多万个农家书屋等工作，有力推进青少年阅读、满足特殊群体阅读需求。

五是全民阅读活动成效越来越明显。据第八次国民阅读调查数据显示：2010 年图书阅读率为 52.3%，比 2009 年增加了 2.2 个百分点；18—70 岁国民整体阅读率（书报刊数字阅读）为 77.1%，比 2009 年增加了 5.1 个百分点。“书香中国”的读书氛围越来越浓厚。

从全民阅读工程的推进情况来看，仍然有不少亟须解决的问题。一是没有一个全国统一的“国家阅读节”，将全民阅读工程建设与精神文明创建、公共文化服务体系建设结合起来，进一步建立健全开展全民阅读活动的长效机制。二是没有一个国家层面的全民阅读指导委员会，推动各地各部门建立健全全民阅读活动组织领导机构，为全民阅读工程建设提供组织保障。三是没有一个“国家阅读基金”，统筹各级政府加大财政投入，鼓励社会资金参与，为全民阅读工程建设提供资金保障。四是缺少一个能够统筹整合各级图书馆、农家书屋、社区书屋、职工书屋、军营书屋、新华书店、网络阅读平台等阅读资源的全国性网络平台。五是没有一个国家基础阅读书目，指导全社会有效阅读。缺少真正意义上的阅读公益机构和阅读推广人等。

一个国家的国民阅读水平，往往标志着一个国家社会发展的文明程度。国民阅读能力和阅读水平的高低，在很大程度上反映着国民素质的高低，决定着一个民族的创造能力和发展潜力，直接关系到国家软实力和综合国力的强弱。

国民阅读是一项公共文化工程，世界许多国家都通过设立国家阅读基金，由国家公共财政提供资金，以推进国民阅读工作的持续深入开展。如英国1992年成立图书信托基金会，每年由国家财政投入资金并吸纳社会慈善资金，开展以“阅读起跑线”为核心的全民阅读工作；德国在1988年成立德国促进阅读基金会，其历任名誉主席都由德国总统担任；俄罗斯也在1994年建立俄罗斯读书基金会。此外，在美国、保加利亚、日本、韩国和泰国等其他不少国家和地区也都设立各类阅读基金会或国民阅读扶持工程。

全民阅读工程作为一项利国利民的公益活动，需要投入较大财力并持之以恒地开展。在我国，目前虽然中央政府和许多地方政府都在大力倡导阅读并举行各种阅读节活动，但由于经费严重不足，力量非常有限，全民阅读工作与国外相比，存在较大差距。为将全民阅读上升为国家战略，要求我们将阅读问题列为国家重要议题，由国家财政提供专项资金予以保障。

为此，我建议：

一、设立基金

由国家财政出资，设立国家阅读基金，推动全民阅读工作，提高国民文化素质。也可以采取国家设立种子基金的办法，吸引民间资金投入。

二、资金规模

考虑到国民阅读基金的巨大社会价值及社会覆盖面，建议每年由国家财政提供1亿—2亿元的“国家阅读基金”专项资金，再吸收民间资金2亿—3亿元，专门用于全民阅读推广活动和国民阅读扶持项目。

三、基金用途

国家阅读基金的专项资金专门用于国民阅读推动工作。主要包括：

（1）开展全民阅读活动。

开展世界读书日、城市阅读节、阅读月、读书周等全民阅读活动，营造阅读氛围，提供公共阅读平台，开展阅读推广工作。全民阅读活动形式包括开展读书沙龙、读书知识竞赛、读书演讲比赛或读书征文、图书漂流、中华经典阅读大赛等活动，营造良好的读书氛围，推动全民阅读活动的可持续发展。

（2）推动儿童与青少年阅读。

儿童是民族的未来，只有在儿童时期养成良好的阅读习惯，才能在成年后保持阅读行为。西方发达国家儿童在6—9个月时就开始阅读，而中国儿童则普遍要在2—3岁才开始阅读。美国儿童在4岁以后进入独立、自主性的大量阅读阶段，而中国儿童平均到8岁才能达到这个水平。由于社会发展不平衡，存在地区差距、城乡差距、贫富差距，中国儿童的阅读教育严重不足，同时阅读观念也普遍滞后。通过设立国家阅读基金，尽早开展“阅读起跑线”等儿童阅读工程，推动儿童阅读，已经成为世界各国普遍的做法。

（3）满足弱势群体阅读需求。

弱势群体包括老年人、残疾人、失业者、贫困者、灾难中的求助者、农民工、非正规就业者以及在劳动关系中处于弱势地位的人。通过阅读救助活动，不但可以满足精神文化需求，还能提高他们的生存能力，提高他们的生活质量。

（4）开展阅读研究与指导。

国家阅读基金除用于阅读推广，还可用于对阅读进行研究与指导。比如开展国民阅读调查，掌握国民阅读状况；组织专家或支持研究机构进行阅读书目研制，便于各领域人群找到优秀的经典图书；开展阅读测试，有助于科学评价阅读效果；组织阅读志愿者开展阅读推荐与指导，向他人传授阅读的知识与技巧等。

四、设立基金管理机构

由财政部、国家新闻出版署、文化部、中央文明办等部门联合组建国家阅读基金管理委员会，负责基金的管理，其日常工作可设立“国家阅读基金管理委员会办公室”。也可以采取“中国社会救助基金”的模式，由国家设立种子基金，政府委托中介机构管理。

五、进行基金管理与效益评估

国家阅读基金由国家阅读基金管理委员会办公室设立专门账户，基金使用情况向社会公开，接受社会各界的监督。在资金使用上，主要通过面向全社会征集评选阅读促进扶持项目与工程，对项目进行专项资助。为了及时掌握资助情况，总结经验和不断完善资助办法，阅读基金管理部门可对资助对象和资助项目的效益情况进行调查和评估。（2012 年）

83. 建立国家全民阅读指导委员会

党的十八大报告明确提出要“开展全民阅读活动”，充分体现了中央对这项文化民生工程的高度重视。深入开展全民阅读，对于推进社会主义核心价值体系建设，提高国民的科学文化素质和思想道德素质，推动社会主义文化强国建设，全民实现小康社会具有重要意义。

阅读与人类文明紧密相连，事关积累、传播和创造；阅读与民族文化密切相关，事关认同、传承与创新。阅读能力的高低直接影响到一个国家和民族的未来。联合国教科文组织从 1995 年起把每年的 4 月 23 日定为“世界图书与版权保护日”（简称“世界读书日”）。世界主要发达国家也都将其视为国家综合实力的核心要素之一，建立国家层面的阅读推广与指导机构，以国家战略的高度推进国民阅读。

一是政府立法推动阅读。如美国的《卓越阅读法》（1998）、《不让一个孩子落后法案》（2002）、日本的《关于推进儿童读书活动的法律》（2001）、韩国的《读书振兴法》（1994）、《读书文化振兴法》（2009）、俄罗斯的《民族阅读大纲》（2012）等都着眼于民族和国家的文化未来，以立法的形式保障了国民阅读能力的提高与积累。

二是设立专门机构推动阅读。如英国为“阅读起跑线”项目设立的“图书信托基金会”，德国有“促进阅读基金会”，日本有“读书协会”及“儿童梦想基金会”，美国有“国家艺术基金会”等。这些组织机构或基金会具有完善的规章制度，通过科学调查、常规项目和特殊资助相结合的方式，成为推动国民阅读的主导力量。

三是国家元首亲自倡导阅读。不少发达国家的元首都率先垂范积极参与读书活动，如美国总统及第一夫人都有开学季到学校陪儿童读书的惯例，英国前首相布朗和教育大臣共同发起过“全国读书年”活动，“德国促进阅读基金会”名誉主席一直由该国总统担任。此外，英国女王伊丽莎白二世、俄罗斯总统普京等都积极支持并参与本国阅读活动。

2006年以来，中宣部、新闻出版总署等部门倡导并开展全民阅读活动，各地各部门开展了内容丰富、形式多样的读书活动，推动全民阅读已经成为全社会的共识。目前，我国已经有18个省（区、市）成立了全民阅读组织领导机构，有力地推动了当地的全民阅读，其中湖北、湖南、江苏、广东、河北、福建、陕西、黑龙江、重庆、新疆等地都成立了由地方党委或政府领导担任负责人的全民阅读组织领导机构，并在制定规划、配置资源、组织活动、宣传推广等方面发挥了重要作用。据统计，北京、上海、广州、杭州、苏州、成都、重庆、深圳等400多个城市常设了读书节、读书月活动，每年吸引7亿多读者参与读书活动。“书香上海”“书香岭南”“三湘读书月”“书香之县”“书香之家”等一大批书香品牌已经形成，既发扬了中国崇尚读书的传统，又使国民阅读率不断提高，加之农家书屋工程全面覆盖，推动10亿册图书进农村、进社区，实现“村村有书屋”，方便了农民阅读，神州大地已经掀起了开展全民阅读、建设“书香中国”的热潮。

在取得优异成绩的同时，我国的全民阅读工作还存在一些亟须解决的问题。

一是没有国家层面常设的全民阅读组织领导机构，缺乏组织保障和专项经费支持，无法建立起长效机制。全民阅读具有典型的公益性特征，必须由政府主导，通过公共财政加以扶持，才能够正常运转和发展。

二是没有国家法律法规保障，全民阅读工作还属于政府部门的自发活动，未能纳入到政府考核指标体系中，多数地区的组织机构和负责人属于自发倡导，缺乏长期、持续深入开展的动力。据调查，65.5%的国民希望当地有关部门举办阅读活动，可见有必要加快全民阅读立法进度，为全国持续开展全民阅读活动提供制度保障。

三是国民阅读能力总体不高。与国际社会尤其是发达国家相比，无论在人均阅读数量、阅读习惯还是在阅读设施及服务等方面都普遍存在着较大差距，这将严重制约我国文化国际竞争力的增长。

四是特殊困难群体的基本阅读需求得不到有效满足。国内部分地区阅读资源严重匮乏，贫困农村地区人口、残疾人、进城务工人员、农村留守儿童等特殊困难群体的阅读环境和条件仍然落后，很难通过困难群体自身解决，必须依靠政府扶持和公益性阅读基金资助。

借鉴国外推动全民阅读的先进经验，同时考虑到我国的实际国情，建议尽快成立国家层面的阅读推广机构——国家全民阅读指导委员会，把全民阅读作为国家战略。

成立国家全民阅读指导委员会，有利于加强领导，统筹协调各地各部门资源，形成合力；有利于建立长效机制，形成国家长远战略；有利于解决全民阅读工作中的重点难点问题。

国家全民阅读指导委员会成立以后，主要着力完成以下几项工作：

第一，设立国家阅读节。建议将我国的阅读节定为中华民族文化巨人孔子的诞辰日 9 月 28 日。将孔子诞辰日确定为“国家阅读节”，既体现了中华文化的传统和特色又符合国际惯例，有利于在世界上受到广泛关注和认同。

第二，推动全民阅读立法。由全国人大制定《全民阅读法》、国务院制定《全民阅读条例》，以法律法规的形式将推动全民阅读工作纳入法制化轨道。具体包括，确定政府为促进全民阅读的责任主体，将全民阅读经费纳入财政预算，制定全民阅读规划，发布全民阅读调查情况，提供公共阅读场所，举办全民阅读活动，保障公民阅读权利等。

第三，制定全民阅读规划。规划要阐明开展全民阅读的重要意义，确定开展全民阅读的指导思想、基本原则、主要目标、实施单位、部门分工、经费保障、工作机制、实施办法、重点群体、具体工程、宣传推广、监测评估等，成为开展全民阅读的指导性文件。

第四，建立国家阅读基金。鉴于推动全民阅读工作的公益性，必须要由政府主导推动，国家财政出资建立国家阅读基金，由国家全民阅读指导委员会负责管理，保障全民阅读规划的实施，建设全民阅读重点工程。特别是向 7—18 岁年龄段的青少年发放阅读券，培养青少年的阅读习惯，大力提高其阅读水平，以此建立全民阅读的长效机制。

第五，开展全民阅读活动。利用各种平台和途径，开展形式多样的全民阅读活动，推出先进典型，推广先进经验。倡导领导干部带头阅读，推进书香校园建设等。（2013 年）

84. 建立国家翻译院，推动翻译事业发展

众所周知，一个国家的强大，一方面取决于它能否及时了解和吸收世界上最新的先进科学与文化成果；另一方面取决于它能否及时把自己的世界观与价值观，通过最新科学技术与人文科学成果传播出去。前者可谓“文化输入”，后者则谓“文化输出”。让这出入通畅的一座关键桥梁，就是翻译。

自我国改革开放以来，翻译在我国政治经济文化建设中起到越来越重要的作用，及时积极翻译引进的国外先进的科学技术、社会科学以及人文学科的研究成果，在我国 30 多年的迅猛发展中，厥功至伟。毫无疑问，在今后中国进一步强大、发展的过程中，翻译上的“文化输入”将会起到更多更大的作用。

与此同时，越是强大的国家民族，越是注重对世界的奉献与影响，越是乐于输出自己的文化、价值观。站在国家战略的高度，将中国最新的学术成果传播出去，不仅关乎中国的国际形象，提高我国在世界上的影响力，还能增进外界对我国历史和现状的深入了解，从而消除西方主流话语中存在的误会甚至敌视的声音。在传播中国科学文化、促进中外交流方面，翻译上的“文化输出”任重道远，意义重大。

2012 年年初，《国家“十二五”时期文化改革发展规划纲要》对翻译人才培养提出了更高的要求，这也体现了站在国家战略上对翻译的高度重视。

然而，三个因素严重制约了我国翻译事业的进一步发展：

第一，我国尚无以翻译的“文化输出”和“文化输入”为使命的国家级机构。虽然国家高度重视翻译，也成立有诸如中央编译局这样的机构，但其主要任务是编译和研究马克思主义经典著作，翻译党和国家重要文献和领导人的著作。

第二，目前我国的翻译态势主要以市场为导向。从“输入”来说，致使在引进上主要以国外流行的热点为翻译依据，有时候忽略了在科学技术、社会科学以及人文学科领域中成果的经典性与当代价值。从“输出”来说，在中国文化传播上虽然进行了一些努力，但十分零散，后继乏力。比如这些年国家社科基金设立了中华学术外译项目，支持力度也很大，可是无论从规模、整体思路以及推荐内容的选择上，都还未能发挥重要的作用，而且受到研究课题的形式局限，在未来也较难发挥更大作用。

第三，全社会对翻译事业的宣传不多，理解不够，重视不足。在我国，由于“重原创，轻翻译”，致使翻译地位较低，翻译稿费与翻译付出的劳动相去甚远，导致翻译家难以获得独立的生存能力。由此造成的翻译上的空缺，是由很多水平不高的翻译人员来填补的，导致翻译质量下降。中国制造的产品输出全球，文化与价值观的输出始终不尽如人意，原因固然是多方面的，但和翻译事业的日益凋敝不无关系。

与此同时，国外对翻译及其研究、文化及其传播却极为重视。

法国一向以重视翻译而著称。2009 年，法国驻中国大使馆专门设立了以我国著名翻译家傅雷为名的傅雷翻译出版奖，震惊了国内翻译、出版界。

德国的歌德学院继翻译资助项目之后，也在 2013 年启动了翻译工作坊，分别以哲学、文学、历史、艺术、音乐等学科类著作的德译中工作为研讨主题，为热爱翻译的年轻学子提供学习和沟通的平台。

同时，爱尔兰、瑞士等国家还有专供译者入住的翻译基地，让译者可以在一段时间内全身心投入工作，不受其他事务的打扰。

美国笔会组织 PEN 每年资助多位译者从事文学翻译，该基金成立 10 年来，已经资助了 70 多位译者。

为此，我们建议尽快成立兼具翻译与研究功能的“国家翻译院”，并且完善相关制度，将翻译工作纳入学术评价的体系，从而吸引更多人才加入到翻译事业中，更好更多地引进国外最新科技成果和人文成果，向外推介、翻译我国学术精品与文化精品，使我国更充分更迅速地汲取世界各国的养分，使我国的文化更顺利地走向世界。

成立国家翻译院，便于统筹完成以下三大使命：一是将国外最新、最好的科技成果、人文社科方面的成果及时地引进来；二是把我国最新、最有价值的学术成果、文化产品有意识地及时翻译介绍出去；三是兼具翻译研究和培养翻译人才的功能。

在人才储备上，短期而言，可采取全球招聘的方式，吸引世界上相关顶尖翻译人才，保证翻译作品的质量与水平。团结海外的翻译家和汉学家，为他们提供学术支持和服务，也拓展中华文化走向世界的渠道和范围。长期而言，整合国内的翻译人才队伍。

在学校建设上，短期可以现有优秀高校为依托，将其设立在高校中，利用现有高校的学术资源为相关工作提供先期的充分准备，及时有效地促进此项工作尽早启动并快速进入运作状态。长期可规划兴建为独立院校。

除此之外，国家翻译院还应统领全国翻译事业，收集、整理、提供真实、权威的翻译人才信息，提供第三方查询认证，为国家重大对外项目、国际交流与合作、国际贸易等提供高质量的翻译人才支持；

为国家相关职能部门提供翻译人才队伍动态、供需等基础信息；适时开展面向社会的商业化人才供需对接和人才政策咨询服务。

提高翻译人才的社会地位和生活待遇。在中国的学术评价机制中，有一种约定俗成的惯例，那就是在考量学术成果时只认可原创作品，“翻译不算成果”成了学术评价惯例。其实，优秀的翻译，是一种再创造。翻译工作也是一项原创性很强的活动，好的译作融入了译者在该领域内的研究成果，体现了其专业素养。因此，重要名著及学术理论著作的翻译，应当作为学术成果，尤其在人文领域这种必要性更加凸显。一个好的翻译家，其意义绝不亚于一个作家，因为翻译可能比写作更困难，应该给予翻译家同样的荣誉、同样的尊重。（2014 年）

85. 规范图书价格体系　促进书业健康发展

近年来，由于原材料生产成本和人力成本的大幅增长，图书市场各种打折促销等无序的价格战频发，随之产生出一系列问题。

（1）出版社利润不断下降，被迫强调经济效益，压缩成本。不愿意开发时间长、成本高的选题，大量公版图书充斥市场。因为盲目追求销量，不惜代价降低折扣销售，破坏了整个图书市场的价格体系。很多有创意的优秀小型图书策划机构举步维艰，很多在价格战中被淘汰。

（2）图书作为标准化产品，重复购买率比较高，很多大电商平台把销售图书仅仅作为平台的引流工具，一味频繁采用价格杠杆，吸引更多流量并提高用户重复购买的频率。在促销中，不以图书产品质量为标准，仅以折扣、返点多少为考量。经常采用不参加促销活动就将图书屏蔽的形式，让读者无法找到好书。电商平台在“双 11”“双 12”“618”等网店销售高峰期，强迫经销商参与平台活动，强行压低进货折扣，提高返点费用，使供应商没有谈判空间。

（3）网络书店因各种引流活动，销量每年攀升，但利润不断下降。为了维持利润空间，变本加厉向供应商要更低折扣和更高返点，进入恶性循环。实体书店因店面、人员、营业时间等负担重，无法像网店一样疯狂打折，店面客户逐渐减少，销售额和利润降低。目前很多地面店如果脱离风险投资或租金补贴，很难维系基本生存。

（4）打折促销表面看读者受益，但图书定价随之提高，实际读者并无太大收获，反而因不良模式诱导读者过于聚焦价格，很多促销力度大、折扣低的图书内容良莠不齐、鱼目混珠，读者很难获得真正的优质图书。

（5）新华渠道对民营出版商的歧视。大部分新华渠道对民营图书公司的进货折扣远低于出版社折扣，并且账期长，有的甚至一年结一次款。很多出版商被迫寻求其他渠道的补充和快速回款，不惜降价以降低利润。

作为精神产品和文化产品，想要解决目前图书价格混乱的问题，政府应该对图书市场的无序竞争进行干预和协调，统一规范，具体可参考一些国际做法。

第一，借鉴法国等欧洲主要国家实行的图书定价销售制。图书作为特殊的文化产品，作为保留民族传统文化和精神的重要载体，不能与其他流通商品一样随意打折销售。新书在一定期限内必须按照出版社定价销售，出版一年或一定时间后可以按照一定折扣销售，保护消费者、书店以及各个链条上参与者的利益。

第二，借鉴以美国为代表的国家实行的公平销售制。从市场公平、反不正当竞争的角度出发，要求出版商对所有经销商一视同仁，即所有出版商对各类经销商的批发折扣一致。禁止销售渠道进行无底线的打折促销。

第三，改变图书赊销模式。图书行业长久以来是赊销模式，渠道无成本进货，实际销售后在一定时间内给出版社回款，同时可以无条件退货。这就造成绝大部分经营风险都在上游出版商（出版商所支付的人员、生产和版税等成本基本无法拖延），回款周期极长（3—6个月，新华系统可长达1年），退货可以吃掉前期全部利润。应该改变赊销，将经营风险分解在全产业链。

我们希望通过规范图书销售体系，从定价、折扣、销售模式等方面，促进书业的健康发展。出版的各环节都不再陷入价格战，就会考虑从更多的角度满足读者需求，更好地服务读者大众。同时，政府进行统一折扣限定，优化市场竞争实现优胜劣汰，社会效益和经济效益都得以保障。（2020 年）

86 建立国家基础阅读书目

中国是个重视书目的国家，早在西汉时由学者刘向编撰的《别录》一书，其中就著录有《列子目录》，这也是“目录”一词的最早出处。从《汉书》开始，历代史书很多都有“艺文志”，都将当时现有的图书开出目录记载下来，后来一些私人藏书馆、国家编修图书集成活动以及一些学者也编制出了很多书目图书，其中著名的如清代纪晓岚的《四库全书总目提要》等，中国传统学问中的目录学历来被视为读书的“钥匙”，而这些书目也确为时人查找图书和后人搜罗研究带来了很大的方便。

开列推荐阅读书目，古已有之。比如，孔子亲自为学生整理删定“六经”即是推荐阅读书目；敦煌出土的书中就有被人称作“唐末士子读书目”的推荐书目，是现存较早的推荐书目文献；宋代以后，很多学者给读书人开列过推荐书目，比如元代学者程端礼，明末学者陆世仪，清代学者李颙、龙启瑞等，以及民国学者胡适、梁启超、章太炎、顾颉刚、孙伏园、汪辟疆等。1949 年以后也有一些学者开列过推荐书目。而所开列书目最为著名、影响最大的学者是清代的张之洞。清光绪初年，张之洞因一些读书人问他该读何书何本最好，而著《书目答问》，挑选 2200 余种图书，以指引治学门径，为读书人所称颂，影响几近半个世纪。

在国外，推荐书目也是比较通行的做法。不仅一些重要的学者会为中小学生开书单，大学每一个学科的教授，第一节课几乎都会拿出一个希望学生阅读的基本书目。美国、英国、日本等国，都有各种各样的推荐书目，其中多为评论家、作家以及报纸杂志等进行制作的。

20 年前，人们就惊呼进入了知识大爆炸时代，这源于新的知识每年以几何级的速度在累积着。如今仅我国每年就有 30 万种中文图书出版。如果能够将中文图书的所有图书书目编在一起，估计也将是蔚为壮观的。现在，每个人一生读尽自己所从事领域的图书都已经远远不可能了，更何况还有所从事领域之外的一些图书需要关注。在阅读方面，“望洋兴叹”早已成为人们眼前的现实。因此，选择一些具有经典性或实用性的图书推荐给不同领域的读者，尤其是中小学生，已经越来越显得非常重要了。

叔本华曾说：“读好书的前提是不读坏书。”而推荐阅读书目就是指引我们读好书的门径。如今，在浩如烟海的图书市场上，为各领域的人们研制推荐书目，成了很多出版人、媒体和知识界人士热衷的一件事，也曾引起过一波又一波的关注。

但是，目前存在的一些书目推荐活动，往往存在以下问题：

一是商业性驱动，出版机构为了宣传图书而造势的情况屡见不鲜，缺乏公益性，缺乏公信力。

二是图书销售的畅销书榜单往往以市场销量为衡量尺度，内容泡沫化的快餐图书虽然畅销但缺乏经典性，一些真正的好书往往寂寞于深巷之中，因此，图书内容评价缺乏使中立而公正的书评制度加以鉴别推荐。

三是一些媒体的推荐图书活动，往往囿于推荐者的小圈子化和个人趣味化，使得一些图书推荐缺乏普及性和推广意义。

四是推荐图书活动多为年度性质的或某一时的推荐活动，内容上缺乏稳定性，时间上缺乏连续性，选择上缺乏研究性；很少有就一个推荐书目连年进行持续研究修订的，往往造成推出容易而影响消失得也极快的情况。

当今社会，各国的竞争表面看是经济的竞争，本质上看则是文化和科技的竞争。提高国家和民族的文化软实力，已经引起我们国家和社会的普遍重视。提高文化软实力，一方面要重视教育、科研水平的提升，另一方面提高全民阅读水平也极为重要。而我国的全民阅读水平很低，与我们的文化发展目标还相差很远。

制约全民阅读水平提高不上去的原因很多，其中没有一个全社会基本认同的基础书目，人们囿于图书选择困境的原因也是不可忽视的。譬如非常重要的儿童阅读，大部分家长和教师最困惑的是：究竟给各年龄段的孩子分别推荐哪些图书最合适？据了解，我国每年新出版的少儿读物约有 4 万种左右，常销的书还有数十万种。要从数十万种童书中挑选出最适合各年龄段孩子阅读的书，这是一个浩大而难以完成的工作。而这样的工作，非常需要国家给予大力支持，并调动学界、教育界和民间的力量才可能完成。而除了学前和小学阶段的儿童阅读外，其他如各年龄段的中学生、大学生以及教师、企业家、公务员等各领域，都面临同样的阅读图书的选择和推荐问题。

因此，我们呼吁尽快建立国家基础书目制度，积极支持阅读推荐书目的研究和推广工作。

第一，国家和政府应该对阅读推荐书目的研制和推广活动给予政策和经费等方面的支持。

面对浩如烟海的优秀图书，精心选择适合给不同领域和不同年龄段的人阅读，这项工作是个非常浩大的工程。因此，靠一些研究机构、出版机构或个人来进行研究，是很难完成的，而且涉及每过几年都要进行增补修订的工作。因此，国家每年在加大文化经费支出的时候，可以考虑拨出一些经费用于支持推荐阅读书目的研究工作。这对提高国人的阅读效率和阅读水平，以及提高中国文化在世界上的影响也颇有好处。

在国外，一些国家政府部门或教育文化部门很重视这些工作。比如美国教育部或一些州政府以及文化教育部门很重视支持阅读推荐书目的研究，如加利福尼亚州就有推荐阅读名单（California Reading List，CRL），政府支持研制这个名单会放在教育局的网站主页上，供家长根据自己孩子所在年级以及语文阅读水平来查询这些推荐书单（分幼儿园—2 年级、3—5 年级、6—8 年级、9—12 年级）。在法国，政府也非常重视资助阅读推广活动，通过资助选择一些本国优秀图书，在全世界进行宣传推广活动。在法国大多数地区，地方政府文化部门都建立了地方文化中心，这些文化中心会进行图书阅读推荐以及一些阅读活动。因此，政府对阅读推荐书目的研究推广进行支持，是很多国家和地区采取的通常做法。

第二，应组织专家学者以及教育界和文化界及与研究阅读相关的机构，开展有计划有步骤的研究工作。

应发挥阅读视野宽阔的学界人士的智慧，积极参与这项利国利民的阅读书目研制工作，并就各领域的阅读推荐的标准、公正性的独立研究原则等进行确定。

政府应鼓励专家学者们进行这些阅读推荐方面的研究，可以以“国家阅读推荐书目”的名义，组织各领域非常广泛的专家学者和研究团队，进行具有公益性和连续性的书目推荐研究工作，并在研制期间争取社会各界的意见和建议。

在支持专家学者进行阅读书目推荐研究方面，很多国家也是这样做的。比如美国，教育部会支持教育及阅读专家研制发布推荐书目，比如推荐给家长和教师的一些指导性教育阅读指南，如“帮你的孩子学科学”（Helping Your Child Learn Science）等。

第三，应充分调动民间力量，积极支持民间研究机构参与阅读推荐书目的研究和推广。

民间机构参与的重要意义在于，可以发挥民间研究机构的独立性、公益性、持续性，特别是良好的公信力等方面的作用。

目前，在我国进行研究推广的众多民间机构已经成为阅读推广的强大生力军。每年召开的多数阅读研讨会以及各具特色的阅读书目，多是由民间机构推出的。特别是今天在儿童阅读图书的推广方面出现的繁荣景象，民间阅读研究机构发挥了巨大的作用。

让民间学术研究机构参与到阅读推荐书目研究方面的策划、组织、研究、推广工作中，对于保证阅读推荐书目的公益性和资源共享，对广大读者群众是最为有利的。

比如在美国，儿童图书委员会（CBC）是全国性的非营利性童书出版者的研究联盟。这个民间性质的委员会，每年向社会推荐多种不同性质的书单，包括给学前到中学孩子的年度最佳科学书和给年轻人的年度最佳社会研究书等，前者由 CBC 与国家科学教师协会合作，后者由 CBC 与国家社会研究委员会合作。

其实，我国在这方面也已经开始有了新进展。比如民间学术机构“新阅读研究所”已经在新闻出版总署以及公益基金会的支持和资助下，开展了“中国小学生基础阅读书目”的研制工作，从在网上征集意见以及学校试读的情况看，受到了广大读者包括家长及学校师生的普遍支持，并给予很大的期待。该机构未来还将继续进行中学生、学前阶段的推荐书目研究与推广项目。此举也得到了专家学者以及学校等社会各界的积极支持。

由此，我们可以很有信心地认为，发挥民间研究机构的力量，将是书目质量和公信力的重要保证。因此，希望国家能够给予民间阅读研究机构以经费和出版策划方面的支持。

第四，建议能够建立客观公正的书评人制度。在全国主要媒体上开设阅读频道和栏目，向全社会推荐优秀书目。

图书推荐阅读书目其实是一项极其重要的知识推广工程，因此，在研究和推荐的过程中要注意推荐工作的多样性（运用多种媒体）、层次性（针对不同读者群）和艺术性（吸引读者眼球）。因此，媒体客观公正的宣传推广作用不可忽视。在全国文化界、教育界出现了一批具有深厚学养、独到眼光和深刻思想的书评人，对阅读书目的研制和推广将会有巨大的推动作用，也更容易为公众所认可。（2011 年）

87. 加强公共图书馆建设

随着群众对文化生活的需求日益提高，随着政府对文化建设的日益重视，各级政府在文化投入上的不断加大，公共图书馆作为文化场所，集中体现了政府和群众的要求，成为我们身边越来越重要的文化场所。

近年来，国家加大了公共图书馆的建设力度。据统计，我国每3.7天就有一个图书馆新馆开馆，其中不乏一些建筑面积大、设施先进、藏书量多的图书馆。根据文化部最新统计数据，2012年，全国共有县级以上独立建制的公共图书馆3076个。全国现有县级图书馆的目标基本实现，县级以上公共图书馆服务网络基本形成。国家和地方各级政府每年都投入较多的经费用于购书，2012年，各级财政对公共图书馆财政拨款总数达93.49亿元，其中购书专项经费14.78亿元。公共图书馆的藏书量也不断增大，总藏量达7.89亿册（件），平均藏书量达到20多万册。全国公共图书馆总流通人次达4.34亿，文献外借册数达到33191万册次。这些数据表明，公共图书馆有了长足发展，文化生活的丰富、文化事业的拓展，已经有了重要场所。

但是，在公共图书馆建设的过程中，出现了一头热一头冷的情况，产生了本质上失衡：图书馆的硬件建设，如场馆等公共设施有了长足发展，条件逐步完善；图书馆的软件建设，尤其是馆藏图书的选择和配置，日益成为制约图书馆事业发展的瓶颈。

据《中国青年报》社会调查中心对31个省、市、区的9116人所做的一项题为“你遇到过‘垃圾书’吗”的调查，73.2% 的受访者直言当下“垃圾书”很多，其中 34.2% 的人认为“非常多”。这也是导致人们的阅读兴趣逐渐下降的原因之一。

在我国，公共图书馆的藏书目录虽然有大的分类，但是每一类中都有卷帙浩繁的海量图书，优劣难辨。同时，图书出版数量还在逐年增加，图书馆的图书累积越来越惊人。2001 年中国出版的图书有 15 万种，而到了 2011 年这一数字高达 37 万种。2012 年我国的图书出版数量已经冲破 40 万种大关，增速非常之快。现如今，中国年出版图书数量已经位居世界第一。图书质量优劣高下悬殊，但数量如此巨大，不仅对于多数读者来说很难取舍，对于一般图书馆来说，也很难有足够的人力、物力去实现最优化的选择。

更为恶劣的是，公共图书馆稳定的藏书需求、稳定的采书经费，逐渐催生了一个畸形的馆配市场，形成了一条新的产业链。以前，《新华书目报》上对新书的信息收集很全，图书馆可以根据这个可供书目进行采购。随着出版数量的急剧扩张和采购形式的时代变迁，书目报订的时代已经成为过去。现在通行的做法是：馆配商提供书目，图书馆进行选择。因此馆配商提供的书目成为图书馆使用的最主要书目。这些书目里的图书，除了拥有便于集中采购的优势之外，劣势十分明显：书目不权威，图书覆盖面很狭窄，导致图书馆对真正优秀图书的漏采十分严重。为了追求更大利润，馆配商以种种渠道出版良莠不齐、价格虚高的图书，用低折扣占有市场的行为，早已不是新闻。这个虚假繁荣的馆配市场，成为一条利益至上的生物链，与图书馆保存精神遗产、开发文献资源的初衷背道而驰，更严重干扰了公共图书馆的正常有序发展。

一本“垃圾书”收藏进图书馆里，比它在市场上流通所造成的恶果大得多。在市场上流通，会随着市场上新书的不断涌现，在淘洗中很快消失。在图书馆里收藏，不仅浪费了购书资金，而且还会占用储存空间，耗费人力、财力管理。最重要的是，图书馆的重要职能之一，就是在潜移默化中开展社会教育。选择所藏图书的优劣，是开展教育优劣的前提。

我们认为，以下几个因素，是导致图书馆所藏图书良莠不齐、从客观上严重制约着公共图书馆的服务品质的主因：第一，图书出版泛滥，数量惊人，难以分辨。第二，图书管理人员学识不足，难以分辨图书优劣。第三，国家缺乏基础书目的引导和权威书榜的指导。

因此，当下最迫切的是应该进行必要的书目研制，建立公共图书馆基础书目制度。

一、建立国家公共图书馆（含大中小学图书馆和企事业单位的图书馆）基础书目配置制度。由国家权威机构颁布各种规模的图书馆应该配置的重要图书。基础书目对于形成全民的共同价值，对于建设中华民族的共同精神家园，具有重要的意义。

二、组织各学科领域的专家，尽快启动公共图书馆基础书目的研制工作。国家应该在公共文化建设投入中拨出经费作为公共图书馆基础书目研制基金，用于对各级各类公共图书馆基础图书书目的研制。可以通过购买服务的方式，让民间机构与图书馆系统进行合作组织研制，同时，重视发挥民间研究机构和阅读推广人的作用，组织第三方进行监督和质量评估。

三、根据公共图书馆的规模，分别研制不同数额的基础书目，供图书馆选择和配备图书。基础书目作为图书馆采购图书的最低限度标准，建议国家级和省级的大型公共图书馆，研制配备 1 万种左右的基础书目，市县级图书馆和一般高校可以配置 5000 种左右的基础书目，中小学校等小型图书馆配置1000种左右的基础书目。

四、每年对出版的新书进行遴选和增补书目的持续研究。基础书目有一定的稳定性，但在信息爆炸时代，必须更加及时地吐故纳新。因此在研制完成后，应该随着研究的深入、出版的变化以及读者的意见，不定期地进行适当调整和增删。对每年出版的新书也进行跟踪监测，将一些好书及时纳入到基础书目中来。

五、对于入选基础书目的优秀图书，图书馆应在日常工作中向读者予以持续推介。因此采购时与一般图书相比要每种适当多配备册数，以满足读者更多借阅。特别是学校图书馆，可以配备到能够满足一个班级同时进行共读的数量。

六、对于入选基础书目的图书，进行严格的价格监控。国家可以采取购买公共服务的方式给予支持，对入选书目种类多的出版机构给予一定的奖励和补助，激励出版机构对图书品质把关，更有意识地主动进行文化传承与积累。

七、对特定人群的图书馆（室）进行相关的基础书目研制。对盲聋等弱势群体的书目研制、推介工作，是为弱势群体提供教育资源的有效途径。还有，比如全国的60多万个农家书屋，很多配备图书在内容和质量上广受质疑。对这些基层书屋的配书书目要给予充分关注，用专业的书目引导人民群众的阅读方向，用优秀的图书丰富人民群众的生活。（2014年）

88. 尽快出台实体书店减免税政策

书店是城市的一道风景线，书店也是人们的精神家园，有文化的城市一定有一批有品位的书店。

近年来，实体书店在网络书店以及电子书的冲击下，纷纷陷入经营困境，很多具有城市文化地标特征的知名民营实体书店纷纷关闭，诸如北京的第三极书局、风入松书店，上海的诚品书店、上海书城淮海店、季风书园的诸多分店，广州的三联书店，厦门的光合作用书店等，都没有逃过关门的命运。其他一些诸如万圣书园、单向街书店等知名民营实体书店也不断受到冲击和挤压，处境也比较艰难。全国工商联书业商会在一份调查中指出，过去10年里有近五成的民营书店倒闭，倒闭趋势还在加剧。

在网络购书方便快捷和大打折扣的吸引下，人们往往将实体书店当作购书前参考性的“样品店”和“展览馆”，而网络书店以其低成本的优势，在方便了读者足不出户购书的同时，也使读者享受到优惠的折扣。这使运营成本较高的实体书店受到极大冲击。同时，价格战和垄断趋向的网络图书销售，对出版业的冲击也很大，书价越来越高、利润越来越薄的图书市场，使得图书创作与出版也受到不同程度的负面影响。

事实上，即使作为国营性质的新华书店，虽然有国家在税收方面的优惠政策以及教材发行的利润保障，近年来利润呈下滑趋势，很多新华书店从城市的显赫地段搬到不起眼儿的地方默默生存，靠巨大的地价差维持生存。

很多实体书店只好转换经营方式，以经营其他文化产品来弥补和支持图书销售的亏空，图书销售成了这些书店的“鸡肋”。

实体书店作为引导和倡导人们阅读的风向标性商业场所，它往往既是一个城市的文化展现，也是一方公共文化空间，是兼有“图书馆”作用的文化场所，也是推动文化发展的一支重要力量。在今天的形势下，实体书店的兴亡对文化的发展和推动尤具意义。

因此，我希望国家能够尽快出台给实体书店以减免税的政策，让实体书店能够生存下来，并发挥实体书店在丰富人们文化生活、促进文化生产大发展中的重要作用。

第一，尽快出台对实体书店的保护性政策措施。对处于竞争弱势地位且又在国家和社会文化发展中有重要作用和意义的行业，国家应该研究出台保护性的政策。对于实体书店目前面临的事关生死存亡的境遇，国家应该予以关注并给予政策性保护。

第二，实施对实体书店减免税费的政策。目前，图书的增值税率为 13%，实体书店在赢利后还要缴纳 25% 的所得税。对于许多城市的书店而言，还要缴纳昂贵的房租。在我们的调查访谈过程中发现，如果不是自有用房的话，实体书店几乎百分之百亏损赔钱。因此，建议国家出台政策，在增值税率、所得税方面给予实体书店适当降低和减免。降低图书零售业税负，不但实体书店受惠，也使各类出版企业都有可能享受税率进一步下调带来的实惠。事实上，减免实体书店的税费，也是维护文化市场公平竞争的需要。

第三，实行民营和国营实体书店同等的优惠政策。目前，作为国家文化改制试点单位的新华书店，享受免征企业所得税、营业税、城镇土地使用税及房产税4大税种的税收优惠政策，比如县级及县级以下新华书店免收增值税。而正因为享受着如此优厚的待遇，国营新华书店在实体书店的冬天中，才得以安然生存，而民营实体书店因为没有这样的税收政策，则首先受到毁灭性冲击。如果能够给予民营实体书店同等的税收优惠，情况可能会好很多，同等的优惠政策，至少让民营实体书店享受到先征后退的税收政策，才能够保护实体书店的生存，保证国营与民营实体书店的公平竞争和发展。

第四，对实体书店和网络书店的图书销售价格进行规范管理。作为文化产业的实体书店，除了具有商业性特点外，还具有其特有的文化属性。因而，实体书店在建设和发展中所遇到的诸多瓶颈，政府应该给予政策性的扶持。其中对网络书店和实体书店的图书销售价格的规范管理也是重要的政策内容。如德国就规定一本新书上市后必须先在实体书店销售，过一段时间后才允许在网络书店销售，而且对新书打折幅度在一定时间内进行严格限制；同时还严禁销售价格低于成本。这样可以避免图书销售的价格战，避免出版社虚定高价，无序竞争。在这些方面，值得我们借鉴。（2012年）

89. 推广苏州图书馆总分馆建设经验加快社区图书馆建设

长久以来，全社会对知识的旺盛需求与公共图书馆接待能力之间存在着巨大的矛盾，尤其是社区缺乏图书馆，居民无法就近借阅的矛盾更为突出。

为了解决这一矛盾，2005 年 10 月，苏州图书馆与苏州市沧浪区政府共同建立了第一个直接委托管理的分馆——沧浪少儿分馆，实行全新的办馆模式：即由沧浪区政府出资购买图书馆服务。分馆由苏州图书馆统一管理、统一服务，总馆与分馆资源共享，通借通还，沧浪区政府支付一定的人员和购书经费，并承担分馆的物业费用。“政府出资购买公共图书馆服务”的主分馆模式受到了群众的热烈欢迎和广泛好评。

2011 年，苏州市政府在总结沧浪区经验的基础上，颁布了《苏州市公共图书馆总分馆体系建设实施方案》，全面推广主分馆做法。2014 年，苏州市政府公布了《“书香苏州”建设指标体系》，按照指标要求，苏州市将按照每 3 万人一所图书馆的要求不断完善总分馆体系建设。

如今，苏州图书馆已经拥有 1 家总馆，71 家分馆。从 2005 年到 2015 年，苏州用了近十年的时间建设出覆盖苏州市城区的总分馆体系，打造了读者身边的图书馆，走出了一条不寻常的新路，被业界称为总分馆体系的“苏州模式”。

首先，主分馆建设有效地分流了总馆的读者，减轻了总馆的压力，解决了“读者需求与图书馆服务能力”之间的矛盾。2015年苏州图书馆全年接待读者1014.6万人次，外借图书421万册次，其中分馆接待读者516.64万人次，外借图书230.67万册次，均超过总接待人次和总借阅册次的一半以上，取得了良好的社会效益，服务效能得到明显提升。

其次，主分馆制度创新服务手段，资源共享，方便读者。2014年度苏州图书馆在全国创新推出了“网上借阅，社区投递”项目，截至2015年年底已建成77个服务点，其中19个24小时自助服务点，56个分馆服务点，2个社会合作服务点。读者可以通过电脑或手机、平板电脑等移动智能终端访问图书馆的网上借阅平台，提出借阅请求，图书馆找到图书后，通过物流系统配送到读者指定的社区分馆或者社区投递点，同时短信通知读者，读者凭证刷卡取书。读者可以随时在网上查询借阅状态，还书时也可就近还到社区分馆或者投递点。

苏州图书馆总分馆的特点与创新，主要表现在以下几个方面：1.合作基础上的全委托、扁平结构；2.通借通还中的“动态资产权”；3.对分馆的全面掌控；4.“孵化式培训”；5.VPN技术联结总馆和分馆；6.远程实时监控；7.远程咨询平台及机制；8.建设主体上移。

建议文化部和国家新闻传播广电总局在全国范围内推广苏州图书馆的主分馆制度。

（1）在合作主体上，以市级图书馆为核心，与各区政府合作建设区级分馆和社区分馆，也可以在企事业单位和公共场所建立分馆。

（2）在运行模式上，实现统一资源配置、统一规章制度、统一人员管理。

一是统一资源配置。分馆的图书资源均由总馆统一购置编目配送，共享总馆的各类数字资源。总馆与分馆、分馆与分馆之间图书通借通还。

总馆的各项读书活动向分馆延伸。

二是统一规章制度。分馆的借阅规章制度、服务礼仪制度与总馆相关制度一致，分馆执行总馆的服务理念，向读者提供平等、免费、专业、礼貌、高效的借阅服务。

三是统一人员管理。分馆工作人员由总馆负责招聘、培训、考核、管理。

（3）在经费上，实行两级分担费用。根据图书馆面积大小和图书数量确定编制，人员由市级图书馆统一管理，经费由区级财政支付。图书、报刊、网络等购置经费，由各区根据协议规定每年向市级图书馆支付。（2016 年）

90. 推进“高铁阅读”

高铁不仅仅是交通工具，也是传播文明与文化的载体。从国际惯例来看，高铁一直是各国尤其是发达国家图书和报刊销售的主要场所，一些重要的畅销书和有影响力的报刊，都不会放弃高铁这样重要的传播渠道。“高铁时代”下，高铁成为老百姓生活的一部分，目前高铁上提供的阅读材料十分有限，质量和数量有待提升，在高铁上借鉴国际地铁推广阅读的做法具有十分重要的意义。

1. 倡导和推进“高铁阅读”有利于促进全民阅读工作。高铁作为流动的公共场所，连接着一个又一个城市，维系着四面八方的旅客，影响着人们的生活方式和生活理念，既是宣传器也是播种机，是难得的阅读推广阵地。在“高铁阅读”强大的引领示范作用下，相信“地铁阅读”“航空阅读”也会随之跟进。

2. 倡导和推进“高铁阅读”具有深厚的现实基础。其一，高铁车厢舒适、卫生、安全、高效，提供了良好的阅读环境。其二，高铁上的读者群基数庞大而且相当稳定。高铁已是老百姓首选的出行方式，高铁动车组 2017 年全年发送 17.13 亿人次，预计未来每年的客运量将超过 30 亿人次。其三，高铁准时准点，时间相对固定。“十三五”期间，高铁将实现北京至大部分省会城市之间 2—8 小时通达，相邻大中城市 1—4 小时快速连接主要城市群内 0.5—2 小时便捷通勤。其四，高铁作为中国的大动脉、“一带一路”倡议建设的重要组成部分，大力推进

“高铁阅读”不仅能提升高铁服务水平，提高市场对高铁服务的预期，还能有效强化高铁正面形象，增强高铁“走出去”的软实力。

3. 倡导和推进“高铁阅读”有利于促进文化消费升级。我国经济发展进入新常态，人们的社会生活交往需求将会不断高涨，精神文化消费需求也将不断高涨。倡导和推进“高铁阅读”作为一项积极主动的文化供给侧改革举措对于扩大健康向上的居民文化消费具有重大意义，能够提高文化消费的质量，从而刺激诞生新的商业模式，促进经济社会持续健康发展，不断提高人民生活品质。

为此提出如下建议：

1. 突出宣传，提高认识，加强“高铁阅读”理念推广。建议将“高铁阅读”作为推进全民阅读的重要抓手，通过多种媒体进行宣传，广泛传播“高铁阅读”的价值和意义。从国家机关、事业单位开始推进，发挥公众人物作用，必要时聘请或者评选“高铁阅读”形象代言人，让全国人民深刻理解“高铁阅读”的内涵和意义。

2. 政府主导，开放合作，引导鼓励社会力量参与。推进“高铁阅读”带有公益和市场的双重属性，铁路公司作为国有企业，应该主动承担起该有的社会责任，同时发挥市场作用，引导已有的阅读基金支持“高铁阅读”，引入文化机构、文化企业、互联网公司等社会力量进行商业运作，探索和创新推进“高铁阅读”的 PPP 模式。建议扩充“智慧高铁”内涵，建设多种形式的“高铁图书馆”，扩展 12306 网站微信功能，建立高铁数字化阅读平台，仿效目前已经施行的“订餐”服务开通“订书”服务，满足旅客多样化、个性化的服务需求，推动精准阅读，不断增加阅读体验。一方面，充分利用大数据等信息化工具，将旅客的阅读行为实行积分制管理；另一方面，做好高铁图书的推介工作，不断加强阅读相关延伸服务。此外，可以设计以阅读为主题的旅游线路，形成高铁旅游和阅读推广的良性互动。

3. 拓展外延，统筹兼顾，整体推进“高铁阅读”工作。建议成立“高铁阅读指导委员会”，加强领导，建立长效机制，统筹协调各方面资源；设立“高铁阅读”读书节或读书年，开展“高铁图书漂流”“高铁阅读”分享、研讨、评比等活动，让全社会参与到全民“高铁阅读”的大潮中；深入开展高铁阅读文化研究，启动“高铁阅读”调查获得数据支持，有针对性地推进“高铁阅读”。（2018 年）

91. 保障盲人和视力障碍者阅读权益

阅读是提高国民素养最简便最有效的路径，已经得到诸多专家学者的研究证明，也越来越受到全社会各界的认同和支持。对残疾人提供阅读的便利，是国家文明程度的体现。保障残疾人的阅读权益，可以推进社会文明的发展，也是将扶贫工作进一步深化细化的重要路径之一。在残疾人中，盲人和视力障碍者的阅读则是最大的难点，需要特别给予关注。联合国将每年 10 月 15 日设为“世界盲人日”，又将 1 月 4 日设为“世界盲文日”，正是体现了对这一特殊群体的特别关心。

近些年来，我国盲文工作不断发展，截至 2017 年已在全国省、地、县三级公共图书馆设立盲文及盲文有声读物阅览室共计 959 个。但是，据中国盲文出版社的相关信息显示，我国有 1730 多万盲人，可以说我国是世界盲人和视力障碍者人数众多的国家之一。目前针对盲人和视力障碍者的阅读上，还存在许多不足。

第一，从相关图书出版上，受到各种局限较多，每年出版的种类较少。目前我国只有中国盲文出版社一家出版盲文读物，该社截至 2019 年出版有盲文图书 1827 种，盲文配套教材教辅（汉文版）189 种，和其他出版物的数量无法比拟。

第二，阅读内容上，受限于出版物种类比较少，内容比较陈旧，更新很慢。

第三，许多家里有盲人或视力障碍人群的家庭，经济上比较紧张。

从图书馆租借不方便，购买的话又会增加经济负担。

第四，盲人和视力障碍者人群对阅读的价值和意义还不够重视，也欠缺相关的阅读指导。

为此提出如下建议：

第一，从法律法规上进一步完善对盲人和视力障碍者阅读权益的保障。比如，对于《关于为盲人、视力障碍者或其他印刷品阅读障碍者，获得已出版作品提供便利的马拉喀什条约》（简称《马拉喀什条约》），中国虽然2013年签署了该条约，但是一直没有批准加入，建议尽快通过批准的相关程序。对于我国著作权法规定的关于已发表的作品改为盲文出版无须经过著作权人许可并付费等条款，进一步细化为可操作的具体措施，予以推动。

第二，对盲文图书、明盲对照图书的出版，从财政上提供更多资助。让更多盲人能够从最新出版的优质盲文出版物中，及时获取最新资讯；也让更多健康人群通过对于盲文版图书的了解，关注到盲人和视障人群，从而促进彼此的了解，促进社会和谐。

第三，制定激励措施，吸引更多社会力量投入到有声读物等盲人和视力障碍者所阅读的有声图书等领域的制作中。可以通过相关机构集中购买、公益赠阅的方式，为盲人和视力障碍人群提供更多公益读物的支持，运用高科技手段推动盲人和视力障碍人群的阅读。

第四，充分发挥特教学校的核心枢纽作用，吸引社会阅读推广机构合作。以特教学校为中心，进一步推广盲人和视力障碍人群的阅读，开展阅读辅导等工作。

第五，深化盲人和视力障碍者的专项阅读研究工作。联合国内外的各大院校、学术机构，组建相关团队，进一步推进和强化关于盲人和视障人群的阅读专项研究，让相关阅读更为科学、高效。

第六，面向全社会，加强对于盲人和视力障碍人群阅读权益的宣传推广工作。让盲人和视力障碍人群认识到阅读的重要作用，通过阅读掌握更多自食其力的本领，丰富自己的精神生活，让身体的障碍不再成为贫困的根源，同时也让全社会更多了解盲人和视力障碍人群，对这个群体给予更多关注和关怀。（2021 年）

九

建设学习型社会

——网络教育政策建议

互联网快速发展，让我们已经置身于大变革之中，虽然在相当长时间内，传统教育模式和新兴的教育模式将会同时并存。只要我们拥抱这种改变，积极推进教育的创新，就能够克服各种难题，创造教育的未来，赢得中国的未来。

92. 探索互联网背景下未来学校模式

互联网已经改变了这个世界，改变了我们的生活。目前，中国的互联网网民规模已经达到了 6.88 亿，网站达到 413 万，互联网普及率超过了 50%。网络购物用户中国已经超过了 4.16 亿人，电子商务已经颠覆了传统的商业模式，建立了以消费者为中心的新的商业社会。

在互联网时代，教育的“网购”何时可以诞生？以人为中心的新的教育模式将何时能够形成？这是摆在我们面前的一个非常迫切的问题。

事实上，从信息技术产生以来，人们一直努力在探索变革教育。它分三个重要的阶段，一个是工具与技术的变革，一个是教学模式的变革，一个是学校形态的转变。最初人们都是在工具层面和技术层面上去改变教育，电化教育、PPT 课件等都是技术层面的变革。后来发现教育模式必须变革，才有了慕课，有了翻转课堂。但是这些对教育还没有产生根本性的影响。一个很重要的原因，就是没有进入到第三个层次，就是学校形态的变革。正如美国前教育部长邓肯曾经说过的那样，我们在教育上的投入不能算不多，包括教育信息化的投入，但是远远没有产生像在生产和流通领域那样的效果，根本的原因在于“教育没有发生结构性的改变”。

事实上我们已经处在一个教育结构性变革的门口。能不能真正地开始变革与创造，取决于我们有没有勇气推开这扇门。推开了，教育“淘宝”就来了。更重要的是，我们不能一直跟在人家后面走。跟在人家后面，人家做慕课，我们也做慕课；人家做翻转课堂，我们也做翻转课堂，永远无法超越。只有弯道超车，只有发生结构性的变革，才有后来居上的可能。

教育行政部门要加强对于未来教育研究。基于“互联网 +”的教育，会颠覆传统的教育结构与模式，必须举全国之力，对未来学校进行全面设计。应该从三个层面来进行变革：

第一，要努力建立真正以学生为中心的教育社区。我们现在整个教育体系是建立在工业革命的基础上，因此主张大规模，强调效率优先，主张以知识传播为主要目的，这些一直没变化。而这个东西不变，教育的“淘宝”是无法登场的。必须把以知识为中心改为以学生为中心。现在的学校，不管你住在哪里，你必须早上按时按点到学校来，准时学同样的内容，这就是工业革命基础上的学习模式。

为什么学生不能够在家里学习，在图书馆学习呢？为什么要把不同学习基础、不同学习兴趣、不同学习习惯的人强制性地安排在同一个教室呢？未来的学校，完全可以通过网络来学习，通过团队来学习，自己来解决学习过程中大部分的问题。一人一张课表，随时调整内容。

到了未来，可能无论你在什么地方，城市还是乡村，都没必要每天按时定点到学校，都不必按部就班地学习各门课程，可以在家里学习。是基于个人兴趣和问题解决需要而进行的自主性学习，是大规模的网络协作学习。学生可能不再需要我们为他提供一个非常完整的知识结构，而是在完成自己最初的知识结构以后，通过自主的学习，建构他能够满足自己学习的个性化的结构。现在我们给他设计的这个知识结构太庞大了、太艰深了，造成了大部分的学生陪着少部分的学生在学习。这种模式要打破了，国家只需要给一个最基本的要求就可以了，学分、学历未来都不重要，重要的是你学到了什么，你分享了什么，你建构了什么，你创造了什么，这才是最重要的。

现在美国在家学习的学生已经到了150万，中国目前还没有承认这样的制度体系，如果承认了，可能会有1500万，甚至更多。

第二，建立教育的国家标准和国家教育资源库。首先要建立国家教育标准。因为学习方式的变革，对学习内容会提出更高的要求。不管怎么样，教育越是自由、越是定制、越是个性，越是需要你建设高效优质的学习中心，越是需要国家力量的整合。因为教育文化的选编，要传授我们这个国家民族所崇尚的价值观，这个选择国家是有责任的，必须建立科学的国家标准。这个标准应该更有个性。其次是教育资源问题。要组织国家的专业团队，举全国之力，用先进的网络技术把资源整合起来，使死资源变成活资源，把静态的课程变成动态的课程，把全世界最好的资源整合起来。现在网易公开课等很多，但是没有规划，也不系统。国家力量能够把全世界最好的教育资源整合到国家教育资源平台上，轻轻点击就可以得到，而且是免费的。同时国家把全国民间开发的各种最优秀的资源也可以进行整合，由国家来收集、政府采购资源。现在每个县、每个学校都去建自己的教育平台、资源中心，导致了一方面教育投入不足，一方面又出现大量的浪费。

第三，要建立基于互联网的教育考试评价制度。什么算好的教育？什么算真正掌握了知识体系？怎样才算是真正有用的人？怎样建言和评价学习的成果？这就需要用评价去推动改革。评价和考试是我们改革发展的风向标，现在我们评价的技术和机制都很落后。我们的评价不是为了改进，而是为了贴标签，是为了选拔，为了淘汰。

未来的评价主要不是为了鉴别，而是为了改进。在学习的早期过程，可以用大数据的概念，自动记录学生的学习过程，作为评价的依据。

现在大数据可以知道学习的过程，这个过程比结果更重要。因为在记录过程的同时，可以及时发现学生的缺陷，及时帮学生改进。

同时，未来的考试评价会更加重视实际能力而淡化文凭学历。因为不论你在什么地方上大学，只要你能够通过严谨而且经过国际认证的评估，证明自己对某一理论的精通和理解，就可以进入社会找到工作。因此未来学校的竞争将不是学校品牌的竞争，而是课程品牌的竞争，学校的优劣集中体现在课程的优劣上，互联网已经提供了这种可能，一个课程可以一百万人同时来学习。

互联网快速发展，让我们已经置身于大变革之中，虽然在相当长时间内，传统教育模式和新兴的教育模式将会同时并存，但是一个新的教育世界已经出现在地平线上，我们已经看到了未来教育的曙光。只要我们拥抱这种改变，积极推进教育的创新，就能够克服各种难题，创造教育的未来，赢得中国的未来。（2016 年）

93. 制定"在家上学"条例

"在家上学"又称"在家教育"，是一种以家庭为主要教育场所、通常由父母或家庭教师组织开展的教育活动。"在家上学"起初是流行于美国等西方国家的一种青少年教育成长方式。20世纪中叶，主要在宗教家庭中产生，逐渐发展成为一种得到广泛认可的教育形式。美国2010年有超过200万的孩子在家上学，占美国K12学龄儿童的3%—4%。在我国，根据21世纪教育研究院2013年发布的调研报告，我国大陆"在家上学"的学生约1.8万人，以北京、上海、广东等东部发达地区为主，最著名的例子是童话作家郑渊洁在家培养了自己的儿子郑亚旗。

"在家上学"由父母在家中自主安排子女的教育，有利于克服大一统学校教育的弊端，因材施教，对学生进行个性化的教育；有利于多元文化的传承和多样化的教育创新；有利于儿童的身心健康、个性发展和自主学习能力的培养；有利于学习型家庭和学习型个人的建设，顺应了社会利益分化、教育需求多样化的发展趋势，是对公立教育单一教育模式的丰富和补充，从而增加了教育的多样性、选择性，是学习划时代一种崭新的教育探索。美国有研究显示，"在家学习"的学生学科成绩普遍好于公立学校学生，而且他们的社会心理和情感指数也高于平均值。"在家学习"作为一种新的教育途径和选择，已经得到很多国家和地区政府的认可，美国等地都出台了与之相关的法案或条例。

在我国，虽然“在家学习”已成为相当一部分人真实生活中的选择，但还是会遇到一些困难。2015年修订的《义务教育法》虽然存在着制度创新的空间，在第十四条中规定：“自行实施义务教育的，应当经县级人民政府教育行政部门批准。”给予了地方政府很大的自主空间，地方政府可以通过地方立法对“在家学习”作出探索和规定，但在操作上并不容易。由于没有完整的义务教育阶段学历，“在家学习”的孩子想要参加中考、高考时，学籍不完整导致这些孩子没有报考资格。因此，“在家上学”者通常采用的做法是事先递交申请，在公办学校保留一个学生学籍，为将来留条后路。但随着考试招生制度改革，只有学籍却不去上学的孩子，可能会缺少学校提供的综合素质评价记录，依然会有升学障碍。

“在家学习”的孩子大多来自家庭收入较高的精英群体，因此越来越多“在家学习”的孩子选择了海外留学，导致大批优秀人才和大量教育消费外流。而少数财力不足、无法出国留学的“在家学习”的孩子，则可能因为学籍等各种原因失去进入大学的机会。这些孩子大多个性强，在某方面有独特的才华，属于偏才，如果不能进一步深造，将是创新人才培养和高水平大学建设的损失。

建议尽快制定“在家上学”条例，为教育创新提供法律依据。

第一，条例应明确“在家上学”的合法性，并搭建“在家学习”者与学校教育的桥梁。给予“在家学习”者合法的学籍，并制定中小学在家学习的学历认定办法，使其学历得到社会认可；制定“在家学习”者参加中考、高考的具体办法，使其在综合素质评价等环节能与考试招生制度对接。

第二，条例中应有对“在家学习”的监督和管理办法。明确县级教育行政部门对"在家学习"的监督和管理权限。办法中应对"在家学习"如何申请的流程和条件作出明确规定，教育行政部门需定期审核"在家学习"的相关条件和资源是否具备，如学习场地、经费等。

第三，"在家学习"者应与在公立学校学习的学生享受同等的教育福利。凡是按规定取得学籍的"在家学习"者，可以报名参与各类竞赛，处于义务教育阶段的"在家学习"者，可以依法享受义务教育阶段的一些福利，例如获得免费书本和取得一定的政府补助等。（2016年）

94. 加强大数据时代学习者隐私保护

我国高度重视教育大数据研究与应用工作。《国务院关于印发促进大数据发展行动纲要的通知》指出，要“发展教育大数据研究，探索发现大数据对变革教育方式、促进教育公平、提升教育质量的支撑作用”。近年我国的教育信息化建设取得了巨大成就，极大提高了教学和管理的质量和效率。

但是，在教育信息化发展过程中，海量的学习者信息被各种系统所获取和利用，其中包含不少隐私信息。在大数据分布式计算、存储等新技术广泛应用的情况下，数据分析挖掘、共享交易等新应用场景不断出现，使得数据安全以及个人隐私泄露等问题日益凸显。教育领域数据隐私不仅涉及孩子成长、家庭隐私，还关系到社会发展乃至国家安全，值得高度关注。

当下，教育大数据在采集、存储传输、共享使用等各环节都存在泄露隐私的风险。在采集阶段，存在未获得学习者知情同意采集数据和过度采集数据（与教育行为无关的数据，如家庭收入及生物识别数据等）的问题；在存储传输环节，存在由于管理不当或技术不达标、软硬件有安全漏洞导致的泄露问题；在共享使用环节，存在过度挖掘以及被用于非教育行为（如用于精准投放广告）等问题，甚至对学习者的人身、财产安全等造成威胁。

教育大数据主要涉及政府、学校、个人和第三方机构几方。造成上述风险的原因有多种。

第一是管理不到位。相关法律法规不健全、相关部门监管不到位（力度不够、标准缺失等）。

第二是行业不规范。行业道德底线缺失，出于经济利益等动机驱动，很多第三方机构迫切收集蕴藏巨大价值的学习者大数据，造成泄露风险。

第三是技术不过硬。目前数据传输存储挖掘等核心技术基本上还在国外，是安全隐患。

第四是个人不重视。教育者、学习者及父母的数据隐私保护意识和维权意识不强，助长隐私侵权行为，甚至有恶意泄露学习者隐私信息的情况。

为此提出如下建议：

一、加强教育大数据隐私保护立法。欧盟、美国等在教育数据隐私保护方面普遍采用立法为主的模式，如美国的《儿童在线隐私权保护法》《学生数字隐私和家长权利法》等。我国直到《网络安全法》才对网上隐私保护提出原则性要求。建议借鉴国外立法经验对现有法律进行完善和细化。例如，在民法中确定隐私权独立的人格权地位，在刑法中增加侵犯公民隐私权罪条款，在行政法中针对政府机关权力行使制定专门的隐私权以及网络隐私权保护法。同时，还需颁布隐私保护专门法律，明确隐私权的范围，列明各主体在隐私保护过程中的权利和义务，以及侵犯隐私行为发生后应承担的责任和补救方式。

二、加强政策、技术研究，强化监管指导。相关部门和行业协会可从制定隐私保护政策、建立信息隐私认证体系和推动隐私保护技术升级等方面强化监管指导。隐私政策条款应清晰明确且严格执行，以保障信息收集、使用合法，如制定教育大数据使用规则，对数据的收集范围、隐私分级、使用目的、使用时限、加密和脱敏处理以及使用者义务等作出规定。建立教育行业信息隐私认证体系，消除个人对隐私保护的忧虑，促进隐私保护和教育大数据应用之间的平衡。培训管理人员，提高其业务素质和职业操守。监控教育大数据的使用状况，对侵犯学习者隐私的单位和个人进行处罚。此外，可借鉴国际经验，在教育部门设立专门的教育数据隐私保护机构。

三、推动教育信息行业行为自律。充分调动行业积极性，遵守相关法律，提升从业道德，让行业自律发挥更大作用。可借鉴其他行业的自律性建设经验，结合教育行业自身特点，制定更具针对性、更为细致的学习者隐私保护措施，为学习者提供更高水平的保护。

四、提升学习者的隐私保护意识和技能。政府、学校及媒体应加强关于隐私数据保护法律法规的宣传教育，提升学习者和父母的隐私保护和维权意识；学校还要加强学生隐私保护的制度建设和技术储备，并应开设相应课程，教会学习者一些隐私数据保护的基本技能。（2016 年）

95. 建立基于学习权益和学习通券的学分银行体系　鼓励全民终身学习

一个国家的竞争力，最终由其国民素质决定，国民素质高低则由国民学习力决定。为此，包括美、日、韩在内的一些先进国家先后出台相关政策，鼓励全民终身学习。中共中央、国务院近期出台的相关文件中，也明确提出“建成服务全民终身学习的现代教育体系”，要求着力发展网络教育和人工智能的优势，积极利用现代科学技术加快推动教育改革，建设人人皆学、处处能学、时时可学的学习型社会。建立全民终身学习奖励体系，作为现代教育体系的重要组成部分，已经呼之欲出。

2019 年，世界银行与国际货币基金组织联合启动了一个私有学习通券项目（Learning Coin），以此激励员工学习与使用加密货币，同时掌握促进与监管的知识。IBM 作为全球区块链技术上的龙头企业，2019 年宣布开发基于区块链技术的数字化开放平台，准备向全球的学习者与内容方提供一揽子分布式生产、储存与交易服务。

我国数字化普及程度已领先全球，在数字消费、电子支付与游戏娱乐领域更是超级大国。2019 年我国居民平均每天在数字娱乐方面花掉 3.54 个小时（社交、游戏与视频），超过传统学习与娱乐的 2.44 小时（读书、看报、电视与电台）。一旦国家推出终身学习奖励体系，即可引导公民从数字消费与娱乐向全民学习、全民进步的方向发展。

建议国家建立基于学习权益和学习通券的学分银行体系，鼓励全民终身学习。

从技术上，该体系依托区块链技术与数字经济学，专为激励全民终身学习而设计。

从组成上，该体系的核心是学习权益与学习通券，二者均由国家有关部门设立、发行、监管和使用，均记录在每个公民终身唯一的学分银行账户中。

学习权益是每个公民都享有的平等且无须偿还的个人权利和利益。使用这些权益，可在国家级学习资源平台乃至商业教育机构中，公平地学习各类知识、技能。学习权益是国家赋予公民的福利，限本人使用，不可转让出售，是一个公平、透明、可支配的权利，人人都可在国家认证的机构、单位或导师处参加学习。

学习通券是学习行为完成并获取结业学分或证书时，自动生成的一种加密数字资产。通券由国家法律规定上限数量，并在指定范围内使用，支付其他服务，从而达到奖励的作用。通券同时也是一种可以生产、拥有与交易的数字资产，一旦产生后可以按比例分别支付给学习方、授教方及资源提供方（场地、网络服务商等）。通券可在国家指定范围内流通、兑换及转让。例如：学员甲学习某课程结业，创造了 10 枚通券。其中 2 枚支付给授教方，1 枚支付给网络服务方后，学员甲可获得 7 枚通券。此时，市面上将出现 10 枚通券，并用分布式记账的方法登记。与此同时，这 10 枚通券可以在国家规定的场景下流通与支付（如学习、医疗、税务、交通、娱乐等）。当市场上通券达到一定规模时，其价值与接受程度可以成为人人希望拥有的学习奖励。

全民终身学习的过程中产生的内容、数据、创新与技术等都是巨大的数字化资产与社会财富，均可利用通券将其溯源、确权及安全可靠地使用。区块链上的记账与通券的应用，将从根本上保证学习数据、内容、知识产权及相关利益的唯一性、合法性及分配性问题，这为多样、灵活的学习与教学形式，为公民个性化的发展提供无限可能。结合通券的区块链交易系统还可以更有效地实施激励措施来塑造市场参与者的行为。通券可以成为行为管理和激励工具的系统方法，可以实现不同价值系统间的“价值转换”与“价值转移”，从而达到建立学习型社会与市场的目的。

终身学习将提高公民的素质与幸福指数，从而为国家长期健康发展提供不竭动力。由国家顶层设计与监管的学习权益与通券，不但可以避免数字货币所带来的监管漏洞与安全隐患，也可以事半功倍地推进学习型社会建设。（2020 年）

96. 加强未成年人网络素养教育

调查表明，我国未成年网民规模达 1.69 亿，未成年人的互联网普及率达到93.7%，即便在农村，未成年人的上网比例也高达89.7%。但是，未成年人的网络技能主要用于聊天购物和娱乐游戏，硬件基本技能缺失严重。

随着 5G 时代的来临，网络空间作为家庭、学校、社会等现实世界的延伸，已经成为未成年人成长中密不可分的一部分。网络及网络背后的软、硬件成为国家的核心竞争力，网络素养也已经成为数字时代的基础素养。

为此，对加强未成年人网络素养教育提出如下建议：

第一，充分认识培养未成年人网络素养的意义。

近些年来，不断有所谓“手机 / 游戏 / 直播 / 短视频毁了下一代”的说法见诸于媒体，很多学校和父母也因此对孩子上网采取了完全禁止的做法，相当一部分学校甚至不允许 App 进校园。但是，将未成年人与互联网割裂开来，将未成年人排斥在数字世界之外，这显然是与时代发展趋势相悖的做法，既不可取也很难实现。

目前在美国和很多欧洲国家，使用 iPad 教学已经是普遍现象，很多地方人工智能已经进入教学体系，成为老师和学生的得力助手。国内外研究显示，互联网和社交媒体有助于学生获取知识、拓展技能、为未来步入社会做好准备。所以，有必要引导全社会认识网络时代的特征，打造并推广符合未成年人的人生发展和社会化需要的网络素养教育体系。

第二，鼓励有条件的学校开设网络素养课程。

目前在现有的课程体系之下，与网络素养相关的教育内容并没有被全面、合理、科学地纳入普及性义务教育的各个阶段。无论课程内容和课时数量，还是师资队伍和教学水平，都远远无法满足提升未成年人网络素养的需要。

由此形成了两个完全脱节的世界，一边是孩子们在网络中自然生长，建立自己的秘密花园；另一边是家庭学校视网络为洪水猛兽，只关心学生的学科成绩，无视他们在网络中的言论与行为。因此，有必要将网络素养纳入普及性义务教育基础课程，系统规划与组织。

第三，家庭应承担起未成年人网络素养教育的责任。

父母的网络素养对未成年人有言传身教的作用，良好的亲子关系对未成年人健康上网有促进作用。

中国社会科学院社会学研究所一项针对未成年人网络使用的调研发现，亲子关系越好的家庭，孩子的网络认知能力、技术能力和创造能力越强。调研中的父母大多认同互联网对孩子有帮助，应该多接触而不与时代脱节，但自己又不知道怎么引导孩子。因此，网络素养教育体系中，应当将家庭纳入其中，首先让父母懂网，学习如何在网络问题上与孩子建立开放友好的沟通。

第四，通过阅读、影视欣赏等多种手段，培养孩子自主提升网络素养的能力。

一般而言，我国未成年人的网络知识和技能的获得，主要由同学、朋友或者其他等“非正规”教育渠道完成。这导致了青少年网络素养存在明显的短板，存在过度沉迷、网络欺诈、网络暴力等很多隐患，也充分反映出青少年在网络时代主动学习、自主学习的特点。

我们应该充分结合这一特点，协助孩子通过阅读网络主题的图书、欣赏网络主题的影视等有效的手段，在这一过程中，不仅让青少年自主提升了网络素养，而且提高阅读能力，提升欣赏水准，强化核心素养。

第五，发挥网络平台和互联网企业的作用，通过“科技向善”，探索新的数字技术，为未成年人打造一个健康友好的网络环境。

网络平台和互联网企业为未成年人提供网络空间和内容，应承担相应的社会责任，为未成年人网络保护贡献力量。应鼓励企业探索通过产品或技术来实践对未成年人的网络保护，上线青少年版，建立防沉迷机制等。事实证明，互联网企业对成年人网络素养教育大有可为。如针对网络游戏采取的各种配套服务，有效降低未成年人用户游戏时长，一些网络公司也发起了各种行动，为家庭提供网络教育辅导，搭建亲子沟通的桥梁，为大、中、小学校提供课程和师资培训等，也都在不同程度上取得了积极的效果。

希望尽快建立政府牵头，加强“家·校·企”三方联动的网络素养教育，为提升未成年人的网络素养奠定坚实的基础。（2020 年）

97. 公益性学习资源（在线学习）免收流量费用

在移动互联网时代，人们的学习场景和学习方式发生了极大的变化，线上阅读和在线课程发展迅速。中国新闻出版研究院的调查结果显示，2018 年我国数字化阅读方式的接触率为 76.2%，数字化阅读人群持续增加；慕课学习呈现快速增长之势，截至 2019 年 8 月，上线慕课数量增加到 1.5 万门，学习人数达 2.7 亿人次，在校生获得慕课学分人数发展到 8000 万人次。在新冠肺炎疫情“停课不停学”期间，全国两亿多学生居家通过钉钉、QQ、企业微信等软件进行线上学习，教育部及时推出的“国家中小学网络云平台”、中国大学精品开放课程网站“爱课程”都提供了优质、免费的学习资源。

但是，对于贫困地区、生活困难家庭来说，虽然课程资源由国家免费供给，但在线学习需要流量费用。在数字宽带未能覆盖的贫困偏远地区，学生只能借助于手机等智能终端和移动通信网络来学习，流量就成为学习的拦路虎。新冠肺炎疫情期间，有几张照片被《人民日报》微信公众号刊登：一张是河南南阳一名高三学生在平房的楼顶，蹭邻居家的网络上网课；一张是河南洛宁县 14 岁的初中女生晚上在父亲的陪伴下，到村委会大院支了一张桌子蹭网学习。这既是农村学生刻苦学习精神的体现，也是实实在在的无奈之举。

一是流量费用较高。很多农村和城市低收入的学生家庭，都没有安装宽带，只能使用手机网络流量上网观看教学视频进行学习。线上课程学习中，高清画质的视频节目一般一个小时需要800MB左右的流量，如果一天上网课5小时，需要近4GB流量，一个月需要100GB左右的流量，意味着无论哪个运营商推出的流量包，一个月花费都在百元以上。这对困难家庭来说，是一笔不菲的费用。

二是缺乏针对公益性学习资源的一揽子免流方案。进入移动互联网时代，流量成为运营商的重要收入来源，据工信部《2019年通信业统计公报》显示，2019年移动互联网接入流量消费达1220亿GB，比上年增长71.6%，三大运营商对于流量的竞争越来越激烈，推出了不限制流量的无限流量卡，运营商也纷纷选择和互联网公司合作推出定向免流服务。但是，所谓无限制流量的电话卡，使用满40GB流量后，就会限速，变为3G网络，是降速不限流。而和互联网公司合作推出的免流服务，则覆盖面有限或者带有附加条件。比如网易和联通合作推出的“网易白金卡”，只对属于网易的App产品都免流量费。说到底，运营商的免流套餐或者服务，是服务于商业目标的营销手段，而不是针对教育的公益性目标。

学习型社会的构建离不开现代信息技术与教育教学的深度融合，网络学习是必然趋势。要构建以学习者为中心的终身学习体系，应考虑和照顾到贫困家庭等弱势群体的需要，以跨越数字鸿沟、保障教育公平。

建议以政府购买服务的方式，全面实行公益性学习资源和中小学生在线学习免流服务。

一是对进行网络课程学习的贫困学生提供网络流量补贴，并逐步扩大到所有中小学生。教育部、民政部、工信部合作，为家庭没有能力安装宽带的贫困学生提供网络课程流量补贴费用。具体可以使用“双列表”的方式：民政部门列出符合一定条件的贫困学生名单，教育部门列出可以免流量的学习类网站，工信部门协调运营商提供技术支持。符合条件的贫困学生在这些列表内的网站进行学习时减免流量费，可以采取运营商为学生提供免流服务后获取政府补贴形式进行。

二是推进对所有公益性学习资源，提供免流服务。首先，教育部及各地教育行政部门加强对公益类学习资源的甄别，选出一批质量高、效益好、使用广泛、公益性突出的学习资源类网站和App。其次，通过政府购买服务的方式，向三大运营商支付定额的流量费用，购买流量定向服务。所有学习者在浏览、使用这些公益性学习资源时实行定向免流。（2020年）

98. 进一步加强未成年人保护　建立网络游戏分级制度

近年来，随着社会经济发展水平的提升、电子产品的不断普及，未成年人触网比例显著提升。据统计，有超过 80% 的未成年人玩网络游戏，60.8% 的少年儿童平均每天使用网络时间超过 30 分钟。因网络游戏时间不限、内容分级不细等原因，60% 以上的未成年网游玩家视力下降，30% 以上的未成年人在网游中接触到暴力、赌博、色情等违法不良信息。因不良信息的毒害，未成年人违法犯罪率增加。

未成年人沉溺网络游戏，已成为不容忽视的社会现象，对政府部门网络内容监管、互联网企业社会责任意识以及行之有效的约束机制、家庭网络教育等提出了更高要求。

造成上述问题的原因，主要包括未成年人自控力差，家庭、学校网络教育欠缺，监护人的监管缺乏有效手段；行业监管不细不实，缺乏有效强制力，目前只有上海、山东专门成立了网络游戏行业协会，尚没有全国性的行业协会，导致游戏行业标准不一，甚至有部分企业为了利益，将审批过的游戏通过后期升级修改内容，规避监管；立法不健全，相关法律法规及管理条例内容宏观，缺少具体的细则和分级方案，执行效果不明显。

国家和地方相关部门已意识到网络游戏产品对成年人、未成年人用户应该区别对待，并由此出台了相关管理办法，但缺乏具体可操作的分级管理制度。比如我国于2010年8月实施的《网络游戏管理暂行办法》明确规定："网络游戏经营单位应当根据网络游戏的内容、功能和适用人群，制定网络游戏用户指引和警示说明，并在网站和网络游戏的显著位置予以标明。以未成年人为对象的网络游戏，不得含有诱发未成年人模仿违反社会公德的行为和违法犯罪的行为的内容，以及恐怖、残酷等妨害未成年人身心健康的内容。网络游戏经营单位应当按照国家规定，采取技术措施，禁止未成年人接触不适宜的游戏或者游戏功能，限制未成年人的游戏时间，预防未成年人沉迷网络"。制度虽然已经明确互联网运营商以及网游游戏内容生产企业的责任，但在实践中，很多时候缺乏可操作性，更多的是依靠网游运营商自觉遵守。大量案例表明，有的运营单位为追求利益，并不会主动采取技术措施，预防未成年人沉迷网络；或者即便采取，也只是装装样子，很容易就被破解。这就需要进一步加强对未成年人的保护，建立健全分级制度，依法加强监督管理。

对此，建议从以下方面进一步做好相关工作。

一是建立网络游戏分级制度。建议从网络游戏类别、认证、时长、充值方面建立网络游戏分级制度，游戏企业必须执行，并由文化和新闻部门审核监管。根据目前社会发展客观实际和网络游戏内容（是否包含暴力内容、不良语言、色情内容等），可从早教类、管控类、限制类、禁止类等方面划分，对不同年龄段的未成年人建立网络游戏产品分级制度，其中包括实行用户注册登录实名认证分级（未成年人及其监护人身份证信息、手机号、人脸识别等），实行未成年人登入网游时段、时长监管分级，实行游戏充值限额分级等。

二是建立网络游戏分级监管与评价机制。建立第三方网络游戏分级监督及评价机构，试行行业自主监管，制定评价标准、评价体系；

建议由文化和旅游部、国家新闻出版署等部门负责加强网络游戏分级审查监管，对违规企业依法加大处罚。

三是修订完善网络游戏法律法规。建议立法机构对《未成年人保护法》《网络安全法》《出版管理条例》《网络游戏管理暂行办法》进行修订，增加“基于未成年人保护的网络游戏分级”相关内容，同时各地区也应根据地方经济社会发展实际，尽快调整完善相关管理条例内容。（2020 年）

99. 制定未成年人游戏国家标准 家、校、企协同履行监护责任

根据艾瑞咨询报告数据，2019 年未成年游戏用户规模已达到 1.07 亿人，对未成年人健康游戏的防护也成为全社会关注的焦点。如何更好促动“家·校·企”三方联动，共同加强未成年人保护机制建设，有效遏制未成年人沉迷网络游戏、过度消费等行为，保护未成年人身心健康成长，是贯彻落实习近平总书记关于青少年工作重要指示精神、促进网络游戏繁荣健康有序发展的有效举措。

新出台的《中华人民共和国未成年人保护法》修订案中，将未成年人网络保护单设一章，明确了家长的监护责任，规定了一系列防止未成年人沉迷网络的措施，初步构建起我国未成年人网络保护的法律基础，符合时代发展的要求。

相比日、韩、美等其他国家主要依靠游戏分级制度、少数国家实行游戏实名制等做法，我国 2019 年出台的《关于防止未成年人沉迷网络游戏的通知》，从产品、相应管理功能设置、提供游戏服务时间限制、游戏消费限制等方面都进行了明确规定。

目前，许多游戏企业也响应国家要求，各自建立起了如健康系统、防沉迷系统等未成年人保护平台。但由于缺乏全国统一的未成年人保护机制落地标准，行业数据不互通、家长责任意识薄弱等因素，这些保护机制和规则仍存在优化空间。如，单就实名注册，有的企业率先

接入了公安实名系统验证，虚假身份信息无法通过，有的则没有。

为此，制定未成年人健康游戏方面统一的国家标准，并由国家推动强制执行成为当务之急。

第一，前置防护，为家长提供易操作的统一监护工具，加强家长层面网络素养教育。通过将家长等监护人与未成年人用户游戏账号的绑定，实现家长对未成年人的游戏操作记录查询、游戏消费记录查询以及游戏操作提醒、游戏消费提醒、游戏操作时段设置和游戏消费限制。

目前行业内的相关平台已可以实现这些功能。比如，从腾讯平台服务的超过 3000 万用户使用情况来看，82% 的绑定用户游戏时长下降。在统一平台推出前，应通过学校教育等方式，将此类平台推广至更多家长群体知晓及使用，利用有效工具避免孩子过度沉迷、非理性消费。

另外，应设定统一课程加速父母网络素养教育，首先让父母懂网、知网，从而加强对未成年人使用网络、使用游戏等行为进行引导和监督。

第二，事中保护，游戏中按照标准设立统一的自动管控系统。

建议进一步加大力度，在现行行业规范的基础上，结合头部企业实践经验，由政府牵头制定国家标准，建立统一的防沉迷平台，整体接入公安实名系统验证，推动所有企业以统一的力度和方式予以落实执行。

对于现实中常遇到的“未成年人冒用家长账号绕过游戏限制”问题，一直有人呼吁游戏企业采取人脸识别措施，对用户在游戏登录、支付时进行人脸识别验证，但同时也出现了不少担心隐私泄露的声音。所以在这个问题上不能一刀切，对于人脸这种生物隐私信息需慎重，应鼓励有能力的企业先行积极探索，另外也希望尽快形成人脸识别技术运用的国家标准，明确规范适用范围及使用程度等。

第三，事后服务，要求所有企业建立并公开投诉和举报渠道，制定统一清晰的退费标准，并给有需要的家庭特别关怀。标准应要求各家企业将未成年人游戏客服专线作为运营标配，提供未成年人非理性消费的申诉与受理机制，及时受理并处理设计未成年人游戏的投诉和举报，要求所有企业按此执行。针对个别存在家庭教育、亲子沟通问题的情况，应给予1对1的深度辅导服务。

综上，建议有关部门，在行业“防止未成年人沉迷网络游戏”的现有规则标准上，结合企业实践，由政府有关部门制定未成年人游戏防沉迷保护的国家标准，从而解决因为不同企业和不同平台，保护规则标准不一和各自为政，造成的漏洞问题。（2021年）

100. 完善学习类 App 进校备案工作，促进“互联网 + 教育”健康发展

2018 年，教育部等八部委出台了《综合防控儿童青少年近视实施方案》。其中要求“严禁学生将个人手机、平板电脑等电子产品带入课堂……”2019 年 1 月，教育部印发《严禁有害学习类 App 进入中小学校园》的通知，要求“凡未经审核批准的学习类 App，一律禁止在校园内使用”。近期，教育部还出台规定，下一步将明确教师不得通过手机微信和 QQ 等方式布置作业。在教育部的规定出台后，各地教育行政主管部门纷纷出台更加严格的管控办法。有的地方教育部门要求老师、学生、家长停止使用作业 App。

以上一系列政策和规定的出台，使近年出现的在线教育快速发展，“互联网 + 教育”催生教育结构性变革的趋势快速降温，我国在线教育行业集体面临“熔断”风险。

其一，学习类 App 无法进校，对人工智能等新技术在我国教育行业的应用造成影响，是对已有投入的巨大浪费，不利于我国中小学生利用技术手段减负增效。近年来，教育数字化基础设施及硬件设施建设加快，多媒体数据呈现爆炸式增长。学习类 App 无法进校，导致师生无法享有科学发展带来的教学成果。

其二，学习类 App 无法进校，导致在线教育合法性受到质疑，引发民营资本的退出，对教育投入整体下滑。根据最新规定，这些平台

上运行的学习类App都必须经过备案审查通过才能使用，对于如此海量的学习类软件的审查，无论是审查标准的制定，还是审查力量的配比以及技术手段的建设，都不是短时间内能解决的，到底以什么样的标准，以什么样的程序，以及需要多长的备案时间来完成全国学习类App的备案工作，目前不得而知。

其三，学习类App无法进校，影响了我国教育资源公平利用及均衡发展，将对我国偏远山区中小学生获取优质教育资源带来阻碍。越是发达的地方越是客观条件完备，越容易获得备案，越是落后的地区由于监管力量的薄弱越不容易获得备案，如果处理不当会进一步加剧教育不公平。

为此提出如下建议：

第一，认清科学技术发展的趋势，主动积极发展“互联网+教育”事业。在世界范围内，人工智能、大数据深度运用于教育，移动互联及其终端产品进入中小学教师和学生的教学的趋势汹涌而至。如果我们人为强力阻断，不仅会让几万亿国家投入的“三通两平台”陷入闲置，也将很快会被历史证明是一个错误。

第二，完善学习类App进校备案工作。取消对学习类App实施学校和教育局的“双审查”。建议借鉴中央网信办对直播平台方面的管理经验，通过实施平台所在地备案制度，对学习类App实现实时监管。备案标准、监管要求和奖惩治理实行全国一盘棋，建立全国统一的数字教育资源治理协同机制和全行业黑名单制度。备案监管的具体落实部门应当明确要求。例如对有关黄色、违法等有害信息，由国家已有管理机制和对应管理部门处理；对教研内容的要求，由教育部基础教育课程教材发展中心牵头制定要求和监督落实；对教育游戏也要慎重鉴别。

第三，避免“一刀切”式的监管。建议为学习类 App 进校通过备案审查设立必要的过渡期。在过渡期内，各类学习类 App 供应商自行整改，申请备案等，在未违反《移动互联网应用程序信息服务管理规定》和国家有关法律法规的前提下，应该允许现有进校 App 正常使用，避免因为紧急刹车对全国中小学校教学秩序造成干扰。（2019 年）

后　记

前不久，新华出版社副总编辑徐光联系我，告知出版社领导决定出版《给中国教育的 100 条建议》的修订版。

《给中国教育的 100 条建议》首次出版于 2011 年 1 月，其后多次重印。这本书收录了我担任全国政协委员和人大代表 8 年多的 100 个关于教育的提案与建议，出版后先后被国家新闻出版总署评为 2011 年“大众喜爱的 50 种图书”、第四届中华优秀出版物（图书）奖提名奖和第七届文津图书奖推荐奖。

在收到建议后，我很快就投入了工作之中。但是，在具体修订过程之中，发现很难取舍增补。因为，原来的 100 条建议，是针对 10 年前的中国教育问题的。一方面 10 年来教育的变化速度非常之快；另一方面从 2011 年到 2021 年，我在全国政协和全国人大又提交了 123 余份关于教育的提案。究竟用哪些新的建议替换原来的建议？选择起来非常困难。譬如说，有些提案和建议是关于建立国家阅读节、加大高考改革力度、加强生命教育、推进义务教育均衡发展等，是近 20 年来不断关注的主题，但更多的问题带有明显的时代特征，如普惠幼儿园的发展问题、教师性别比例失衡问题、民族地区普通话教学问题、公办学校托管问题、外籍教师乱象问题、驻校作家问题、小微型学校问题等。新的时代需要新的教育建议和新的教育智慧。所以，与徐光副总编辑交流后一致决定撰写一本全新的《新时代中国教育的 100 条建议》。

如果说《给中国教育的 100 条建议》是针对 21 世纪初叶中国教育问题提出的建议，那么《新时代中国教育的 100 条建议》则是针对 21 世纪第二个十年教育问题的新建议。

我曾经说过，作为学者，立德、立功、立言，把自己的专业知识变成具体的行动和政策，是最大的幸运。因为政协委员的身份，我也有了更多的机会走到教育一线，走进老少边穷地区实地调研考察，这本书的许多建议，与其说是写出来的，不如说是走出来的。十年间，正是我们国家轰轰烈烈开展脱贫攻坚战的关键时期，我有幸见证了全部过程，见证了教育在脱贫攻坚过程中发挥的不可或缺的重要作用，也发现了教育的许多问题，并且及时地通过提案、建议、社情民意等方式给予反映。

收录《新时代中国教育的 100 条建议》的提案和建议，有些已经得到采纳，成为政府有关部门的政策；有的虽然没有得到采纳，但是得到了社会的关注，形成了广泛的共识。为了保持真实的历史记录，除了关于国家阅读节、生命教育、西部农村寄宿制学校等少数建议是综合多篇相同或类似的提案与建议而成外，其他的建议基本都保留了原样，并且标明了时间。记得政协主席汪洋曾经说过，政协委员不求说了算，但求说得对。所以，全国用做学问的方法和态度来写提案、提建议，是我对自己的基本要求。

非常感谢全国政协和民进中央参政议政部的同事们，这本书的许多建议都是参与调研时发现的问题，提出的建议也是调研组专家和工作人员的集体智慧。同时要感谢我已经毕业和正在读书的学生们，他们不仅仅是我学问上的助手，也是我参政议政、建言献策的帮手。我经常为他们布置题目，共同讨论，部分提案和建议也凝聚着他们的智慧。

也有少量提案来自有关研究机构和研究人员的研究成果，如 21 世纪教育发展研究院关于小微学校的研究，关新先生关于全球联合创新的研究，汤敏先生关于银发教师支教的实践探索等。我的几任秘书林海、滕靖南、李宗主也协助我做了不少工作，在此一并感谢。

最后，要特别感谢新华出版社社长匡乐成、总编辑许新和副总编辑徐光以及刘宏森、王依然编辑，正是由于他们的高度重视和辛勤努力，这本书才得以以最好的品质出版问世。

朱永新

2021 年 10 月 15 日晨写于北京滴石斋